Geschichte · Bild · Museum
Zur Darstellung von Geschichte im Museum

MUSEUM DER MUSEEN
Schriftenreihe des Karl Ernst Osthaus Museums
Band 1

Michael Fehr/Stefan Grohé (Hrsg.)

GESCHICHTE · BILD · MUSEUM

Zur Darstellung von Geschichte im Museum

Wienand Verlag Köln

Max Imdahl zum Gedenken

Inhalt

Vorwort

Seit geraumer Zeit ist die Rolle des Museum im kulturellen Prozeß Gegenstand intensiver wissenschaftlicher Diskussionen. Der „Museumsboom", der die Bundesrepublik Deutschland und auch andere Länder in den achtziger Jahren erfaßt hat und der sich vor allem durch die Auseinandersetzungen um die vielfältigen Museumsneubauten und -gründungen im öffentlichen Bewußtsein bemerkbar machte, bietet in neuester Zeit auch Anlaß, das Zeitphänomen Musealisierung unter wissenschafts- und erkenntnistheoretischen Gesichtspunkten zu diskutieren.

Das Karl Ernst Osthaus Museum in Hagen möchte mit der Schriftenreihe „Museum der Museen", deren erster Band nun vorliegt, einen Beitrag zu dieser Diskussion leisten, der sich auf die für die Entwicklung der Museen in Deutschland gewichtige Tradition des Hauses beruft.

Die Darstellung von Geschichte im Museum bietet sich als Anfang gleichermaßen aufgrund ihrer Aktualität angesichts prominenter Neugründungen (in Bonn und Berlin) wie auch wegen ihres beispielhaften Charakters für die Mechanismen des Musealisierens von Objekten an. Unter diesem Thema fand im Frühjahr 1988 in Hagen eine Tagung statt, die sich sowohl als Intensivierung wie auch als Fortsetzung verschiedener früherer Tagungen (u.a. in Loccum und Bochum) unter gleicher Prämisse verstand. Die Veranstalter strebten an, die Entwicklungen, die in Ästhetik und Historik einerseits und in der praktischen Museumsarbeit andererseits in den letzten Jahren stattgefunden haben, an dem zu untersuchenden Ort, einem Museum, zusammenzuführen und womöglich aufeinander zu beziehen.

Dazu wurden Theoretiker der universitären Fachrichtungen Geschichtsdidaktik, Kunstgeschichte und Soziologie sowie Vertreter unterschiedlich spezialisierter Geschichtsmuseen (Kunst-, Industrie- und sozialhistorische) eingeladen, um gemeinsam zu diskutieren.

Die Beiträge und Ergebnisse dieser Tagung werden in diesem Band vorgestellt.

Im ersten Teil stellen 12 Museen verschiedener Ausrichtungen ihre Konzeptionen vor, wie sie das Kernproblem der Museumsarbeit, die Visualisierung historischer Abläufe und Zusammenhänge in den

Schausammlungen in der Praxis handhaben. Der zweite Teil läßt einige Theoretiker zu Wort kommen, die sich aus dem Blickwinkel ihrer jeweiligen Fachgebiete mit dem Zusammenhang von Ästhetik, Historik und ihrer Umsetzung im Museum auseinandersetzen. Die Beiträge des dritten Teils versuchen, das zur Diskussion stehende Problem unter Gesichtspunkten zu beleuchten, deren Relevanz für die weitere Auseinandersetzung sowohl auf praktischem wie auf theoretischem Gebiet den Herausgebern erheblich schien.
Die hier vorliegenden Beiträge entsprechen zum größten Teil den Vorträgen der Autoren. Für diese Publikation mehr oder weniger stark überarbeitet wurden die Beiträge von Wulff E. Brebeck, Ulrich Borsdorf, Andreas Ludwig, Jörn Rüsen und Claus-Jürgen Sembach. Nicht auf der Tagung vorgetragen wurden die Beiträge von Sigrid Godau, Hanna Hohl, des Unterzeichnenden und das Gespräch zwischen Enno Neumann und Stefan Grohé. Leider konnte der wichtige Vortrag von Ulrich Oevermann, Frankfurt, nicht in diesem Band aufgenommen werden.
Tagung und Publikation wären nicht zustandegekommen ohne die freundliche Unterstützung von Prof. Dr. Rüsen, Abteilung Geschichtswissenschaft der Ruhr-Universität Bochum. Ihm sei an dieser Stelle herzlich gedankt.
Danken möchte ich weiterhin der Gerda Henkel Stiftung Düsseldorf, dem Verein pro Ruhrgebiet Essen und dem Sekretariat für gemeinsame Kulturarbeit Wuppertal für die finanzielle Unterstützung dieses Bandes.

Michael Fehr

I.
Museale Sammlungen und Darstellungskonzeptionen

Andreas Ludwig

Mit Geschichte umgehen. Zur Praxis der Berliner Geschichtswerkstatt am Beispiel des Ausstellungsprojektes „Lindenhof“

I

Die Berliner Geschichtswerkstatt ist weder eine Agentur für historisch-politische Bildung, noch Forschungsinstitut oder Museum. Insofern sind einige Vorbemerkungen notwendig, die einen Eindruck von ihrer Arbeit ermöglichen und – dies im Blick auf das Tagungsthema – das spezifische Verhältnis der Geschichtswerkstatt zu den von ihr erhobenen Quellen einordnen sollen.

Die Berliner Geschichtswerkstatt wurde 1981 gegründet; sie ist ein eingetragener Verein mit gut 100 Mitgliedern, von denen jedoch nicht alle aktiv sind. Die Mitarbeit in der Berliner Geschichtswerkstatt ist aber nicht an eine Mitgliedschaft im Verein gekoppelt.

Von den Mitgliedsbeiträgen wird ein Ladenlokal und ein Lagerraum bezahlt, ferner das Büro und kleinere Projekte. Alle größeren Vorhaben wurden durch Drittmittel, meist des Senats von Berlin, finanziert.

Der Ausbau der Bibliothek und des Archivs zu einem „Infozentrum“ ist seit Jahren projektiert; jedoch sind solche Vorhaben von einer kontinuierlichen Förderung abhängig.

Vereinfachend gesagt unterteilt sich die Geschichtswerkstatt in einen kontinuierlich arbeitenden, selbstfinanzierten Bereich und in temporäre Projekte – meist sind es Ausstellungen mit begleitenden Publikationen –, deren Verhältnis zueinander zwischen Autonomie und teilweiser Personalidentität schwanken kann. Grundlegend zum Verständnis ist jedoch die Idee der Projektautonomie und das Fehlen formaler Hierarchien.

Themen, Interessen und Methoden der Geschichtswerkstattarbeit sind so heterogen wie ihre Mitgliedschaft und ihre Mitarbeiter.

Was hier wie ein Hinweis auf Beliebigkeit verstanden werden kann, bedeutet zunächst einmal lediglich den Verzicht auf die Zuordnung zu einer Historiker-„Schule“, auch wenn die Kritiker an der Arbeit der Geschichtswerkstätten den weniger Eingeweihten etwas anderes suggerieren möchten.

Anfangs standen vornehmlich individuelle Interessen im Vordergrund der Arbeit der Berliner Geschichtswerkstatt. Da gab es einerseits das Bedürfnis nach Aufarbeitung der 68er-Bewegung; dem entgegen stand die Forderung nach Dokumentation und forschender

Begleitung der Neuen Sozialen Bewegungen. Beide Themenkomplexe wurden jedoch auf längere Sicht nicht weiter verfolgt – sie schlagen sich heute im Archiv der Geschichtswerkstatt nieder. Hinzu kam das Bedürfnis nach fachlicher Emanzipation: diejenigen, die ihr Studium am konservativen Friedrich-Meineke-Institut in Berlin erlebt hatten, wollten mehr Erkenntnisgewinn, auch als sie die der Modernisierungstheorie verpflichteten Historiker der „Bielefelder Schule" zu bieten schienen. Die Skepsis bezog sich vor allem auf die gesellschaftlichen Kosten-Nutzen-Analysen, denen die „Subjekte der Geschichte" bei der Anwendung von Globaltheorien unterzogen wurden. Seitdem stehen immer die Aktionen, Reaktionsweisen und Verarbeitungsprozesse von Menschen in historischen Situationen im Vordergrund des Erkenntnisinteresses der Geschichtswerkstätten. Jedoch gibt es keinen Kanon von Theorien, Themen und Methoden: sie werden von Fall zu Fall erprobt, verworfen und weiterentwickelt. Auch die in der Diskussion um die „neue Geschichtsbewegung" immer wieder genannte Oral History spielt nicht immer die entscheidende Rolle.

Trotz der erheblichen Unterschiede, die sich von Geschichtswerkstatt zu Geschichtswerkstatt, von Projektgruppe zu Projektgruppe feststellen lassen, gibt es einige Gemeinsamkeiten, die von den meisten Aktiven als gültig anerkannt werden dürften:

1. der kritische und reflektive gesellschaftliche Impetus der Beschäftigung mit Geschichte,
2. das regional oder lokal orientierte Vorgehen der Projekte,
3. das Überwiegen mikrohistorischer Ansätze,
4. die Auffassung von Geschichte als einer kommunikativen Wissenschaft,
5. die Einbeziehung von „Betroffenen" in die Arbeit[1],
6. eine an einer öffentlichen Nutzung der Arbeitsergebnisse orientierte Strategie, die Forschung und Vermittlung als voneinander grundsätzlich und von vornherein abhängig begreift.

Die Konsequenzen aus diesen Essentials können am Besten anhand des Vorgehens und der Arbeitsergebnisse eines Projekts gezeigt werden. Im Folgenden wird daher ein kürzlich abgeschlossenes lokalhistorisches Projekt der Berliner Geschichtswerkstatt vorgestellt: Der Lindenhof – eine Genossenschaftssiedlung in der Großstadt 1918–1958.

II

Der Lindenhof ist eine 1918 bis 1921 erbaute Genossenschaftssiedlung im Süden Berlins: durch Gewerbegebiete, Gleisanlagen und Friedhöfe von der Stadt abgeschottet, sozialdemokratisch orientiert, ja dominiert; dorfähnliche Kommunikationsstrukturen herrschen dort heute noch.

Abb. 1: Berliner Geschichtswerkstatt, Ausstellung „Lindenhof“ 1987, Inszenierung „Zerstörung und Wiederaufbau 1943–1948“

Die „Entdeckung“ des Lindenhofs als ein lohnendes Thema war eher vom Zufall bestimmt. Im Rahmen einer Projektgruppe anläßlich des 50. Jahrestages der Machtübergabe an die Nationalsozialisten 1982/83 sollte der Wohnungsbau vergleichend analysiert werden. In einer Siedlung der 20er Jahre vermutete man Widerstand gegen die Nazis. Die Quellenlage war, wie so oft bei mikrohistorisch angelegten Themen, deren Formulierung nicht von forschungsstrategisch vielversprechenden Archivfunden bestimmt ist, dürftig: kaum Sekundärliteratur, als Hauptquelle das Mitteilungsblatt der Genossenschaft, das vornehmlich die Meinung der Siedlungsoffiziellen widerspiegelt und meist mehr verdeckt als berichtet. Zwangsläufig mußte daher auf bislang noch nicht erschlossene Informationsquellen zurückgegriffen werden. Noch ohne ausgefeiltes Konzept und ohne daß Vorüberlegungen zu Methodenfragen allzu intensiv angestellt wurden, führte die Arbeitsgruppe Interviews mit Siedlungsbewohnern und ließ sich bei dieser Gelegenheit Privatfotos geben.
Ziel der Arbeit war es, die lokale Machtergreifung und ihre unmittelbaren Folgen zu rekonstruieren: die Ausschaltung der KPD, die Ruhigstellung der SPD, den Funktionärsaustausch 1933, die Flucht einiger Bewohner, das Absterben und die Übernahme der bis dahin von der Arbeiterbewegung dominierten Vereinskultur. Im Ergebnis wurden problemorientierte „Experteninterviews“ geführt und ausgewählte Privatfotos gesammelt; zusammen mit den wenigen vorliegenden schriftlichen Quellen ergaben sie einen Überblick über die Ereignisse des Jahres 1933[2].
Nach diesem vorläufigen Abschluß des Projektes strukturierte sich die Arbeitsgruppe neu. Besonders durch Soziologinnen, deren Arbeitsfeld die qualitative Soziologie und Methodenfragen lebensgeschichtlich geführter narrativer Interviews waren, ergab sich in Zusammenarbeit mit den an der Oral History interessierten Historikern eine intensive Methodendiskussion, die zu einer Neukonzeption des Projekts führte.

Nach einem Zwischenschritt, an dessen Ende eine weitere Ausstellung in der Siedlung selbst und eine Begleitpublikation[3] standen und der vor allem von einer zeitlichen und thematischen Ausweitung bestimmt war, wurde nunmehr die Präsentation der Ergebnisse an der Spezifik des Materials orientiert (Abb. 1 und 2).
Die Jahre 1918 bis 1958 wurden entlang des Lebens dreier Generationen von Lindenhofern dargestellt. Im Zentrum standen dabei jeweils zwei Vertreter einer Generation (ein Mann und eine Frau) mit ihren spezifischen, von der Zeit und vom Geschlecht geprägten Erlebnissen, Erfahrungen und Einsichten. Um diese „Leitinterviews“ wurden siedlungsrelevante und allgemeinhistorische Informationen gruppiert, sowie besonders prägende Erfahrungen genauer dargestellt (beispielsweise Themen wie Inflation, Vereinsleben, Krieg, Vergewal-

Abb. 2: Berliner Geschichtswerkstatt, Ausstellung „Lindenhof“ 1987, Ausstellungszelt

tigungen, Wiederaufbau). Eindeutig strukturierend blieb jedoch die vergleichende Generationsabfolge.
Im Rahmen der Ausstellung warf sowohl das Thema als auch seine Organisation darstellerische Probleme auf.
Das Interviewmaterial von über 60 lebensgeschichtlichen Interviews, die phonetisch transkribiert jeweils über 100 Seiten ergaben, wurde nach einigen für alle Generationen relevanten Bereichen (Jugend, Beruf, Politik u. a. m.) gegliedert und extrem reduziert. Die Themenbereiche waren als die lebensgeschichtlich zentralen aus den Interviews selbst entwickelt worden. Dabei konnte beispielsweise das Thema „Politik“ sowohl eine NS-Karriere, als auch Widerstand beinhalten, das Thema „Beruf“ sowohl Berufstätigkeit als auch Hausarbeit. Selbst das Fehlen von Aussagen zu einem Thema ließ in der Darstellung des lebensgeschichtlichen Zusammenhangs viel erkennen, wenn etwa der entsprechende Platz in der Ausstellung einfach leer blieb.
Gerade durch die Organisation nach Generationen konnten Unterschiede in der politischen und der Lebensauffassung, Widersprüche von Erlebnis und dessen Verarbeitung herausgearbeitet werden: dies gilt besonders, wenn die gleiche Zeit, das gleiche Ereignis von verschiedener Seite erlebt und interpretiert wurde.
An dieser Stelle sei ein Hinweis auf den Umgang mit dem erhobenen Quellenmaterial erlaubt. Über die Interviews wurde oben schon

berichtet. Selbstverständlich wurden die Namen anonymisiert, Interviewmaterial nur mit Zustimmung der Befragten verwendet. Nichtsdestotrotz blieben Probleme des personenbezogenen Datenschutzes bestehen. In einer Siedlung mit weniger als 1000 Wohnungen und dorfähnlichen Kommunikationsstrukturen können Personen oft indirekt erschlossen werden. Da die abschließende Ausstellung des Projekts in der Siedlung selbst stattfand, konnten wir Lindenhofer auch dabei beobachten, wie sie sich von der gemeinsamen Dekodierung unserer Tarnnamen besonders fesseln ließen.

Obwohl hier viel vom Umgang mit Schriftlichkeit in der Ausstellung die Rede war, dominierten optisch Fotografien und Objekte. Ihnen wurde insgesamt jedoch weniger Aufmerksamkeit geschenkt, nicht, weil man ihren Aussagewert nicht ernst nahm, sondern weil die methodischen Probleme des Umgangs mit Schriftmaterial sich als vordringlich herausstellten. Einige Ausstellungsbereiche, wie etwa die Bedeutung der örtlichen Versorgungseinrichtungen im Siedlungsgefüge, wurden fast ausschließlich durch Objekte realisiert.

Fotografien, Objekte und Dokumente wurden meist von Interviewpartnern zur Verfügung gestellt. Folglich konnte eine Bearbeitung und Archivierung sinnvoll nur personenbezogen vorgenommen werden. Bei der Ordnung von über 1000 Fotos wurden teilweise zusätzliche thematische Unterteilungen eingeführt, die sich jedoch in der praktischen Arbeit nicht bewährt haben: die Projektmitglieder forschten personenbezogen und dachten schließlich auch bezogen auf Personen oder Personengruppen.

Bei der Materialsammlung wurde kein Wert darauf gelegt, Originale zu erwerben. Zwar wurden uns viele Dokumente und Objekte (vor allem Gebrauchsgegenstände) geschenkt, aber es bestand kein Interesse am gezielten Aufbau einer Sammlung. Auch bei den Fotografien hatte die Möglichkeit zur Reproduktion Vorrang vor dem Erwerb des Originals – abgesehen davon, daß Familienfotos sowieso nur ungern aus der Hand gegeben werden. Insofern hatte das Archiv der Arbeitsgruppe mehr den Charakter einer engmaschigen Dokumentation als den einer musealen Sammlung.

Das entscheidende Kriterium am Erfolg der Arbeit war die Zusammenarbeit mit den Siedlungsbewohnern. Die hierbei gemachten Erfahrungen sollen im Folgenden kurz dargestellt werden. Es muß jedoch zuvor bemerkt werden, daß diese Zusammenarbeit und die Kontaktpflege den aufwendigsten Bereich des gesamten Projekts darstellten.

Interviewpartner wurden uns durch persönliche Kontakte vermittelt. Das hatte zur Folge, daß wir meist mit Sozialdemokraten und gelegentlich mit ehemaligen Kommunisten zusammenarbeiten konnten, Unpolitische oder Konservative deshalb erst nach einer langen Phase der Beobachtung ihre Skepsis überwanden. Ehemalige Nazis leben zwar noch in der Siedlung oder in unmittelbarer Nachbarschaft,

waren aber nicht zur Mitarbeit bereit. Nach anfänglichem Mißtrauen, das solange anhielt, wie wir vor allem nach politischen Dingen fragten, konnten wir uns nach etwa drei Jahren der Arbeit in der Siedlung kaum noch vor Interviewwünschen der Bewohner retten. Die eigene Geschichte wurde jetzt offenbar als Teil der Siedlungsgeschichte begriffen und es setzte ein oft beobachteter ungehemmter und unreflektierter Stolz auf die Familiengeschichte ein. Jeder wollte sich in der Öffentlichkeit präsentiert sehen[4].
Mit zu dieser weitgehenden Akzeptanz hat sicherlich ein in regelmäßigem Turnus tagender Arbeitskreis beigetragen, den wir mit Siedlungsbewohnern organisierten. Vom inhaltlichen Ergebnis her war dieser Arbeitskreis eher enttäuschend; neue Erkenntnisse wurden nicht gewonnen und das Ziel des Arbeitskreises, einen Teil der Ausstellung dort erarbeiten zu lassen, wurde nicht erreicht. Letztendlich hat sich der Eindruck festgesetzt, dort werde eher Bekanntes noch einmal präsentiert, als daß gemeinsam gearbeitet werde.
Dagegen waren die durch den Arbeitskreis freigesetzten sozialen Prozesse erstaunlich. Sie hier im Einzelnen darzulegen, würde zu weit führen, aber es sei der Hinweis erlaubt, daß uns sowohl Einblicke in die Interna des Siedlungslebens ermöglicht als auch Abgrenzungsstrategien des Siedlungsestablishments spürbar wurden. Nach meinem Dafürhalten war hier die Grenze erreicht, die für den „fremden Forscher" gilt; ein Überschreiten der Grenze wird problemlos nur den Angehörigen der Siedlungsgemeinschaft erlaubt[5].
Abschließend sind angesichts des geschilderten Vorgehens und der Arbeitsergebnisse einige Bemerkungen zur Organisation der Arbeitsgruppe angebracht, die auch Aufschluß über Arbeitsweisen und -bedingungen in Geschichtswerkstätten allgemein geben.
Die finanzielle Situation des Projekts und die soziale Situation der Mitarbeiter erzwangen Abstriche an Inhalt und Präsentation. Obwohl das Projekt meist finanziell gefördert war, mußte ein Großteil der Aufgaben ehrenamtlich geleistet werden. Die Folge war u. a. eine phasenweise sehr hohe Fluktuation der Projektmitglieder.
Das Projekt Lindenhof lief von 1982 bis 1987. Die Zahl der Gruppenmitglieder schwankte zwischen zwei und 15, lag allerdings während der Intensivphasen nie unter zehn. Die berufliche Verteilung, bei der Soziologen und Historiker dominierten, ermöglichte, ja erzwang einen intensiven Methodenaustausch; Interdisziplinarität und nicht nur das Nebeneinander der Fachdisziplinen war die Folge.

III

Bei dem hier vorgestellten Projekt handelt es sich um eines unter mehreren der Berliner Geschichtswerkstatt. Über diesen örtlichen Rahmen hinaus gibt es seit Jahren überall in der Bundesrepublik regional verankerte Geschichtswerkstätten, die sich 1983 bundesweit

zusammengeschlossen haben und sich regelmäßig auf den Geschichtsfesten treffen, auch eine eigene Zeitschrift, die „Geschichtswerkstatt“, herausgeben. Die einzelnen Geschichtswerkstätten unterscheiden sich teilweise erheblich und Kategorisierungen, die Außenstehenden eine Orientierungshilfe bieten könnten, möchte ich nicht wagen.
Die Vorstellung eines beliebigen anderen Projekts hätte aus den genannten Gründen sehr unterschiedliche Fragen und Probleme aufgeworfen. Das Projekt „Lindenhof“ wurde gewählt, weil es m. E. am intensivsten mit der Frage der Umsetzbarkeit mikrohistorischer Erkenntnisse in einer lokalen Öffentlichkeit umgegangen ist, weil seine methodische Spezifik Möglichkeiten und Probleme dieses Ansatzes vielleicht am deutlichsten erkennen läßt.
Wie bereits anfangs betont: Geschichtswerkstätten sind keine Museen. Insofern muß sich dieser Beitrag, abgesehen von einem Einblick in die Spezifika der Arbeit in Geschichtswerkstätten, notgedrungen vor allem auf die Umsetzung historischer Erkenntnisse und Vorgehensweisen der Forschung in Ausstellungen beschränken.
Wenn an dieser Stelle ein nachträgliches Fazit der Tagung „Geschichte-Bild-Museum“ gezogen werden soll, so tue ich dies um so lieber, als in der Debatte zwischen Historikern, Soziologen und Kunsthistorikern die gleichen Probleme angesprochen wurden, die auch die konkrete Projektarbeit in der Geschichtswerkstatt bestimmten: die mehrdimensionale Aussagekraft des Materials. Dies läßt vermuten, daß die immer noch herrschende Fremdheit, mit der sich die Vertreter der unterschiedlichen Fachdisziplinen gegenüberstehen, doch insofern abgebaut werden konnte, als man die zentralen Themen des Austauschs gemeinsam lokalisieren konnte.
Es geht m. E. um die Aussagefähigkeit des Bildes, des Objekts, des erhobenen Materials allgemein, in einem konstruierten Zusammenhang. Mit Recht hat Rüsen darauf hingewiesen, daß dem isolierten Objekt die narrative Kompetenz fehlt, die es zu einem historischen Gegenstand macht. Selbst wenn eine sinnfällige Interpretation eines Einzelgegenstands durch den Museums- oder Ausstellungsbesucher möglich wäre – dies ist wohl weniger eine Frage der Geduld, wie en passant behauptet wurde, als viel eher der Bildung –, so wäre der Mehrdimensionalität der Aussagemöglichkeiten eines Gegenstandes noch lange nicht Genüge getan. Daß die Vielzahl der Aussagemöglichkeiten nicht zur Beliebigkeit wird, liegt in der Verantwortung der Fachleute. Hier hilft die Bemühung der Historiker, Objekte in strukturbedingte Abläufe zwängen zu wollen, genausowenig weiter, wie die oft bestechenden Einzelinterpretation, die andere Fachdisziplinen am Objekt zu entwickeln in der Lage sind.
Das Fazit der Diskussion in Hagen kann nur sein, daß die Produktion einer Ausstellung die Produktion einer historischen Aussage ist, also als eigenständige Leistung begriffen werden muß, deren Chance darin besteht, den Charakter der Geschichte als nachträglich und immer

wieder neu produziert öffentlich zu vollziehen und damit begreifbar zu machen. Wenn man so will, wäre die Mehrdimensionalität musealer Objekte damit zugleich das allseits akzeptierte Zentrum öffentlicher interpretatorischer Bemühungen, ein intellektuelles Spielobjekt mit kommunikativer Kompetenz.
In Hagen konnte, wie mir scheint, gerade dieser Gedanke einleuchtend formuliert werden und vielleicht sollte man versuchen, in dieser Frage miteinander experimentell weiterzuarbeiten.

---

[1] vgl. zu dieser permanenten Kontroverse Thomas Lindenberger: „Große Fragen" an „Kleine Leute"? Zum Selbstverständnis einer experimentellen Mikrohistorie, in: Oliver Bätz, Udo Gößwald (Hrsg.): Experiment Heimatmuseum. Zur Theorie und Praxis regionaler Museumsarbeit, Berlin 1988, S. 50–59

[2] Eva Brücker: Gemeinnützige „Siedlung Lindenhof" E.g.m.b.H. – Berlin-Schöneberg, in: Berliner Geschichtswerkstatt (Hrsg.): Projekt: Spurensicherung. Alltag und Widerstand im Berlin der 30er Jahre, Berlin 1983

[3] Loseblattsammlung: Der Lindenhof. Eine Genossenschaftssiedlung in der Großstadt, Berlin 1985

[4] Berliner Geschichtswerkstatt (Hrsg.): „Das war 'ne ganz geschlossene Gesellschaft hier. Der Lindenhof: Eine Genossenschaftssiedlung in der Großstadt, Berlin 1987

[5] zu ähnlichen Erfahrungen vgl. Carola Lentz: Rausgeschmissen! Oder: „Unternehmensspion" und „Landräuber". Wie sich zwei ecuadorianische Dörfer gegen eine neugierige Historikerin verteidigten, in: Geschichtswerkstatt Nr. 6, Göttingen 1985, S. 33–46

Klaus-Jürgen Sembach

Museum Industriekultur Nürnberg

Das Centrum Industriekultur ist 1979 mit der Absicht gegründet worden, am Beispiel Nürnbergs die Geschichte der Lebensformen im Industriezeitalter zu erforschen, zu dokumentieren und der Öffentlichkeit bekannt zu machen. Ausstellungen und Publikationen zu verschiedenen Themen konnten diesen Vorsatz bisher einlösen. Doch von Beginn an war die Einrichtung eines Museums das eigentliche Ziel. Eine Vorbereitung und Stütze sollte hierfür die große Eisenbahn-Jubiläums-Ausstellung im Jahr 1985 sein, bei der von vornherein der Gedanke mitspielte, eines der Gebäude auf dem Gelände des ehemaligen Eisenwerks Tafel, das die Stadt für die Ausstellung erworben hatte, später als Museum zu verwenden. Der Erfolg der Veranstaltung bestärkte diese Absicht, und Anfang 1986 wurde uns die einstige Schraubenfabrik – jenes Areal, auf dem wir die Kulturgeschichte des Eisenbahnreisens gestaltet hatten – übergeben. Die allernotwendigsten Renovierungsarbeiten, die man bisher immer umgangen hatte, wurden in Angriff genommen und schließlich, erheblich verzögert, im Herbst dieses Jahres abgeschlossen. Schon vorher war im Kopfteil des Gebäudes eine Spielstätte für freie Theatergruppen eröffnet worden, die bereits im Vorfeld für eine gute Propagierung des neuen kulturellen Ortes gesorgt hat. Angeregt durch diese Nachbarschaft ist der Gedanke entstanden, eine relativ späte Öffnungszeit anzubieten – also ein „Feierabendmuseum" vorzuschlagen, damit zwischen dem Besuch von Museum und Theater keine Unterbrechung entsteht.

Das Museum Industriekultur in Nürnberg beschränkt sich regional auf die Stadt und ihre nähere Umgebung. Begrifflich definieren wir es wie folgt: Mit „Industriekultur" wird die kulturgeschichtliche Entwicklung seit dem Aufbruch ins Industriezeitalter benannt. Der Begriff „Kulturgeschichte" ist hierbei im umfassenden Sinn zu verstehen: Primär gemeint sind also nicht die im engeren Sinne kulturellen Leistungen dieses Zeitalters, wie sie zum Beispiel in Literatur, Architektur oder Kunst vorliegen, sondern die Gesamtheit der menschlichen Lebensformen unter industriellen Bedingungen.

Will man Lebensformen darstellen, so ist es vor allem erforderlich, die tagtäglich wiederkehrenden Verläufe des Arbeitens und der Geselligkeit, der Pflichterfüllung und des Müßiggangs in den Blick zu rücken. Dieses Alltagsleben hat sich mit der Industrialisierung in mehrere Lebensbereiche aufgegliedert: in die Welt der Arbeit, die des

Abb. 3: Centrum für Industriekultur, Nürnberg, ständige Ausstellung

Privaten und die der Öffentlichkeit. Es ist eingebettet in übergreifende, miteinander verflochtene Ordnungen und wandelt sich unter dem Zusammenspiel geschichtlicher Ereignisse und Vorgänge, die der einzelne in den Ausschnitten seiner Lebenswelt als Bedrohung oder Chance erfährt. In allmählichen, oft kaum merklichen Schritten, manchmal aber auch durch abrupt hereinbrechende Krisen – Kriege, Revolutionen, Wirtschaftskrisen – ändern sich die Formen sozialen Zusammenlebens, entstehen neue Mentalitäten, neue Weltanschauungen, gesteuert oder beeinflußt durch Politik, Wirtschaft, Technik, Recht oder Kultur (im engeren Sinne).

Öffentlichkeit, Arbeit und privates Leben

Die Architektur der ehemaligen Schraubenfabrik kam dem Grundgedanken der Museumskonzeption, die alltäglichen Lebensformen dieser Stadt im Zeitalter der Industrialisierung umfassend und ohne Trennung darzustellen, in idealer Weise entgegen. Sie hat umgekehrt auch das Konzept mitbestimmt und erweitert. Von der Gesamtplanung, die zeitlich vom Beginn des 19. Jahrhunderts bis in die jüngste Vergangenheit reicht, konnte jetzt jedoch nur ein Teil verwirklicht werden, er konzentriert sich auf die Periode um 1910. Wir hoffen aber,

daß dieser Ausschnitt als Modell das spätere Ganze deutlich macht und in gleicher Form Fortsetzung finden wird.
Die Architektur der weiten, nur von wenigen Stützen besetzten Halle kam vor allem der Vorstellung entgegen, von einer Gliederung in die drei Bereiche Öffentlichkeit, Arbeit und privates Leben auszugehen. Der helle mittlere Teil ähnelt einer Straße. Diese ist nun sowohl die Erschließungsachse für das gesamte Areal wie auch der Raum, in dem durch Fassaden, Fahrzeuge, Transparente und Anschläge Öffentlichkeit dargestellt wird. Der linke Hallenteil nimmt den Bereich der Arbeit auf, begreifbar gemacht durch größere und kleinere Maschinen. Der rechte Teil umreißt den Bereich des privaten Lebens. Er ist durch die teilweise Erstellung von Gebäuden und deren Einrichtung mit Läden und Wohnungen heute am weitesten gediehen (vgl. Abb. 3 und 4).

Rekonstruktionen und Themenbereiche

Das unbehandelte Äußere der architektonischen Rekonstruktionen ist Absicht: das rohe Holz soll zeigen, daß es sich hier um Zugaben und Nachempfindungen handelt, die nur den neutralen Rahmen für die farbigen Originale bilden. Es ist unser Ziel, auch den gegenüberliegenden Teil des Museums in ähnlicher Weise zu fassen, also der MAN-Dampfmaschine von 1907 und den Werkzeugmaschinen aus dem Ende des 19. Jahrhunderts eine passende architektonische Hülle zu geben.
In dieser Art der Einbindung kommt ein weiterer Grundgedanke unseres Konzeptes zum Ausdruck: Die Objekte sollen nicht vereinzelt, sondern in Einheiten und sinnvollen Zusammenhängen vorgeführt werden. Ursprüngliche Beziehungen müssen erkennbar bleiben und der architektonische Raum den notwendigen Maßstab geben. Diese sehr anschauliche und atmosphärisch dichte Darstellungsform des Museums wird nun durch neutrale Zonen ergänzt, in denen übergreifende Informationen zu den einzelnen Bereichen zu finden sind. Die historischen Bezüge werden hier durch Dokumente – Photographien, Akten, Stadtpläne, Zeichnungen – erläutert. Inhalt und Gestaltung dieser Themenbereiche stehen in einem erkennbaren Gegensatz zu den lebendigen Szenerien nebenan. Behandelt werden jetzt vier Themen: Gewerbeförderung im 19. Jahrhundert, Industrieentwicklung bis 1930, Klassenkampf und Arbeiterkultur vor 1914 sowie die Wohnverhältnisse bis 1914.
Um die Teile des Museums, die bisher aus Geldmangel nicht „gebaut" werden konnten, sinnvoll zu füllen, haben wir den Gedanken des begehbaren Magazins aufgegriffen. Auf Paletten und in Regalkorridoren stehen zahlreiche kleinere Objekte, die bei dem späteren Ausbau in gleicher Weise Verwendung und Einordnung finden werden,

Abb. 4: Centrum für Industriekultur, Nürnberg, ständige Ausstellung

wie das bisher bei den Dingen aus der Zeit um 1910 geschen ist. Wir möchten damit auch Rechenschaft geben über den Umfang der Sammlung.

Der weitere Ausbau

Das Museum in der jetzt eröffneten Form kann nur ein Anfang sein. Der weitere Ausbau soll Schritt für Schritt – entsprechend den jährlichen Etatzuweisungen durch die Stadt Nürnberg – erfolgen. Vorrang wird dabei der erste Teil der konzeptionellen Planung haben, also die Zeit von 1830 bis 1930. Die Besucher werden dann in das Industriezeitalter über ein Stück des Gleisstranges der „Ludwigsbahn" (1835) eintreten, als ein Zeichen des Nürnberger Industriestolzes einen dreißig Meter hohen, das Glasdach durchstoßenden Bleistift sehen, der jenem nachempfunden ist, der 1906 auf der großen Landesausstellung stand, und schließlich am Ende der ersten Strecke des „Zeitweges" auf eine weiße, kubische Architektur treffen, die an das Neue Bauen um 1930 erinnern soll.
Als erster Schritt auf dem Wege des skizzierten weiteren Ausbaues wird nun eine Gipsmühle aus dem Jahr 1840 errichtet, für die bereits die notwendige Grube erstellt worden ist. Danach zählt ein Panora-

magebäude, das die Stadtentwicklung Nürnbergs im 19. Jahrhundert dokumentieren wird, zu den nächsten Bauvorhaben.
Im hinteren, jetzt noch freien Teil der Halle wird 1989 die Ausstellung „So viel Anfang war nie – Aufbruch aus Trümmern, Deutsche Städte 1945–1949“ gezeigt, die gemeinsam von Berlin und Nürnberg erarbeitet wird.

Christopher Charlton

Die Arkwright Society und ihre Arbeit in und um Cromford.

Derwent Valley ist die Wiege der Industriellen Revolution genannt worden; hier errichtete 1771 Richard Arkwright die erste erfolgreiche, wasserkraftbetriebene Baumwollspinnerei. Im Laufe der beiden folgenden Jahrzehnte etablierte sich die fabrikmäßige Baumwollherstellung fest in und um Derwent Valley. Viele dieser frühen Fabrikgebäude sind erhalten, und um diesen ererbten Bestand herum hat sich die Arkwright Society gebildet.

Nach den ersten fünf oder sechs Jahren der Experimentalphase entwickelten Sir Richard Arkwrights Mühlen in Cromford ein Modell, das von anderen eifrig kopiert wurde, und der Einfluß der ersten und zweiten Cromforder Mühle kann nicht nur auf den Britischen Inseln, sondern auch im Ausland, und, am bedeutendsten für Cromford, in Ratingen nachgewiesen werden. Arkwrights Cromforder Mühlen schlossen ihre Textilproduktion vor dem Ende des 19. Jahrhunderts und erfuhren dann eine Vielzahl unterschiedlicher Verwendungen; zuletzt wurden sie siebzig Jahre lang durch die Nutzung einer Farbherstellungsfirma zweckentfremdet. In dieser Zeit wurden die Gebäude stark vernachlässigt, und die erste Mühle ist nur teilweise erhalten geblieben, nachdem sie ihre beiden oberen Stockwerke eingebüßt hat. Die zweite Mühle wurde durch einen Brand im Jahre 1890 zerstört. Dennoch sind die meisten anderen Gebäude auf dem Gelände unbeschädigt. Aber Cromford ist nur eines in einer Reihe bedeutender Monumente. In Wirksworth, vier Meilen entfernt von Cromford, wird die Haarlem Mill, deren Entstehung auf 1777 zurückgeht, weiter industriell genutzt, während in Belper, acht Meilen südlich, ein Teil des Industriegeländes überlebt hat, das von Sir Richard Arkwrights Partner, Jedediah Strutt, entwickelt wurde. Hier bildet das Horseshoe Weir von 1795 die herausragende Besonderheit. Diese wenigen Beispiele sollen dazu dienen, die reichhaltige Hinterlassenschaft darzustellen, für die diejenigen unter uns, die an der Erhaltung und der Dokumentation der Vergangenheit von Derwent Valley arbeiten, Verantwortung übernehmen müssen.

Die Arkwright Society ist eine Organisation von Freiwilligen, die 1971 gegründet wurde. Bis zum Jahr 1979, als sie Arkwrights Cromforder Mühlen ankaufte, blieb sie eine kleine, regional orientierte Gesellschaft, deren vorrangige Tätigkeit darin bestand, Lehrliteratur zu veröffentlichen und ihren Einfluß auf die örtlichen Regierungsstellen

Abb. 5a: Die erste Cromford Mill, die weltweit erste wasserbetriebene Baumwollspinnerei. Eine Million Pfund werden für ihre Restaurierung benötigt.

und andere Einrichtungen zur Erhaltung historischer Bauten geltend zu machen. Der Ankauf war eine Rettungsmaßnahme und wurde von der Gesellschaft vorgenommen, weil keine andere regionale oder nationale Einrichtung zum Handeln bereit war. Die Bedrohung, die auf das Industriegebiet zugekommen wäre, hätte im Zerlegen und im stückweisen Verkauf, Gebäude für Gebäude, für weitere industrielle Nutzung, bestanden (vgl. Abb. 5 und 6).

Als die Gesellschaft das Gelände erwarb, wurde sie mit großen Problemen konfrontiert. Obwohl die meisten Originalgebäude erhalten waren, war das Gelände mit modernen Hallenkonstruktionen überzogen, mit dem Ergebnis, daß viele Merkmale der Architektur aus dem 18. Jahrhundert verunklart wurden. Die erste Aufgabe, der sich die Gesellschaft gegenübersah, war, diese modernen Gebäude wieder abzubauen und dann die Originalgebäude instandzusetzen. Gleichzeitig richtete die Gesellschaft ihre Aufmerksamkeit auf die Dokumentation des Geländes, und sobald dies gesichert war, wurde Publikum zugelassen.

Die Gesellschaft hat ihre Arbeit mit Hilfe einer Vielzahl von Einrichtungen fortgesetzt. Viele kleinere Aufgaben sind von Freiwilligen und Gruppen junger Leute in Angriff genommen worden; die hauptsächliche Arbeitskraft stellte die Manpower Services Commission, eine staatliche Einrichtung, die Ausbildungs- und Arbeitsmöglichkeiten für Arbeitslose vermittelt. Die MSC-Gruppen der Gesellschaft haben viel hervorragende Arbeit geleistet, einschließlich der Instandsetzung

Abb. 5b: Cromford Mill: Der restaurierte und wieder mit Fischen versehene Mühlteich

des Gebäudes, das Richard Arkwrights Verwaltungszentrale gewesen sein soll und als 'Counting House' bekannt ist. Das Gebäude stand kurz vor dem Zusammenbruch und mußte fast vollständig wiederaufgebaut werden. Die Gesellschaft hat die Erfahrung gemacht, daß Arbeitsgruppen dieser Art hervorragende Leistungen bei großer Kostenersparnis erzielen. Die Hauptarbeit in Cromford steht noch aus; die Gesellschaft hat mit Fonds-Kürzungen zu kämpfen, obwohl ein bescheidener Erfolg erzielt werden konnte, der die Instandsetzung des Aquädukts einschließt, das früher Wasser zum Hauptwasserrad leitete.

Die Gesellschaft ist Eigentümerin des Cromforder Geländes, arbeitet aber an anderen Orten in Übereinkunft mit anderen Grundbesitzern. Das zweite Großprojekt der Gesellschaft befindet sich in Lumsdale, in einem tief eingeschnittenen Tal vier Meilen von Cromford. Hier war es die Aufgabe der Gesellschaft, archäologisch wichtige Industriebauten zu erhalten, abzusichern und der Öffentlichkeit den Zugang und eine einfache Darstellung zu eröffnen. Mit diesem Vorhaben, das die wichtigsten Wirkungsstätten der Gesellschaft herausstellt, zeichnet sich etwas von der Bedeutung ab, die Lumsdale Valley besitzt. Das Tal ist zudem ein Naturgebiet von großer Schönheit, in dem Industrie und Natur jahrhundertelang nebeneinander existiert haben, ein Gleichgewicht, das die Gesellschaft um keinen Preis gefährden will.

Anderswo übt die Gesellschaft ihre Lehrfunktion in Gebäuden aus, die noch in Benutzung sind und wo der öffentliche Zutritt nur in vorsichtigen Verhandlungen mit den Eigentümern erreicht werden kann. Als Beispiel sei das Haus der Familie Arkwright, Willersley Castle, genannt, das heute ein Gästehaus ist; oder, eine Meile von Cromford entfernt, Masson Mill: zwischen 1783 und 1784 von Sir Richard Arkwright erbaut, wird sie immer noch als Mühle benutzt. Das größte Objekt der Gesellschaft stellt aber die Gemeinde in ihrer Gesamtheit dar, so z. B. die Ortschaft mit ihrer Arbeitersiedlung, von der einiges noch auf 1776 datiert werden kann, sowie der Marktplatz und die Gaststätte, die das Zentrum des Industrieortes von Sir Richard Arkwright bildeten. Hier müssen keine besonderen Absprachen getroffen werden, was den öffentlichen Zutritt betrifft, obwohl einige der Einwohner von Cromford nach vielen Jahren andauernder Betrachtung durch Tausende von Schulkindern das Leben im Ort mit dem in einem Goldfischglas verglichen haben.

Wenn die Gesellschaft eine Philosophie besitzt, dann ist sie fest auf die Erhaltung vor Ort gegründet. Wenn es nicht anders machbar ist, wird die Gesellschaft selbst Baudenkmäler erhalten. Sie zieht es aber vor, Eigentümer durch ihre Überzeugungskraft und ihre Ratschläge zu unterstützen, über den öffentlichen Zugang zu verhandeln, und schließlich durch billig produzierte Veröffentlichungen, gewöhnlich in Form von Besuchsstreckenführern, den Bestand darzustellen.

Abb. 6a: Cromford Mill: zwei der Gebäude vor der Restaurierung durch die Arkwright Society.

Natürlich ist die Größenordnung der Maßnahmen von Ort zu Ort unterschiedlich. Das Lumsdale-Projekt ist ein bedeutenderes Unternehmen, denn hier drohten viele Mühlengebäude zusammenzubrechen, und es war die Absicht der Gesellschaft, sie im ganzen Tal in ihrem verfallenen Zustand zu stabilisieren, und nicht etwa, einen vollständigen Wiederaufbau zu versuchen. Auf diese Weise kann der Besucher durch eine herrliche grüne Wildnis wandern, und auch durch die Gebäude selbst gehen, um dort entweder einfach den Anblick zu genießen oder, mit Hilfe der Veröffentlichungen der Gesellschaft, die archäologischen Fakten kennenlernen, die ihn umgeben. Die optischen Einbußen, die mit der Begehbarmachung des Tals für die Öffentlichkeit einhergehen, sind größer, als die Gesellschaft es sich gewünscht hätte, aber Sicherheitserfordernisse können nicht ignoriert werden, und so mußten an einigen Stellen Geländer und Stufen angebracht werden. An anderen Stellen soll sorgsam ausgewählte Baumbepflanzung dabei helfen, die Grenzen des öffentlichen Zugangs festzulegen. Die Gesellschaft hat im gesamten Talgebiet der Versuchung widerstanden, bestimmte Objekte auszuschildern, wie zum Beispiel die massiv steinernen Bleichbottiche, die neben drei der Mühlen zu finden sind.

Die Gesellschaft bemüht sich, die Industrielle Revolution im weitestmöglichen Rahmen darzustellen; die sozialen Konsequenzen der Fabrik müssen gegen den wirtschaftlichen Nutzen gestellt, die technologischen Neuerungen müssen beschrieben und erklärt werden, und das in einer Art und Weise, die auch einem nicht spezialisierten Publi-

kum verständlich ist. Dies alles kann nicht nur durch Flugblätter und durch die Darstellung vor Ort geschehen. In Cromford entwickelt die Gesellschaft ein Museum und hat audiovisuelle und fest installierte Schaukästen aufgestellt. Dennoch setzt sie weiter große Hoffnungen in die lokalen Geschichts-Streckenführer. Die Gesellschaft hat 1971 den ersten Streckenführer veröffentlicht; seitdem sind mehr als 100.000 Exemplare verkauft worden. Für einen allgemeiner orientierten Markt veröffentlicht die Gesellschaft Heritage-Karten und für Schulen eine Serie von Arbeitsblättern, die Schulklassen dazu ermuntern sollen, durch die Orte von historischem Interesse zu gehen und die Besonderheiten selbständig zu entdecken. Die Gesellschaft hat auch Dokumentationspakete für Lehrer sowie Ausschneidebögen veröffentlicht, die Kinder oder Lehrer zum Ausschneiden und zur Illustration ihrer Projektarbeit kaufen können. Wo es notwendig erscheint, die Flugblattinformationen zu ergänzen, werden Ortsbeschreibungstafeln verwendet, wobei darauf geachtet wird, daß sie diskret aufgestellt werden, um das Erscheinungsbild des Gebäudes, das sie zu erläutern versuchen, nicht zu beeinträchtigen. Diese Tafeln sind in Cromford während archäologischer Forschungsarbeiten besonders nützlich gewesen, um der Öffentlichkeit zu erklären, was entdeckt worden ist und nach welchen Aufschlüssen dort gesucht wird.
Die Vergangenheit soll für die jüngeren Besucher zum Leben erweckt werden, und hierbei sind spielerische Umsetzungen besonders sinnvoll. Während der Sommermonate sind die Straßen Cromfords von Kindern und Erwachsenen in Kostümen des 18. Jahrhunderts erfüllt, die den Alltag in Arkwrights Industriesiedlung nachleben.
In dieser knappen Beschreibung von Versuchen, der Vergangenheit in und um Cromford näherzukommen, habe ich das Ziel verfolgt, die Grundsätze darzustellen, die die Arbeit der Arkwright Society ausmachen.
Manchmal ist es einfacher zu beschreiben, wogegen man ist, als zu sagen, wofür man eintritt, und wenn die Mitglieder der Arkwright Society an eine Art der Vergangenheitsinterpretation erinnert werden möchten, die sicherlich die unbefriedigendste ist – die Politik der „Letzten Ruhestätte“ – dann brauchen sie nur das Science Museum in London zu besuchen. Hier haben viele Gegenstände, die aus den Derwent-Valley-Mühlen des Jedediah Strutt in Belper und Milford gerettet wurden, einen Ruheplatz gefunden. Wie unpassend sich viele von ihnen in einem formellen Museumskontext ausnehmen! So kann man zum Beispiel an den Wänden des Science Museum das Türschloß einer Toilette sehen, das von einem Mitglied der Familie Strutt erfunden wurde und einen Aufseher in die Lage versetzen sollte, den Zeitraum zu überwachen, den ein Arbeiter in der Toilette verbringen durfte, wobei das Schloß über eine Kette und eine Rolle mit dem Äußeren der Tür verbunden war. Dort befindet sich auch ein bemerkenswerter L-förmiger Toilettensitz für zwei Personen, aus Milford Mill.

Abb. 6b: Cromford Mill: zwei der Gebäude nach der Restaurierung durch die Arkwright Society.

Es wäre naiv, andeuten zu wollen, daß die Ära, die unserem industriellen Erbe so wenig Bedeutung beimißt und die es zugelassen hat, daß einige der schönsten Baudenkmäler zerstört wurden, zu Ende sei. Der Lernprozeß, die Überzeugungsarbeit und die Vorführung erfolgreicher und einfühlsamer Wiederverwendung unserer Industriedenkmäler müssen fortgesetzt werden. Vieles bleibt noch zu tun.

Übersetzung aus dem Englischen: Clemens Krümmel

Ulrich Schneider

Die Sammlungen des Germanischen Nationalmuseums und seine Darstellungskonzeptionen

Das Germanische Nationalmuseum, kein staatliches Museum, sondern eine Stiftung des öffentlichen Rechts, darf den Titel „Großes Museum deutscher Kunst und Kultur" für sich beanspruchen, zu dem es seit seiner Gründung, 1852, durch Hans Freiherrn von und zu Aufseß und nach der Installierung, 1857, in die Nürnberger Kartause Mariazell geriet. Rund eine Million Realien aus dem internationalen Bereich, in dem die deutschen Sprachen gesprochen wurden und werden, sind heute auf den 40.000 Museumsquadratmetern, zu denen bald weitere 10.000 gezählt werden können, versammelt, ausgestellt sind rund 20 Prozent (Abb. 7).
Die Aufgabenstellung des Germanischen Nationalmuseums wurde in der Gründungssatzung von 1852 klar umrissen:
„Das germanische Museum verfolgt einen dreifachen Zweck:
a) ein wohlgeordnetes Generalrepertorium über das ganze Quellen-

Abb. 7: Germanisches Nationalmuseum, Nürnberg, Architekturmodell (rechts: Erweiterungsbau der Gruppe me di um architekten)

material für die deutsche Geschichte, Literatur und Kunst, vorläufig von der älteren Zeit bis zum Jahre 1650 herzustellen;
b) ein diesem Umfange entsprechendes allgemeines Museum zu errichten, bestehend in Archiv, Bibliothek, Kunst- und Alterthumssammlung;
c) beides nicht nur allgemein nutzbar und zugänglich zu machen, sondern auch mit der Zeit durch Herausgabe der vorzüglichsten Quellenschätze und belehrender Handbücher gründliche Kenntnis der vaterländischen Vorzeit zu verbreiten."
Nach über hundertdreißigjährigem Bemühen und unter Prüfung der eigenen und der rezenten deutschen Geschichte faßt die jüngste Satzung 1986 zusammen:
„Das Germanische Nationalmuseum ist dem gesamten deutschen Volk gewidmet und hat die Aufgabe, die Kenntnis der deutschen Geschichte zu verbreiten und zu vertiefen. Zu diesem Zweck hat es insbesondere Zeugnisse der deutschen Geschichte und Kultur, Kunst und Literatur aus dem deutschen Sprachraum wissenschaftlich zu erforschen, zu sammeln, zu bewahren und der Öffentlichkeit zu erschließen."
Somit sieht sich unsere Anstalt nicht als Historisches Museum, sondern als institutionalisiertes Nachschlagewerk deutscher Kunst und Kultur, das in 18 Einzelunternehmen aufgebaut ist:
– Selbstverständlich als Serviceunternehmen arbeiten die Spezialbibliothek mit 500.000 Bänden und die Graphische Sammlung, beide seit geraumer Zeit und erfolgreich um den Medienverbund, etwa mit Foto Marburg, und damit um Erschließbarkeit bemüht. Dazu kommen Münzkabinett, Historisches Archiv, Archiv für Bildende Kunst, also die Sammlung zeitgenössischer Künstlernachlässe, sowie das Deutsche Glockenarchiv.
– Als Spezialsammlungen präsentieren sich die Abteilungen Vor- und Frühgeschichte, Historische Musikinstrumente, Waffen- und Jagdaltertümer, Wissenschaftliche Instrumente, das Pharmazeutische Museum, die Zunft- und Handwerksaltertümer, die Abteilung Spiele und die Volkskundlichen Sammlungen.
– Vereint und chronologisch vom Mittelalter bis ins späte 18. Jahrhundert abschreitbar sind Gemälde und Skulpturen, kirchliches und profanes Kunsthandwerk.
– Jung und aus verschiedenen Gründen nur selten sichtbar ist die Abteilung der Kunst des 19. und 20. Jahrhunderts, sieht man von der abgeschlossenen Sammlung Schäfer mit Gemälden des 19. Jahrhunderts ab. Im Aufbau steht die Sammlung Alltagsdesign.
Im Vordergrund der kulturgeschichtlichen Präsentation steht im Germanischen Nationalmuseum das Objekt als ästhetische Größe, die Beschreibung rückt in den Nebengrund.
Der Einband des Echternacher Evangeliars, des historisch hochbrisanten Codex Aureus, als fast beliebiges Beispiel, böte so viele Ein-

Abb. 8: Germanisches Nationalmuseum, Nürnberg, Vitrinenbeschriftung zum Codex aureus aus Echternach

stiegspunkte, daß die in schriftliche Form gebrachten Erklärungen das kostbare Objekt verdecken würden, (Abb. 8):

- Beschreibung
- Historischer Wert
- Kunsthistorischer Wert
- Geschichte des Objektes

Darüber hinaus, und man sollte sich keinen Hoffnungen hingeben, wird kein durchschnittlicher – und um den geht es hier – Besucher mehr als vier oder fünf solcher schriftlicher Erklärungen aufzunehmen gewillt sein. Deswegen faßt sich die transparente Beschriftungsplatte ebenso kurz wie zurückhaltend.

Die Armilla des kaiserlichen Ornats des 12. Jh. birgt darüber hinaus das Problem, daß kaum ein Besucher ihren Zweck kennt; die Erklärung umfaßt (Abb. 9):

- Bestimmung
- Beschreibung
- Kunsthistorischer Wert
- Geschichte des Objektes

Hier überlagert zwar die transparente Schrifttafel fast die Armilla, allerdings, so die befragte Aufsicht, wurde in den letzten Monaten kein Besucher geortet, der die ca. zwei Schreibmaschinenseiten ganz gelesen hätte.

Abb. 9: Germanisches Nationalmuseum, Nürnberg, Vitrinenbeschriftung zur Armilla vom Ornat Kaiser Friedrich Barbarossas

In der schriftlichen Unterrichtung kann die Erklärung bei der vorhandenen kulturhistorischen Vielfalt nur schwer erfolgen. So vermittelt sich das Germanische Nationalmuseum derzeit zum einen durch den Service der allgemeinen Besucherführung, zweimal am Tage (10.30 und 14.30 Uhr), wobei sogenannte Volunteers von Museumswissenschaftlern geschult wurden. Zum anderen hat der hochrechteckige, saccotaschenfreundliche „Führer durch die Sammlungen" nicht nur in Deutschland Schule gemacht. Und zum dritten ist jeder wissenschaftliche Mitarbeiter gehalten, zweimal im Jahr, jeweils zu Spitzenzeiten eine Führung mit speziellem Thema abzuhalten, womit die 52 Wochen abgedeckt sind.
Die Zusammengruppierung von Objekten spricht darüber für sich selbst, wenn, wie im Germanischen Nationalmuseum möglich, aus der Fülle der Objekte geschöpft werden kann:
Gabriel Mälesskirchers Gemälde „Christus im Hause Simons" übernimmt die Aufgabe der Dokumentation bürgerlichen Wohnens zu Ausgang des 15. Jahrhunderts: Truhenbänke und karge Tischdekkung, Waschlavoir und Schrank, Löffel und Messer und sonstiges Geschirr sind als Original wiederzuerkennen.
Die kulturhistorische Plurivalenz entzieht sich eben einseitig historischer Bestimmung. Veit Stoßens Raffael-Tobias-Gruppe ist gleichzeitig Beleg für ein kunsthistorisches Phänomen, daneben kann ein Exkurs zur Wirtschaftsgeschichte der frühen Neuzeit und zur Geschichte der Kunsttechnik geführt werden.
Dies kann zu Diskrepanzen führen, wenn etwa die beiden Kaiserbilder Dürers in der Galerie hängen, der Heiltumsschrein aus dem Heiliggeistspital in der Sakristei der Kartäuserkirche. Denn ohne Sigismund keine Heiltümer in Nürnberg und ohne Heiltümer auch kein Kaiserbild. Aber schon aus konservatorischen Gründen gehören die Dürergemälde in die Galerie, zumal nur dort zusammen mit Dürers Maximilians- und Wohlgemutaufnahme der Vergleich von historischem Porträt, Staatsporträt und privater psychologischer Studie geführt werden kann.
Wollte man diese kulturhistorischen Komponenten schriftlich vermitteln, ein Schilderwald würde entstehen, wo schon ein – nach dem Auftraggeber – sogenanntes Bott-Pult zu viel wäre.
Die Darstellung von Geschichte geschieht im Germanischen Nationalmuseum neben der tagtäglichen Museumsdidaktik durch die großen historischen Ausstellungen: „Martin Luther und die Reformation", „Leben und Arbeiten im Industriezeitalter", „Vorwärts, vorwärts sollst du schaun (Ludwig I.)" waren teilweise große Erfolge. Und auch „Geschichte und Kultur der Juden in Bayern" oder „Die französische Revolution in Deutschland" können auf die historieschwangeren Realien des Hauses zurückgreifen.
Und gerade in diesem Zusammenhang entsteht der Erweiterungsbau des Germanischen Nationalmuseums, mit neuer Eingangshalle und

zwei großen Ausstellungsräumen, mit Vortragssaal und zwei Stockwerken der Restaurierungsateliers, die den Altbau zugunsten der Schausammlung entlasten. Und hier wie dort sollen dann 1992 auch die Vermittlungstechnologien des 21. Jahrhunderts – die Inventarbanken und die Führungsphones mit Induktionsschleifen und Festplatte Einzug halten, die auch ein Bild unserer Geschichte vermitteln, daneben der Ästhetik der Objekte eine Chance lassen.

Hermann Schäfer

Das Haus der Geschichte der Bundesrepublik Deutschland
Zeitgeschichtliches Museum im Aufbau

Das Haus der Geschichte der Bundesrepublik Deutschland entsteht im Regierungsviertel der Bundeshauptstadt als Ausstellungs-, Dokumentations- und Informationszentrum. Es ist ein Angebot an die jährlich fast 400.000 Bonn-Besucher, von denen viele die Verfassungsorgane des Bundes, namentlich Bundestag und Bundesrat, in ihrer Arbeit erleben und bei denen Interesse an historisch-politischen Informationen zur Bundesrepublik vorausgesetzt werden kann. Ein Besuch des Hauses der Geschichte wird in diesem Zusammenhang geeignet sein, Kenntnisse über die jüngere Geschichte unseres Landes zu vermitteln; er kann historisches Bewußtsein fördern und Anstöße zur Besinnung über die Entstehungsgeschichte unserer Gegenwart geben.

a) Den entscheidenden Anstoß zur Realisierung dieses bereits Ende der siebziger Jahre innerhalb des Bundesministeriums des Innern diskutierten Projektes gab Bundeskanzler Helmut Kohl in seiner Regierungserklärung am 13. Oktober 1982: „Unsere Republik, die Bundesrepublik Deutschland, entstand im Schatten der Katastrophe. Sie hat inzwischen ihre eigene Geschichte. Wir wollen darauf hinwirken, daß möglichst bald in der Bundeshauptstadt Bonn eine Sammlung zur Deutschen Geschichte seit 1945 entsteht, gewidmet der Geschichte unseres Staates und der geteilten Nation."

Aufgrund dieser Regierungserklärung berief der Bundesminister des Innern 1982 eine unabhängige Sachverständigenkommission mit den Universitätsprofessoren Dr. Lothar Gall (Frankfurt), Dr. Klaus Hildebrand (Bonn), Dr. Horst Möller (Erlangen) und Museumsdirektor Dr. Ulrich Löber (Koblenz) und erteilte ihr den Auftrag, eine erste inhaltliche Konzeption für das Haus der Geschichte der Bundesrepublik Deutschland zu entwickeln, den zeitlichen Rahmen für die Präsentation genauer abzustecken sowie Hinweise zur didaktischen Konzeption zu geben.

Die von der Kommission erarbeitete Fassung des Gutachtens wurde Ende 1983 der Öffentlichkeit vorgestellt und an die Länder sowie an über 100 gesellschaftliche Gruppen (Kirchen, Parteien, Verbände etc.), Institutionen und Einzelpersonen mit der Bitte um Stellungnahme übersandt. Auf diese Weise wurde eine breite Beteiligung der interessierten Öffentlichkeit sichergestellt. Die SPD-Bundestagsfrak-

Abb. 10: Haus der Geschichte, Bonn, Architekturmodell

tion führte im Mai 1984 ein Hearing zum Gutachten durch, dessen Ergebnisse – positive wie negative Stellungnahmen – ebenfalls veröffentlicht wurden.
Kritik und Anregungen wurden von der Sachverständigenkommission eingehend geprüft und zu erheblichen Teilen in die letzte, im Juli 1984 veröffentlichte Fassung des Gutachtens eingearbeitet. Dieses im Jahre 1985 auch vom Bundeskabinett gebilligte Gutachten ist die wesentliche konzeptionelle Arbeitsgrundlage für die Realisierung des Hauses der Geschichte.
Mit einem Erlaß vom März 1986 wurde eine unselbständige Stiftung Haus der Geschichte der Bundesrepublik Deutschland als vorläufiger Rechtsträger errichtet. Zugleich wurden die Verfasser des Sachverständigengutachtens zum Gründungsdirektorium berufen und mit der Leitung der Arbeit des wissenschaftlichen Aufbaustabes beauftragt. Die Aufgaben der Gründungsdirektoren gingen am 1. Juli 1987 auf den ersten hauptamtlichen Direktor der Stiftung Haus der Geschichte der Bundesrepublik Deutschland über.
Drei Gremien begleiten die Arbeit des Hauses:
– Ein Kuratorium mit je 6 Vertretern des Deutschen Bundestages, 6 Vertretern der Länder (davon ein Vertreter des Landes Nordrhein-Westfalen) sowie 6 Vertretern der Bundesregierung. Die konstituierende Sitzung des Kuratoriums fand am 1. Oktober 1986 statt, Vorsitzender wurde Bundesbauminister Dr. Oscar Schneider. Das Kuratorium beschließt die Grundzüge der Programmgestaltung für das Haus der Geschichte und den Betrag zum Haushaltsvoranschlag.

– Dem wissenschaftlichen Beirat gehören bis zu 25 Sachverständige an, die vom zuständigen Bundesbauminister im Benehmen mit dem Kuratorium berufen werden. Die konstituierende Sitzung des wissenschaftlichen Beirates fand am 12. Dezember 1986 statt, zu seinem Vorsitzenden wurde Prof. Dr. Hans-Peter Schwarz gewählt. Aufgabe des Beirates ist es, Kuratorium und Direktor des Hauses bei der Programmgestaltung zu beraten.
– Ein Arbeitskreis gesellschaftlich relevanter Kräfte hat ebenfalls beratende Funktion; seine Mitglieder werden auf Vorschlag der jeweiligen Organisationen vom Kuratorium berufen. Entsendungsberechtigt sind: Evangelische und Katholische Kirche, Zentralrat der Juden, Arbeitgeberverbände, Gewerkschaften, Bund der Vertriebenen, Bund der Mitteldeutschen, Deutscher Frauenrat, Deutscher Kulturrat, Deutscher Sportbund, Deutscher Bundesjugendring, Bundesvereinigung der Kommunalen Spitzenverbände. Konstituierende Sitzung des Arbeitskreises war am 13. November 1986, zum Vorsitzenden wurde Prof. Dr. Wilhelm Schneemelcher gewählt.
Im Laufe des Jahres 1988 soll das Haus der Geschichte seine endgültige Form als rechtsfähige Stiftung des Öffentlichen Rechts erhalten. Ein entsprechender Gesetzesentwurf ist vorbereitet. Mit der Verabschiedung dieses Gesetzes durch Bundestag und Bundesrat wird das Haus der Geschichte eine selbständige, d. h. eine unabhängige Stiftung.
Die derzeitige Tätigkeit der Mitarbeiter des Aufbaustabes ist vor allem auf die Vorbereitung des Neubaus konzentriert, der 1989 begonnen und 1992/93 fertiggestellt und eröffnet werden soll, auf die Anlage von Exponatsammlungen und die Entwicklung gestalterischer Vorschläge auf der Grundlage der vorliegenden Konzeption (Abb. 10). Außerdem werden „Werkstattausstellungen“ vorbereitet, die auf die Dauerausstellungen des Hauses hinführen und Gelegenheit zur Erprobung ausstellungstechnischer, gestalterischer und museumspädagogischer Konzepte bieten.
Im Frühjahr 1988 fand eine Ausstellung zum Thema „Notbehelfe. Alltagsbewältigung in der Nachkriegszeit“ erfreuliches Interesse (Abb. 11). Die Ausstellung „Medien vor 40 Jahren“ wird im Herbst 1988 in der für das Haus der Geschichte hergerichteten Ausstellungshalle in der Godesberger Allee 108 (S-Bahn-Station „Hochkreuz“) gezeigt. Diese Halle wird dem Haus der Geschichte bis zur Eröffnung des neuen Gebäudes im Regierungsviertel als provisorisches Domizil für Wechselausstellungen dienen. Für den Herbst 1989 wird eine Ausstellung zum Thema „für eine Übergangszeit...“ vorbereitet, welche die Zeit der Gründung der Bundesrepublik um 1949 schlaglichtartig beleuchten soll.
b) Es war eine der wichtigsten Entscheidungen auf dem bisherigen Wege des Hauses der Geschichte, ihm eine eigene Sammlungstätigkeit zu ermöglichen. In der Tat ist das Zusammentragen historischer

Abb. 11: Haus der Geschichte, Bonn, Ausstellung „Notbehelfe“

Exponate Grundvoraussetzung für die Arbeit eines Museums. Die Faszination von Originalen ist schwer zu ersetzen, und das Haus der Geschichte der Bundesrepublik Deutschland will sie nutzen. Das dreidimensionale Objekt steht hier – wie für den Historiker das Dokument und für den Kunsthistoriker das Kunstobjekt – als eine historische Quelle im Zentrum des Interesses.
Die Sammlungsbemühungen des Hauses der Geschichte zielen nicht nur auf Objekte der Politikgeschichte, sondern ebenso und besonders intensiv auf solche der Sozial-, Wirtschafts-, Kultur-, Mentalitäts- und Kunstgeschichte. Dies entspricht dem inhaltlichen Konzept des Hauses. Auch Kunstobjekte sind beispielsweise integraler Bestandteil des entstehenden Sammlungskonzeptes des Hauses, insbesondere, wenn sie Themen bundesdeutscher Geschichte bzw. ihrer Vorgeschichte akzentuieren.

Gewiß ist es nicht alltäglich, daß die Sammlung eines Museums erst im Anschluß an dessen Konzeption entsteht, doch ist dies in unserem Fall nur folgerichtig: Zahlreiche interessante historische Objekte der Nachkriegszeit warten noch auf ihre Entdeckung für den musealen Zweck. Das auf Initiative des Hauses der Geschichte vor dem Abbruch des Plenarsaales des Deutschen Bundestages sichergestellte Mobiliar mag als ein Beispiel solch „musealer Entdeckung" gewertet werden.

Öffentlichkeitsarbeit und Ausstellungen des Hauses sowie damit verbundene Sammlungsaufrufe und gezielte Recherchen brachten verschiedenartigste Exponate ins Haus. Viele Menschen aus ganz Deutschland meldeten sich, um historische Exponate, bemerkenswerte „Erinnerungsstücke" aus persönlichem Besitz anzubieten. Als Museumsobjekte dokumentieren sie die jüngste Nachkriegsgeschichte Deutschlands und bilden bereits einen wesentlichen Bestandteil der Sammlungen des Hauses.

Folgende Beispiele aus jüngerer Zeit geben einen Einblick in die Sammlungstätigkeit des Hauses.

– Im Anschluß an die „Notbehelfe"-Ausstellung erhielt das Haus der Geschichte, häufig als Geschenke oder Dauerleihgaben, Erinnerungsstücke aus Kriegsgefangenschaft, Zeugnisse von Flucht, Vertreibung und Integration in der neuen Heimat, in der Not der Nachkriegszeit gefertigte Kinderspiele, Einrichtungsgegenstände, Aufzeichnungen, Bilder, aus Kriegsmaterialien gefertigte Gegenstände des Friedensbedarfs und vieles mehr. Viele wichtige Objekte fehlen aber noch.

– Von dem polnischen Künstler Professor Josef Szajna, der als Maler und Zeichner, als Regisseur und Bühnenbildner ebenso wie als Autor von Theaterdrehbüchern, Environments und Aktionen internationales Ansehen genießt, erwarb das Haus der Geschichte mehrere Kunstwerke. Josef Szajna hat erlebt, was er künstlerisch verarbeitet: Als 19-jähriger wurde er in das nationalsozialistische Vernichtungslager Auschwitz eingeliefert, entging dort mehrfach der Ermordung, wurde in das KZ Buchenwald gebracht und schließlich nach über 5 Jahren von alliierten Soldaten gerettet.

– Eine in ihrer Art einmalige philatelistische Sammlung – bestehend aus Briefmarken, Poststempeln, Briefumschlägen, Postkarten, Dokumenten und Autographen, darunter zahlreiche Raritäten – dokumentiert die Vorgeschichte der Bundesrepublik, den Aufbau der staatlichen Organe, die Wiedereingliederung in die internationale Politik, die Entwicklung des wirtschaftlichen und sozialen Systems.

Das Haus der Geschichte will mit seiner Sammlungs- und Ausstellungstätigkeit einen Beitrag zur Förderung eines Geschichtsbewußtseins und einer politischen Kultur leisten, die der freiheitlichen und demokratischen Ordnung entspricht.

c) Im Mittelpunkt der Konzeption des Hauses steht die Geschichte der Bundesrepublik Deutschland in einer die Vergangenheit mit ihrem politischen, wirtschaftlichen, sozialen und kulturellen Erbe umfassend integrierenden Betrachtungsweise. Auch der Wiedervereinigungsauftrag des Grundgesetzes und die Einbindung der Bundesrepublik in Tradition und Entwicklung der westlichen Welt gehören in diesen Zusammenhang.

Um dieses Ziel zu erreichen, bedarf es, wie die Sachverständigen und Gründungsdirektoren des Hauses der Geschichte bereits in ihrem Gutachten besonders hervorheben, der „engen Verbindung von politischer Geschichte, Wirtschafts- und Sozialgeschichte, Geistes- und Mentalitätsgeschichte und nicht zuletzt der Geschichte der sog. materiellen Kultur, der Entwicklung der alltäglichen Lebensformen und Lebensbedingungen: Sie präsent und anschaulich zu machen, und den Besucher nicht nur mit vergangener Politik, sondern stets zugleich auch mit vergangener Lebenswelt zu konfrontieren, gehört nach Meinung der Kommission zu den großen Herausforderungen des Vorhabens. Die Darstellung müßte sich also gleichzeitig auf verschiedenen Ebenen bewegen und diese immer wieder aufeinander beziehen."

Die politische Geschichte im engeren Sinne soll den „Orientierungs- und Leitsektor" bilden, aber „nicht, weil ihr generell die dominierende Rolle im geschichtlichen Leben zukommt, sondern weil sie aus unmittelbar einsichtigen Gründen die äußeren Marksteine der Entwicklung setzt und darüber hinaus, in Aktualisierung und anlaßbedingter Diskussion bestimmter Fragen, zentrale Problemfelder markiert" (aus: Überlegungen und Vorschläge zur Errichtung des Hauses der Geschichte der Bundesrepublik Deutschland in Bonn, hrsg. vom Bundesminister des Innern, Bonn, Juli 1984, S. 2).

Diese Hinweise auf eine politikgeschichtlich orientierte Gliederung des Konzeptes sind immer wieder mißverstanden oder mißinterpretiert worden, wenn hieraus die Dominanz der Politikgeschichte über andere historische Erfahrungsebenen abgeleitet wurde. Doch soll und wird eine solche Dominanz vermieden werden, weil das Konzept des Hauses der Geschichte durchlässig und offen gehalten werden kann für die verschiedensten Aspekte sozial-, wirtschafts-, kultur-, kunst- und mentalitätsgeschichtlicher Prägung. Die Geschichte der Bundesrepublik ist eben am ehesten nach ihrer politischen Entwicklung in kürzere Phasen zu unterteilen, was aber nicht bedeuten muß, daß die Politikgeschichte andere historische Betrachtungsebenen zwangsläufig dominiert. Es ist darum geradezu eine besondere Chance dieses Konzeptes, politikgeschichtliche Phasen durch Perioden der Sozial-, Wirtschafts-, Kultur-, Kunst- und Mentalitätsgeschichte zu erweitern, Überlagerungen zu zeigen und – wo möglich – akzentuiert gegenüberzustellen. Das Konzept des Hauses ist also durchaus offen für eine solche strukturgeschichtliche Interpretation.

Insgesamt wird die ständige Ausstellung in fünf große Ausstellungsbereiche unterteilt, die den Phasen der Nachkriegsgeschichte folgen. Jeder dieser Abschnitte und der ihm entsprechende Ausstellungsbereich ist wiederum in eine unterschiedliche Anzahl von Ausstellungseinheiten unterteilt. Für die Zeit vor 1945 sind zwei eigene Ausstellungseinheiten vorgesehen, so daß also keine Rede davon sein kann, daß die Vorgeschichte der Bundesrepublik Deutschland – insbesondere die nationalsozialistische Gewaltherrschaft – ausgeklammert würde.

Das Konzept sieht folgende Gliederung vor:

I. Vom Reich zur Bundesrepublik Deutschland (1945–1949)

A 1: Politik der Siegermächte
A 2: Demokratiegründung in Westdeutschland
A 3: Wirtschafts- und sozialpolitische Grundentscheidungen
B 1: Last und Verantwortung der Vergangenheit
B 2: Historische Voraussetzungen der Verfassungsordnung der Bundesrepublik Deutschland
B 3: Weg zur Teilung Deutschlands
B 4: Vertreibung, Flucht und Integration

II. Gründerjahre der Bundesrepublik Deutschland (1949–1955)

A 4: Konstituierung der parlamentarischen Demokratie
A 5: Westintegration und Verteidigungsbeitrag
A 6: Innenpolitische Fundamentalgesetzgebung
B 5: Realverfassung
B 6: Parteienkonsens in Grundfragen
B 7: Soziale Marktwirtschaft und Wirtschaftspolitik
B 8: Aufbau der Bundeswehr

III. Höhepunkt und Krise der Ära Adenauer (1956–1963)

A 7: Entwicklung des politischen Systems
A 8: Vollendung der Westintegration und Deutschlandpolitik
A 9: Entwicklung des Sozialstaats
B 9: Praktischer Vollzug der Teilung Deutschlands
B 10: Europa und die deutsch-französischen Beziehungen

IV. Zwischen Kontinuität und Wandel (1963–1969)

A 10: Von der Kleinen zur Großen Koalition
A 11: Neue Wege der Außenpolitik
B 11: Revolution der materiellen Lebensbedingungen
B 12: Aufbruch und Protest

V. Die Zeit der sozial-liberalen Koalition (1969–1982)

A 12: „Mehr Demokratie wagen…"
A 13: Die Neue Ostpolitik
B 13: Probleme der siebziger Jahre
B 14: Die Bundesrepublik Deutschland in der Welt

Die Innenarchitektur trägt diesen inhaltlichen Bedingungen Rechnung: Die insgesamt rund 4000 m^2 umfassende Ausstellungsfläche ist so gegliedert, daß die skizzierten fünf Ausstellungsbereiche auf fünf voneinander getrennte, doch jeweils offene, hallenähnliche Großräume aufgeteilt werden können. Daneben wird das Haus der Geschichte über einen rund 600 m^2 umfassenden Wechselausstellungsbereich verfügen.
d) Die vom Haus der Geschichte gesammelten Objekte stehen in inhaltlichem und zeitlichem Zusammenhang zu den verschiedenen Themen und Phasen der Geschichte der Bundesrepublik Deutschland. Ihr „historischer Charakter" ergibt sich daraus, wie intensiv die Zuordnung zu Themen und Zeiträumen, zu den Ereignissen der Politik-, Wirtschafts-, Sozial-, Kunst- und Kulturgeschichte ist. Jenen Ereignissen auf der von der Öffentlichkeit beachteten „Bühne" ebenso wie jenen auf der Ebene des mehr Alltäglichen. Der „historische Charakter" der Exponate wird um so deutlicher, je klarer die Zuordnung zu den verschiedenen historischen Themen und Ebenen ist und je intensiver die „Geschichten" sind, welche sich an diese Exponate knüpfen. Es ist selbstverständlich, daß jede Objektrecherche, jede Inventarisierung den historischen Charakter in dieser Weise besonders intensiv herausarbeiten muß und daß daher auch viele Zeitzeugen befragt werden.
e) Das historische Objekt muß als Quelle behandelt, als museales Exponat in einen vielfältigen historischen Zusammenhang gestellt werden. Eine Museumskonzeption ergibt sich nicht aus den Gegenständen, diese gewinnen ihre Aussagekraft vielmehr erst aus schöpferischer Kraft, durch die Einbindung in ein Ensemble oder mit Hilfe einer Inszenierung im historischen Kontext. Selbstverständlich wird das Haus der Geschichte der Bundesrepublik Deutschland, wie andere Museen, sich der Inszenierung als Mittel musealer Darstellung bedienen. Exponate müssen im Zentrum der Ausstellung stehen und – wo möglich und sinnvoll – auf eine Weise angeordnet werden, die bereits von der Art ihrer Zusammenstellung Rückschlüsse auf den Erklärungszusammenhang bietet.
Selbstverständlich muß die museale Realisierung – über die vorhandenen Konzepte hinaus – viele weitere Gesichtspunkte berücksichtigen: ausstellungsgestalterische, museumsdidaktische, medientechnische und nicht zuletzt jene der Verfügbarkeit von Exponaten. Es ist hier nicht der Ort, über die unterschiedlichen textgestalterischen

Möglichkeiten eines Museums zu berichten; jedoch besteht kein Zweifel: Im Rahmen von hierarchisch geordneten Texten (z. B. Tafeltext, Sockeltext, Exponattext) kommt der detaillierten Beschriftung des Exponates, möglichst in Verbindung mit der zu dem Exponat gehörenden „Geschichte", besondere Bedeutung zu.

Die Besucherführung von einer Ausstellungseinheit in die andere, von einem Ausstellungsbereich in den nächsten wird klar, jedoch nicht zwangsläufig sein. Dem Besucher wird sich im Neubau des Hauses der Geschichte von Ebene zu Ebene ein Blick voraus bzw. zurück bieten. Dies entspricht gewissermaßen der „Perspektive" der Museumsbesucher: Je nach Alter überschauen sie Teile bzw. Phasen der historischen Wirklichkeit der Bundesrepublik und je nach historischen Kenntnissen bzw. Erinnerungsvermögen können sie geschichtliche Situationen rekapitulieren und in Richtung Vergangenheit wie in Richtung Zukunft perspektivisch weiterverfolgen.

Werner Schäfke

Kölnisches Stadtmuseum

Am 13. Juli des Jahres 1888 durch Ratsbeschluß begründet, am 11. August des gleichen Jahres in der Hahnentorburg eröffnet, konnte das Kölnische Stadtmuseum im Sommer dieses Jahres sein 100jähriges Jubiläum feiern.
„Das Interesse des Publicums herauszufordern" – so formulierte Oberbürgermeister Friedrich Wilhelm Becker im Rat die Aufgabe des neuen Historischen Museums der Stadt Köln. Mit Beständen aus dem Historischen Archiv und dem Wallraf-Richartz-Museum begann dort die Arbeit des Museums unter einem Direktor, der es sich leisten konnte, auf ein Gehalt zu verzichten, und über einen Ankaufskredit verfügte, der erheblich höher war als der Personalkredit seines Hauses. Bald kam die Eigelsteintorburg als zusätzliches Domizil hinzu. Durch zahlreiche Schenkungen der Bürger – bis heute eine gute Tradition – und Ankäufe wuchs der Bestand. Heute kann man mit ca. 200 000 Objekten rechnen.
Nach der großen Ausstellung zur Jahrtausendfeier der Rheinlande 1925 im Messegelände wechselte man in umgebaute Kasernen auf dem Deutzer Rheinufer. Hier, mit über 20 000 m^2 Ausstellungsfläche, entstand mit dem Titel „Rheinisches Museum" eine weit ausgreifende Planung, gefördert von Oberbürgermeister Konrad Adenauer. Der zweite Weltkrieg zerstörte die Gebäude. Die Bestände konnten weitgehend gerettet werden. Sehenswerte Anfänge, das Museum am Deutzer Ufer wieder einzurichten, wurden aufgegeben und gegen Zeughaus und Alte Wache im Stadtzentrum mit nur knapp 2000 m^2 Ausstellungsfläche eingetauscht.
Der viergeschossige langgestreckte Bau mit seinen rotweißen Schlagläden 1594–1606 als städtische Waffenkammer, als Zeughaus erbaut, ist schon immer zugleich Museum gewesen. Hier bewahrten die Bürger stolz den in der Schlacht bei Worringen 1288 erbeuteten Streitwagen des Kölner Erzbischofs, Zeichen der gewonnenen Freiheit. Alte Waffen blieben im Verwaltungsgang erhalten und wurden um Kuriositäten wie die Harnische der Generale Baudissin oder Jan van Werth aus dem 30jährigen Krieg, einen römischen Sarkophag, eine ägyptische Mumie vermehrt und den neugierigen Fremden vorgewiesen. Nachdem die Franzosen 1794 die Bestände des Zeughauses aufgelöst hatten, ist mit dem Einzug des Kölnischen Stadtmuseums ins Zeughaus manches nach mehr als einem Jahrhundert wieder an den alten Ort zurückgekehrt.

Erdgeschoß und Obergeschoß des Zeughauses werden als Ausstellungsräume für die ständige Ausstellung genutzt. Die Geschosse darüber dienen als Büroräume, für die umfangreiche grafische Sammlung, für die umfangreiche Bibliothek zum Thema Köln. Die Alte Wache, nach Westen anschließend, 1840/41 historisierend im Stil florentinischer Paläste erbaut, wird für Sonderausstellungen genutzt.
Erst seit dem Einzug ins alte Zeughaus der freien Reichsstadt Köln, eröffnet 1958, führt man die Bezeichnung „Kölnisches Stadtmuseum". Sie faßt zusammen, was trotz aller Wandlungen immer Kern der Sammelbestrebungen und der Ausstellungsziele war und bleiben wird. Hier werden Zeugen und Zeugnisse der großen Geschichte Kölns vom frühen Mittelalter bis in die Gegenwart gesammelt, bewahrt und gezeigt.
Mit einer neuen Konzeption ist die Schausammlung des Kölnischen Stadtmuseums nach mehrjähriger Schließung am 1. September 1984 wieder eröffnet worden. Hierbei hat gerade das beibehaltene traditionelle Ziel des Museums, die Geschichte der Stadt Köln vom frühen Mittelalter bis in die Gegenwart zu zeigen, zu neuen Akzenten geführt. Es steht nicht mehr allein die reiche Glanzzeit des späten Mittelalters und der frühen Neuzeit im Vordergrund der Schausammlung, wie es sich durch das erhaltene und verfügbare Objektmaterial leicht aufdrängt. Ausgebaut wurde die Darstellung der Blütezeit Kölns im hohen Mittelalter und die Stationen der Geschichte Kölns aufgeführt bis in die Nachkriegszeit.
Die beiden Ausstellungsgeschosse im Zeughaus sind für die ständige Ausstellung als Gliederungselemente genutzt worden. Im Erdgeschoß, das bewußt von außen einsehbar gestaltet wurde, wird die politische Geschichte der Stadt vom hohen Mittelalter bis in die Nachkriegszeit präsentiert – soweit dies durch die erhaltenen Objekte möglich ist. Nach dem Stichwort – Köln – führt ein erster Weg rückwärts in die Geschichte, von der Nachkriegszeit bis zur Jahrhundertwende. So begegnet der Besucher zuerst der Geschichte, die ihm selbst aus eigener Erfahrung, aus den Erzählungen seiner Eltern oder seiner Großeltern geläufig ist.
Die Geschichte der Stadt vom hohen Mittelalter bis in die Nachkriegszeit wird zusammen mit einer Einführung zu typisch Kölner Stichworten wie Karneval, Kölnisch Wasser, Kölner Klüngel oder dem Kölner Stockpuppentheater im Erdgeschoß dargeboten. Hier ist wie im Obergeschoß in Zusammenarbeit mit den Architekten des städtischen Hochbauamtes Wolfgang Pluimers und Michael Heimbach eine preiswerte, abwechslungsreiche, überschaubare und durchsichtige Vitrinenlandschaft gewonnen worden. Die Besucher, Kölner Bürger, Kölner und auswärtige Schulklassen und Touristen, erhalten mit zahlreichen Leittexten und ausführlichen Objektbeschriftungen, die ständig noch erweitert werden, die notwendigen Informationen (vgl. Abb. 12 und 13).

Abb. 12: Kölnisches Stadtmuseum, ständige Ausstellung

Zentrum des didaktischen Konzepts ist das Stadtmodell im Untergeschoß. Mit einem Beleuchtungs- und Tonbandprogramm versehen, zeigt es nach dem Vogelschauplan Arnold Mercators das Bild der Stadt im Jahre 1571. Hier lassen sich wesentliche Entwicklungszüge der Stadtgestalt ablesen.
Im Obergeschoß des Zeughauses werden als Kontrast zur politischen Geschichte im Untergeschoß einzelne Aspekte der Kulturgeschichte gezeigt. Sie illustrieren den alltäglichen Hintergrund der „großen" Ereignisse. Die Themen reichen von Zeugnissen Kölner Frömmigkeit, Wissenschaft in Köln, über Möbel, Verkehr, Handwerk und Handel bis zu frühen Industrieprodukten, bis zu den einfachen Geräten alltäglichen Lebens vom Mittelalter bis ins 20. Jahrhundert. Hier erweist sich die Abhängigkeit der musealen Darstellung von Geschichte von der mehr oder weniger materialbedingten oder zufälligen Erhaltung der Objekte noch prägnanter als im Bereich der politischen Geschichte des Erdgeschosses. Schon die museale Darstellung der alltäglichsten Bereiche, des Wandels der Ernährung im Laufe der Jahrhunderte oder die Entwicklung der Bekleidung ist nicht mit authentischen Objekten durchzuführen. Die gleiche Ausweglosigkeit, daß Geschichte in ihrer Bewegung und ihrer Fülle im Museum nicht dargestellt werden kann, daß sie nur mit Reliquien in Erinnerung gebracht und gehalten werden kann, gilt endlich auch für die politische Geschichte. Das Problem ist nicht zu lösen, aber mehr

Raum, mehr Ausstellungsfläche böte zumindest die Möglichkeit, präziser, umfassender die Besucher zu informieren und nicht nur die Objekte und diese auch nur zum Teil zu präsentieren.
Dann würde Geschichte, die das gesamte Lebensgefüge umfaßt, detailreicher, informationsreicher und ausführlicher geschildert werden können.
Dann beantwortete sich auch eine oft gestellte Frage von selbst: „was hat das mit Köln zu tun?“. Eine Frage, zu der gerade jüngere Objekte des Mittelalters oder der frühen Neuzeit reizen. Auch hier gibt es entsprechende Stücke ringsum im Rheinland, in Mitteleuropa und oft noch darüber hinaus. Manchmal sind sie in Köln hergestellt worden, fast immer sind die Objekte, die sich heute im Stadtmuseum befinden, einmal in Köln benutzt worden. Die Frage nach dem spezifisch Kölnischem läßt sich für alle Jahrhunderte mit dem gleichen Recht stellen. Sie läßt sich immer nur durch eine Frage an das Objekt beantworten: Vermag es etwas zur Geschichte Kölns auszusagen?
Dabei erweist sich, daß die Geschichte der Stadt Köln immerwährend und untrennbar der allgemeinen Geschichte verbunden ist. Die Geschichte der Stadt ist nur unter Einbeziehung der Geschichte der näheren, weiteren und weitesten Umgebung in allen ihren Aspekten zu verstehen und zu schildern. Lokale Geschichtsdarstellung kann nicht auf den Blick über die Stadtgrenze verzichten, will sie nicht provinziell werden.
Auch diese Struktur städtischer Geschichte, das Eingebundensein in größere kulturgeschichtliche, wirtschaftliche und politische Zusammenhänge, ließe sich mit mehr Ausstellungsfläche deutlicher herausstellen. Hier liegt nach dem Verlust von über 10000 m^2 Ausstellungsfläche das Grundproblem des Kölnischen Stadtmuseums. Eine Lösung bietet sich mit dem nach Westen anschließenden Parkplatzgelände. Dort könnte zugleich ein Teilstück der römischen Stadtmauer restauriert, die historische Folie für eine erweiterte Darstellung der Kölner Geschichte sein – und eine Baulücke in zentraler Stadtlage würde sinnvoll geschlossen.

Abb. 13: Kölnisches Stadtmuseum, Vitrine der ständigen Ausstellung zum III. Reich

Wulff E. Brebeck

Das Kreismuseum Wewelsburg

Der Beitrag des kleinsten hier vertretenen Museums zum Thema „Geschichtskonzeptionen in Museen“ kann vielleicht am ehesten darin bestehen, am Beispiel der Geschichte unseres Hauses einen bekannten, für kleine Museen jedoch tagtäglich in seinen Wirkungen wahrnehmbaren, für große Museen aber durchaus auch gültigen Zusammenhang zu verdeutlichen, nämlich den von politisch motivierten Geschichtsbildern der Museumsträger und der Museumsbesucher mit Museumskonzeptionen. Unter Berücksichtigung einiger verschärfender Bedingungen in der Geschichte Wewelsburgs, die es einerseits zur Ausnahme, andererseits als Fallbeispiel besonders tauglich machen, muß man das Tagungsthema für diesen Beitrag so umformulieren: „Macht – Geschichtsbild – Museum“.
Nach einem „Lexikonteil“, der über unser Haus heute informiert, soll in der für einen Vortrag notwendigen Verkürzung und Zuspitzung der skizzierte Zusammenhang besonders anhand von öffentlichen Erklärungen verdeutlicht werden, die aus entscheidenden Entwicklungsphasen des Museums und des historischen Bauwerks der Wewelsburg stammen. Seit der Museumsgründung 1923/24 enthalten sie einflußreiche populäre Geschichtsdeutungen, die nicht nur zur Legitimation politischer Ziele dienten, sondern bisweilen selbst auch wieder „geschichtsmächtig“ wurden. Den Höhepunkt, aber nichts prinzipiell Neues, stellt in diesem Kontext die Phase der SS-Herrschaft in Wewelsburg von 1933–1945 dar, als Heinrich Himmler in expliziter Anknüpfung an ein weitgehend vorgeprägtes Verständnis der Geschichte des Ortes das Schloß zum Zentrum der kulturellen, ja kultischen Bestrebungen der SS machen wollte. Die Abhängigkeit von politisch motivierten Geschichtsbildern wurde nach 1945 besonders dadurch, daß 1285 Tote eines Konzentrationslagers in Wewelsburg zu den Spuren der SS-Herrschaft gehörten, nicht geringer. Demgegenüber gewannen weder die ästhetischen Qualitäten des Bauwerks noch die der Museumsobjekte einen eigenständigen Stellenwert. Ebensowenig haben sich lange Zeit geschichtswissenschaftliche Interpretationszusammenhänge entwickeln oder Einfluß erzielen können.
Das Museum erfuhr seine eigentliche Konstituierung erst dadurch, daß in einem bestimmten historischen Moment Mitte der siebziger Jahre zum ersten Mal Macht und Interpretation von Geschichte in der Region als zwei widersprüchliche Bereiche erfahrbar wurden, daß also alternative Geschichtsdeutungen und -bilder in einem Prozeß

demokratischer Auseinandersetzung Relevanz, ja – im Sinne der vorherrschenden Kategorien – „Macht“ erhielten. Es ging, wie man sich leicht vorstellen kann, um das Gedenken an die im KZ Ermordeten. Die Auseinandersetzung mündete schließlich u. a. in einer Dokumentation im Kreismuseum, die wissenschaftlicher Arbeit Eingang und Anerkennung verschaffte. Zugleich wurde die Stelle eines hauptamtlichen Museumsleiters geschaffen. Das Museum begann sich zu emanzipieren.

Zunächst nun jedoch der „Lexikonteil“:

Das Kreismuseum Wewelsburg liegt im gleichnamigen Dorf ca. 20 Kilometer südwestlich von Paderborn. Es befindet sich in der Wewelsburg, einem 1603–1609 errichteten ehemaligen Residenzschloß der Paderborner Fürstbischöfe im Weserrenaissancestil. Zwei neue Abteilungen, Verwaltung, Magazin u. a. wurden seit 1982 in einem Gebäude am Burgvorplatz, dem 1936/37 entstandenen ehemaligen SS-„Wachhaus“ eingerichtet. Eigentümer der Gebäude und Träger des Museums ist seit 1975 der Kreis Paderborn, bis dahin der Landkreis Büren. Die Ausstellungsfläche umfaßt 1500 m² (Abb. 14).

Das Museum verfügt über eine kleine Sammlung von etwa 5000 Objekten. Ihre Schwächen und Stärken sind die für Heimatmuseen typischen. 80 % der kunsthistorischen und volkskundlichen Objekte wurden bis 1932 ohne Sammlungskonzept in kurzer Zeit zusammen-

Abb. 14: Kreismuseum Wewelsburg, Büren, Eingangsbereich der Dokumentation „Wewelsburg 1933–1945. Kult- und Terrorstätte der SS“

getragen. Vom Alter der Stücke reicht die Sammlung vom Steinbeil bis zum Biedermeierzimmer, von den menschlichen Lebensbereichen, aus denen sie stammen, von der Sakralskulptur bis zum Kuhkummet. Die „blinden Flecken" bestehen typischerweise aus dem Fehlen von Sachgütern aus unterbäuerlichen Schichten, von Arbeitern, aus Minoritätsgruppen (etwa Juden). Stücke aus dem hohen Mittelalter fehlen – von einigen Ausnahmen abgesehen – ebenso wie aus dem Industriezeitalter, um nur einige Beispiele zu nennen. In den letzten zehn Jahren hat sich das Bild etwas verändert, u. a. sind zwei Spezialsammlungen hinzugekommen, über die ich später ausführlicher berichten werde[1].

Die Entwicklung des Museums und die Vorstellungen von seinem Aufbau und seiner Gliederung („Konzeption" wäre ein unangemessen anspruchsvoller Begriff) entsprachen bis in die siebziger Jahre einem landläufigen Bild von „Heimat". Dieses war nicht nur – wie es dem Regelfall entspricht – implizit, sondern von Anbeginn an explizit politisch. So formulierte der Bürener Landrat, der in Siegburg geborene Dr. Aloys Vogels, forsch in einem Rundschreiben vom 11. Januar 1923 an verschiedene Honoratioren, das sie zur aktiven Beteiligung an der geplanten Museumsgründung aufrief:

„Der Heimatgedanke ist auf dem Marsche. An allen Ecken und Enden regen sich berufene Kräfte, unserem sinkenden Volke wenigstens eins zu erhalten: Liebe und Treue zur Heimat und zum Vaterlande."[2]

Der Aufruf und die Aktivitäten der Mitglieder des Museumsausschusses brachten in kurzer Zeit eine Sammlung von mehreren hundert Objekten zusammen, die von prähistorischen Fundstücken bis zu deutlichen Schwerpunkten im Bereich sakraler Skulpturen, Truhen und Objekten der Handwerksgeschichte reichte. Außerdem wurde eine naturhistorische Abteilung eingerichtet. Nach der Verlegung des Museums aus der Kreisstadt Büren in die Wewelsburg 1925 verbesserten sich zwar die räumlichen Bedingungen, das Museum wurde jedoch immer mehr zu einer abhängigen Größe gegenüber den (kultur-)politischen Funktionszuweisungen an das historische Bauwerk der Wewelsburg. Dieses Gebäude war seit der Romantik (etwa durch zwei Gedichte von Annette von Droste-Hülshoff[3]) als malerische Halbruine Objekt zahlreicher symbolischer Repräsentanzen, bis der Kreis Büren sich 1924 entschloß, es vom preußischen Domänenfiskus zu erwerben und für neue Zwecke auszubauen.

Aus einem Zeitungsbericht über die Rede des neuen kommissarischen Landrats Dr. Victor Freiherr von Solemacher-Antweiler anläßlich der Übergabe der Wewelsburg an die Öffentlichkeit am 31. Mai 1925, der seitdem auch als offizieller Eröffnungstag des Kreismuseums gilt:

„Weiter gedachte er (– der Landrat – d. V.) aller derer, die durch Bereitstellung von Ausstellungsgegenständen es möglich machten,

ein Heimatmuseum zu errichten, wie es nicht jeder Kreis hat, ein Museum, das Kunde geben soll, wie in alten Zeiten Kunst getrieben wurde, sowie der Kreise der Industrie und Landwirtschaft, die sich um den Ausbau der Burg verdient gemacht.
Die Burg ist dadurch ein Denkmal geworden für den Opfersinn weiter Schichten der Bevölkerung zu einer Zeit, wo die wirtschaftliche Lage die schwerste war, die wir durchgemacht haben. (...) Dies ist nicht zu verwundern, wenn man die Burg kennt und in ihr das Symbol der Heimat[4] sieht, nicht nur der engeren Heimat, des Dorfes, des Kreises, sondern eine Burg, die den Bischöfen in alter Zeit Schutz und Stärke verliehen hat, eine Burg, die jederzeit der Zufluchtsort gewesen ist für die Bewohner, wenn sie in Not und Bedrängnis geraten war(en). Das soll sie auch heute wieder werden, eine Stätte der Erholung für diejenigen, die sich aus der Bedrängnis des Alltags erfrischen wollen in der schönen Natur, eine Erholungsstätte für die Jugend, die in der Jugendherberge in kameradschaftlichem Zusammenleben sich erfreuen soll an der Heimat."[5]
Außer der symbolischen Überhöhung des Schlosses wird in der Passage besonders die untergeordnete Bedeutung des Museums sichtbar, das nur ein Element im Rahmen eines „Kulturzentrums" des Kreises mit überregionalem Anspruch bildete. Aus der Kombination von Museum und Festsaal mit Bühne, Filmleinwand, Projektoren sowie Veranstaltungsräumen, einem alkoholfreien Restaurant und einer Jugendherberge entwickelte sich in der folgenden Zeit tatsächlich ein wichtiger Veranstaltungs-, Bildungs- und Erholungsort für die Verbände der katholischen deutschen Jugendbewegung, der natürlich seine Bedeutung auch historisch aus der Tradition der bischöflichen Landesburg zu legitimieren versuchte[6].
Schon in der bereits erwähnten Eröffnungsfeier war ein Programmteil direkt politisch motiviert, wurde aber primär historisch artikuliert: Es wurde die reichsweit propagierte Wanderausstellung „Der Rhein" gezeigt, die den deutschen Anspruch auf das 1920 bzw. 1923 besetzte Rhein-Ruhr-Gebiet dokumentieren sollte.
Aus der zitierten Ansprache von Solemacher-Antweilers, der über das allgemeinpolitische Anliegen hinaus auch persönliche Betroffenheit einbrachte[7]:
„Bei unserer heutigen Feier, so fuhr der Redner fort, dürfen wir nicht vergessen, daß in unserer Nachbarprovinz die Tausendjahrfeier begangen wird. Die Tausendjahrfeier wird in allen Städten unserer Nachbarprovinz begangen, weil der sächsische Kaiser Heinrich I. es verstanden hat, zum ersten Male die deutschen Stämme, darunter auch Rheinland und Westfalen, dauernd zu vereinigen. Das ist der Grund, auf dem das Deutsche Reich beruht. Wenn wir von dem hohen Burgfried hinaus schauen weit über das Paderborner Land hinaus, so schauen wir ins Kölnische Land. Die Kurfürsten von Köln regierten auch als Bischöfe über die Paderborner Lande lange Zeit.

Die Schicksalsverbindung von Rhein und Reich kehrt immer wieder durch die Jahrhunderte. Als die Römer über den Hellweg zogen, endete ihr Vormarsch an dem Widerstand der hiesigen Bevölkerung in der Hermannsschlacht. Jahrhunderte später sehen wir sie kämpfen gegen Karl den Großen, und die Schlacht auf dem Sintfelde ist in aller Erinnerung. Das Eindringen des Christentums erfolgte, und damit war die Einigung der Stämme verbunden. Als Napoleon seine Fahnen weit über das deutsche Volk breitete, und das Königreich Westfalen gründete, gehörten auch die Rheinlande dazu. Jetzt, nach hundert Jahren, sind wieder feindliche Eroberer in die Rheinlande und in die Herzkammer unseres Wirtschaftslebens, in Westfalen, eingedrungen. Unser aller Hoffnung geht dahin, daß die Besatzung bald wieder rückgängig gemacht wird und daß dem deutschen Volke seine Freiheit gegeben werde. Das walte Gott!"[8]

Das hier anklingende historische Schema, Ostwestfalen und insbesonders das Paderborner Land, als „Traditionshort" des Widerstandes gegen Eindringlinge und Eroberer zu feiern, benutzte neun Jahre später auch der Autor eines Berichts des „Völkischen Beobachters", der Parteizeitung der NSDAP, vom 27. September 1934 (Abb. 15), in dem über die „Übergabe des Schlosses Wewelsburg an Pg. Himmler", den „Reichsführer SS", berichtet wurde. Als künftige Nutzung wurde die einer „SS-Reichsführerschule" angegeben, die „sich würdig der stolzen Tradition anreihe"[9].

Die Elemente dieser Tradition sind allerdings im Völkischen Beobachter anders akzentuiert als seinerzeit in der Rede des preußischen Beamten und Zentrumsmitglieds. Die „germanischen Freiheitshelden" zogen „gegen Roms Machtgelüste zu Felde", die Sachsen haben ihren Führer gefunden, den besonders in der SS-Geschichtsauffassung zur Symbolfigur arrivierenden Widukind, und „Hermann der Befreier" hat ein Pendant in den Externsteinen, deren „germanische Geschichte" Himmler später besonders erforschen ließ und deren Pflege er einer eigenen Stiftung übertrug. Die dort vermutete, bei der Christianisierung zerstörte Irminsul, das Zentralheiligtum der Sachsen, erfuhr durch gewagte Nachschöpfungen in vielerlei Materialien und Formen in SS-Kreisen eine weite Verbreitung.

Die Wiederbelebung des „Irminenglaubens" war Anliegen Wiligut-Weisthors, des persönlichen „Beraters Himmlers in Weltanschauungsfragen". Jedoch auch der früher erwähnte Heinrich I., Himmlers verehrtes historisches Vorbild, der zufällig ebenfalls mit der Geschichte der Wewelsburg verbunden ist, erhielt die „Ehre" einer SS-eigenen Stiftung und anderer kulturell-kultischer Bemühungen[10].

Von den christlichen Elementen „der Tradition" findet sich nicht nur hier kein Wort mehr.

Ausschlaggebend für die Wahl der Wewelsburg war in Wirklichkeit, daß der Kreis Büren seit der Weltwirtschaftskrise nicht mehr in der Lage war, die Unterhaltungskosten aufzubringen, und außerdem

CHTER — Aus der D

Ein Schloß in Westfalen

S.S.-Reichsführerschule

Uebergabe des Schlosses Wewelsburg an Pg. Himmler

(Eigener Bericht des „Völkischen Beobachters")

ann Paderborn, 28. September.

Mit dem heutigen Tage ist die alte, trutzige Feste Wewelsburg, an historischer Stätte im alten Sachsenlande gelegen, von der S.S. der N.S.D.A.P. in ihre Obhut übernommen worden, um als Reichsführerschule der S.S. künftighin zu dienen. Damit hat die Wewelsburg, die auf eine lange und ruhmvolle Bedeutung in der deutschen Geschichte zurückblicken kann, auch im Dritten Reich einen Platz von historischer Bedeutung zugewiesen erhalten. Denn hier sollen jene Männer weltanschaulich, gesinnungsmäßig und körperlich geschult werden, die berufen sind, in der S.S. ein Führeramt zu bekleiden, die als Vorbild und Führer vor dem Kern gesunder deutscher Jugend herziehen sollen.

Diese Aufgabe reiht sich der ruhmvollen Geschichte der Wewelsburg würdig an. Hier an dieser Stätte im alten Reich der Sachsen, hat Widukind dem Frankenkaiser getrotzt — vielleicht sind hier vor fast 2000 Jahren auch die germanischen Freiheitshelden gegen Roms Machtgelüste zu Felde gezogen, denn nur wenige Kilometer von Wewelsburg soll, in der Gegend von Rüthen, nach der Köhlerschen These, das römische Lager gelegen haben, aus dem die Varus'schen Legionen auszogen, um von der Schlacht im Teutoburger Wald nie wieder zurückzukehren; nur wenige Kilometer weit liegen die sagenumwobenen Externsteine mit der Irminsul, und von Ferne mahnt die Gestalt Hermann des Befreiers von der Grotenburg: „Deutschlands Einheit meine Stärke — Meine Stärke Deutschlands Macht!"

*

Bis vor einiger Zeit diente die alte Wewelsburg als Jugendherberge. In mühsamer, schwieriger Arbeit hat man auch die gefährdeten Teile der Burg wieder vollständig hergestellt, so daß jetzt die Übernahme durch den Reichsführer der S.S., Himmler, erfolgen konnte. Neben dem Reichsführer waren zu dem festlichen Akt auch Obergruppenführer Polizeipräsident Weitzel, Regierungspräsident Freiherr von Oeynhausen, der westfälische Gauarbeitsführer Zimmermann sowie zahlreiche andere Vertreter der Bewegung und der Behörden erschienen.

Im alten Rittersaal der Burg, der in vielen Jahrhunderten stummer und doch beredter Zeuge mancher großer Ereignisse war, übergab Freiherr von Solemacher, der Landrat des Kreises Büren, zu dem Wewelsburg gehört, die Burg an den Reichsführer der S.S. Er ging dabei insbesondere auf die Geschichte der Wewelsburg ein und betonte, daß die neue Bestimmung der Burg sich würdig der stolzen Tradition anreihe. Mit herzlichen Worten des Dankes und der Freude übernahm Reichsführer Himmler die Burg als Reichsführerschule der S.S. Bei ihrem Wirken an dieser historischen Stätte würden sich die hier zu schulenden Führer der S.S. bewußt werden, welche Verantwortung sie vor der deutschen Geschichte zu übernehmen hätten. In seinen weiteren Ausführungen hob Reichsführer Himmler die natürliche Schönheit dieser Burg und ihre glückliche Lage besonders lobend hervor.

Ein Rundgang durch die Burg schloß sich an; in einem ihrer großen Ecktürme ist auch für den Reichsführer Himmler eine einfache, aber gerade in ihrer Schlichtheit schöne Wohnung geschaffen worden. Bei der Besichtigung führte der Gaukulturwart, Pg. Bartels-Münster, die Gäste auch durch die Gewölbe und Keller, in denen der Spaten des Arbeitsdienstes manchen historischen Fund ans Tageslicht gebracht hat.

Der Reichsführer, dem vom Arbeitsdienst als sinnvolles Geschenk das aus vielhundertjährigem Eichenholz geschnitzte Modell der alten Burg überreicht wurde, begab sich anschließend zu den Externsteinen und weilte längere Zeit an dieser alten Kultstätte unserer Vorfahren.

Ehrentag der Standarte 47

Abb. 15: Kreismuseum Wewelsburg, Büren, Bericht des „Völkischen Beobachters" vom 27. 09. 1934

glaubte, durch eine hohe SS-Dienststelle die Wirtschaft des Kreises beleben zu können. So kam es, daß die SS mittels eines Mietvertrages in die Geschichte der Wewelsburg eintrat. Alle dort bestehenden Einrichtungen des Kreises wurden geschlossen, 1935 sogar Besichtigungen verboten.
Aus der verschwommenen Idee, die Wewelsburg zu einer Einrichtung „zur rasseideologischen Grundlagenforschung" zu machen, wurde aus verschiedenen Gründen nichts, so daß sich immer mehr zeremonielle und repräsentative Momente in den vagen Umschreibungen finden, die Himmler „seinem Lieblingsprojekt" gab, das zu einer Art ideologischem Mittelpunkt des SS-Ordens werden sollte[11].
Museumsgeschichtlich von Interesse sind zwei Vorgänge in diesem Zusammenhang:
Die kurze Geschichte des Kreisheimatmuseums endete vorerst. Wertvolle bzw. historisch im Sinne der „rasseideologischen Grundlagenforschung" ausbeutbare Stücke wurden von der SS reklamiert und verblieben als Anschauungsmaterial in der offiziell „SS-Schule Haus Wewelsburg" betitelten Einrichtung, für deren Zwecke das Schloß erneut im Inneren umgebaut wurde. Der Verbleib dieser Stücke seit 1945 ist unbekannt. Der größte Teil des Bestandes wurde nach Büren ausgelagert, wo er bis 1949 ein Schattendasein auf verschiedenen Dachböden fristete und durch Leihgabe-Rückforderungen, Plünderungen und Zerstörungen bei Umlagerungen weiter dezimiert wurde.
Während die Stücke aus der regionalen Überlieferung, die selbstverständlich in hoher Zahl Einflüsse einer über tausend Jahre vom Christentum geprägten Kultur aufweisen, trotz mehrerer Appelle des Landrats, das Museum in der Wewelsburg zu belassen, keinen Platz in der „SS-Schule Haus Wewelsburg" hatten, richtete der Paläontologe und Prähistoriker Wilhelm Jordan, Mitglied des kleinen Stabes von SS-Wissenschaftlern in Wewelsburg, ab 1935 ein eigenes Museum dort ein, das dem Ziel dienen sollte, die „nationalsozialistische Weltanschauung mit den Händen 'begreifbar' zu machen"[12]. Es umfaßte eine umfangreiche geologische Sammlung sowie eine paläontologische Lehrausstellung, die mit Dioramen arbeitete. In manchen Fällen wurden Nachbildungen – oft von Stücken aus bedeutenden Museen – eingesetzt, wenn Originale nicht zu erwerben waren. Die Darstellung der Entwicklung menschlicher Kultur erfolgte in erster Linie anhand der Ergebnisse von Ausgrabungen, die Jordan selbst in Wewelsburg und Umgebung durchführte. Der Schwerpunkt lag auf den Epochen vor der Christianisierung. Während im allgemeinen „von Berlin aus (...) keinerlei Richtlinien"[13] erlassen wurden, bestimmte Himmler jedoch, daß einzelne Staatsgeschenke dort aufbewahrt wurden. So fanden sich in dem Museum u. a. ein Samuraischwert und verschiedene Opferschalen und Becher tibetanischer, chinesischer und japanischer Herkunft sowie Urnen eines angeblich langobardischen Friedhofs in Südeuropa[14].

Da außer der aus dem Gedächtnis verfaßten Beschreibung Jordans keine Quellen vorliegen und das Museum neben Himmler nur für interessierte Fachleute, die mit Jordan Kontakt hatten, zugänglich war, ist eine Bewertung der Konzeption, auch im Hinblick auf die Zielstellung hin, im einzelnen heute kaum mehr möglich[15].
Während die inhaltlichen Bestimmungen der Bedeutung der Wewelsburg für die SS immer diffuser wurden, steigerten Himmler und sein für Wewelsburg verantwortlicher Architekt Hermann Bartels die Baupläne in ungekannte Dimensionen. Durch einen „Führererlaß" von 1940 scheinlegal abgesegnet, dehnten sie ihre Planungshoheit über die gesamte Gemarkung des Dorfes und Teile angrenzender Dörfer aus. Um das historische Schloß herum sollte eine neue Wewelsburg, der „Mittelpunkt der Welt" (der SS) entstehen, eine dreiviertelkreisförmige Anlage von ca. einem Kilometer Durchmesser mit vorgelagerter Siedlung von „Wehrbauernhöfen". Die ortsansässige Bevölkerung sollte 'umgesiedelt' werden[16]. Diese „megalomanischen Baupläne"[17] stellen das Endstadium einer Entwicklung dar, die im Gedanken einer „Hohen Schule der SS" bereits angelegt war. Mythologische Geschichtsbilder, SS-Scheinwissenschaft, pseudoreligiöse Feiern und Anknüpfung an mittelalterliche Ordenstraditionen hatten letztlich die Herausbildung der „arischen Herrenrasse" und die ideologische Begründung ihrer Weltherrschaft zum Ziel. Damit wurden am Ende historische Leitbilder ebenso wie die Beachtung historisch gewordener Zustände, wurde letztendlich jeder Rekurs auf Geschichte überflüssig.
Die Entwicklung verlief in Wewelsburg dann auch anders weiter. Zur Behebung des Arbeitskräftemangels für die zahlreichen SS-Bauvorhaben wurde das, was die postulierte Herausbildung des „Herrenmenschen" eigentlich bedeutete, in Wewelsburg ab 1939 Wirklichkeit: Zu „Untermenschen" gemachte KZ-Häftlinge brachte man als billige Bauarbeiter in das Dorf. Entsprechend dem Prinzip „Vernichtung durch Arbeit" hatten sie sich in Steinbrüchen und auf Baustellen zu Tode zu arbeiten. Bis zur kriegsbedingten Auflösung des KZ „Niederhagen" (wie es wohl aus Gründen der Tarnung hieß) 1943 wurden 1285 Häftlinge ermordet[18].
1945 ließ Himmler das Schloß und die benachbarten neu errichteten SS-Gebäude sprengen. Nur die Außenmauern blieben stehen.
In der offiziellen Einladung zur Wiedereröffnung der teilweise neu ausgebauten Burg und des zurückgekehrten Museums vom 28./29. Juni 1950 wird die Mühe, die die Veranstalter mit einem Verständnis des unmittelbar Vergangenen haben, ebenso sichtbar wie der Versuch, an die Tradition des „Kulturzentrums" vor 1933 anzuknüpfen, nun jedoch mit internationaler Blickrichtung, zeittypisch allerdings nur nach Westen:
„Die alte Burg mit ihrer reichen Geschichte soll zu einer Begegnungsstätte werden für die gemeinsame Arbeit der westlichen Welt am Wie-

deraufbau und der Verständigung der Völker untereinander. (...) Die Jugendherberge, die in schöner Form wieder eingerichtet ist, bietet über 100 Jugendlichen eine angenehme Bleibe. Das wiederaufgestellte Kreisheimatmuseum gibt Einblick in die frühe und neuere Geschichte des Paderborner Landes. Das im Turmgewölbe des Nordturms errichtete Mahnmal soll die Völker der Welt vor den Schrecken blutiger Auseinandersetzungen warnen. (...) Fast zur gleichen Zeit, vor 25 Jahren, wurde die Burg der Öffentlichkeit übergeben. Nun soll sie erneut zu einem Ort des Friedens werden und den Völkern dienen als eine Internationale Begegnungsstätte"[19].

Tatsächlich begann mit dieser Wiedereröffnung, die den Rahmen für die Nutzung der Wewelsburg bis heute absteckte, eine Tradition, deren populärster Bestandteil die alle zwei Jahre stattfindende „Internationale Jugendfestwoche Wewelsburg" bildet, ein Folklorefestival, an dem inzwischen Gruppen nicht nur aus ganz Europa, sondern auch aus Israel teilnehmen. Museum und Mahnmal, Geschichte und Begegnungsstätte fanden jedoch nie mehr zu jener Einheit, die 1925 noch wenigstens in einem nationalistischen Geschichtsbild zu halten war. Gerade das internationale Festival nämlich lieferte später den Vorwand, das genannte Mahnmal in der ehemaligen „SS-Gruft" in den siebziger Jahren zu schließen und eine Gedenktafel im Hof des Schlosses abzuhängen. Unter Hinweis auf die Reaktionen einiger Festwochenteilnehmer, die sich enttäuscht zeigten, daß man ihnen verschwiegen hatte, welch ein Ort die Wewelsburg war, sah die Kreisverwaltung Büren das Image ungetrübter Festesfreude durch Erinnerung an Geschichte gefährdet.

Diese Verdrängungshaltung war allerdings nicht lange durchzuhalten. Ein Antrag der DKP, dann der SPD, auf Anbringung einer neuen Mahntafel im Kreistag des nunmehr zuständigen Kreises Paderborn löste eine lange, heftig in der Öffentlichkeit geführte Debatte um den Wert historischer Erinnerung für die Gegenwart aus, in deren Verlauf alle Positionen zu Worten kamen, die Verteidiger der Verdrängung wie die Fürsprecher eines mahnenden Gedenkens[20]. Nachdem die CDU-FDP-Mehrheit den Antrag zunächst abgelehnt hatte, fand man schließlich in einem Forschungsauftrag, der die Erhellung der in der Tat durch das jahrzehntelange herrschende Schweigen tief verdunkelten Geschehnisse in Wewelsburg im Nationalsozialismus zum Ziel hatte, und einer dokumentierenden Ausstellung einen Ausweg. Eine Mahntafel wurde erneut abgelehnt.

Eine Stellungnahme soll als symptomatisch für den eingangs beschriebenen Vorgang zitiert werden, daß erstmalig zwei Geschichtsauffassungen einander gegenübertraten oder, um einen früher zitierten Landrat zu paraphrasieren, nicht „berufene Kräfte" Geschichte reklamierten, wodurch die vorherrschende Auffassung in Argumentationsnot gebracht wurde, dies jedoch von den Beteiligten – im traditionellen Sinne zu Recht – als Machtkampf erlebt wurde. In einem

Leserbrief des prominenten Unternehmers und damaligen stellvertretenden Landrats, des CDU-Kreistagsabgeordneten Felix Klingenthal, in dem er die Handlungsweise des Paderborner SPD-Bundestagsabgeordneten Klaus Thüsing kommentierte, der – unzufrieden mit dem Kreistagsbeschluß – auf eigene Faust im Burginnenhof eine Mahntafel angebracht hatte, steht:

„Was sich (...) Thüsing am 09. 11. 1977 erlaubte, ist schlicht und einfach die Wiedereinführung der (...) Diktatur (...) Nach dieser Methode setzt Thüsing für seine Person und seine Freunde das 1945 abgeschaffte Ermächtigungsgesetz wieder in Kraft"[21].

Gleichwohl – und das ist m. E. das eigentlich Neue – war und blieb die Auseinandersetzung ein nicht nur im Kreistag und in Medienkommentaren, sondern massenhaft – z. B. in Form von Leserbriefen – geführter Diskussionsprozeß.

1982 wurde die Dokumentation eröffnet, und die als Begleitband konzipierte Publikation des vom Kreis beauftragten Prof. Hüser, Landesgeschichtler an der Universität-Gesamthochschule Paderborn, erschien.

Ab diesem Zeitpunkt kann man von Leitideen und Grundsätzen, wenn auch nicht von einer „historischen Konzeption" sprechen, die auf eigenständigen, sich politisch nicht auflösenden Grundlagen beruhen.

Zunächst soll – in Fortsetzung der bisherigen Darstellung– aufgezeigt werden, inwieweit Teile davon Eingang in offiziöse, mehrheitsfähige „Geschichtsbilder" fanden. In dem von Landrat und Oberkreisdirektor unterschriebenen Geleitwort zur Dokumentation „Wewelsburg 1933–1945" werden Elemente eines anderen Verständnisses von Geschichte, die sich der Auseinandersetzung und der „Verwissenschaftlichung" verdanken, sichtbar. Die Perspektive der Opfer wird erkennbar, die Aneignung historischer Kenntnisse als Aufgabe betrachtet, die Möglichkeit, Stellungnahmen im Diskurs zu entwickeln, vorgesehen u. a.:

„Der Kreis Paderborn hat sich als Eigentümer der Wewelsburg zur Übernahme einer historischen Verantwortung entschlossen; der Verantwortung zur Wahrung des Vermächtnisses der Opfer des SS-Terrors in Wewelsburg. Ihrer wollen wir gedenken durch sachliche Aufklärung über die Ereignisse zwischen 1933 und 1945, durch die Dokumentation der Vielgesichtigkeit des NS-Regimes, durch Darstellung auch kleiner, gewissermaßen alltäglicher Konflikte, die für die Nachgeborenen die furchtbaren Zwänge zur Konformität deutlich machen, denen jeder damals ausgesetzt war, ihnen aber auch Gelegenheit geben sollen, über die Möglichkeiten eines anderen Verhaltens nachzudenken.

Ganz besonders die Jugend soll mit der Ausstellung angesprochen werden. Nur durch vertiefte Information kann Gleichgültigkeit gegenüber der Vergangenheit und der politischen Entwicklung der

Gegenwart vorgebeugt werden. Es ist zu wünschen, daß die Diskussionen vor den Ausstellungswänden in Wewelsburg dazu beitragen mögen, die Bedeutung der Worte „Freiheit", „Menschenwürde" und „Rechtsstaatlichkeit" faßbar zu machen, auf daß nicht noch einmal eine junge Generation den leichten Glauben an politische Schlagworte mit millionenfachem Sterben zu bezahlen hat. Insofern erhält die Ausstellung einen ernsten Auftrag zur politischen Bildung."[22]

Als teils mittelbare Folge, teils Ergebnis parallel verlaufender Überlegungen eines parlamentarischen Ausschusses ergaben sich eine Reihe von weiteren, für das Museum bedeutsamen Entwicklungen.

Im Verlauf der Auseinandersetzung um die Gedenkstätte wurden Wissenschaft und Bildung als eigenständige Bereiche bedeutsam.

Das Museum erhielt eine hauptamtliche Leitung und einen kleinen Stab technischer und administrativer Mitarbeiter. Diese minimale Grundausstattung ermöglichte es, eigenständige Konzepte zu verwirklichen, die nicht mehr in der Umsetzung politisch motivierter Vorgaben bestanden. Den organisatorischen Rahmen dieses „Freiraums" bildete die Institutionalisierung des Museums als Arbeitsgruppe im Organisationsplan der Kreisverwaltung. Gedenkstättenarbeit begann sich zu entwickeln, getragen von einem unerwartet anhaltenden hohen Interesse der Besucher an der Thematik. Im Durchschnitt kommen 40000 Menschen pro Jahr eigens in die Ausstellung „Wewelsburg 1933–1945". Sie wurde zum zurückhaltend vorgezeigten Renommierstück des Kreises.

Gebäude und museale Sammlung wurden zu eigenständigen Themen kulturpolitischer Anstrengungen. Sie bekamen zum ersten Mal in ihrer Geschichte wissenschaftliche Zuwendung. Eine historische Bauuntersuchung des Gebäudes und eine archäologische Flächengrabung im Innenhof waren die bedeutendsten Programme.

Gleichwohl blieben Einflüsse politisch motivierter Funktionszuweisungen erhalten. Die wissenschaftlichen Untersuchungen sollten mittelbar auch der Neukonzipierung des Heimatmuseums dienen. Baudenkmal und Kreismuseum sollten einen Abglanz alter Landeskindschaft fürstbischöflicher Zeiten dem in seiner territorialen Ausdehnung etwa die Hälfte des alten Fürstbistums einnehmenden Kreis Paderborn verleihen.

Vorher war jedoch eine lange schon aufgeschobene „Pflichtaufgabe" zu erledigen. In den von der Bürener Heimat aus in die Ferne schweifenden Blick hatte sich schon lange vor der Auseinandersetzung um die Berechtigung der Sicht der Opfer des Nationalsozialismus eine andere Perspektive gedrängt: 1950 stammten 21,7 % der Einwohner des Kreises Büren aus den ehemaligen Ostgebieten des deutschen Reichs und Osteuropa[23]. Dieser starken Repräsentanz, einer einflußreichen Lobby und der allgemeinen Akzeptanz ihrer Anliegen war es zu verdanken, daß Mitte der sechziger Jahre zwei Räume im Heimatmuseum als 'ostdeutsche Abteilung' eingerichtet wurden.

Mit der Veränderung des politischen Klimas in den siebziger Jahren war die Devise „Dreigeteilt – niemals!“, unter der die Ausstellung stand, zunehmend kritisiert worden, zugleich aber auch die Ausstellung in die Abseite des Besucherinteresses geraten.
Die direkten Beziehungen des Kreises Paderborn zu den Vertriebenenorganisationen („Heimatkreisgemeinschaften“) der Bevölkerung zweier ehemaliger ostdeutscher Landkreise (Meseritz und Schwerin/Warthe am Westrand des historischen Großpolen, in preußischer Zeit der Provinz Posen) hatten sich dagegen andererseits so gefestigt, daß auch ihre Archive und Sammlungen im Museum aufgenommen werden sollten. Eine entsprechende Abteilung war also unter Berücksichtigung all dieser Entwicklungen als Angebot an alle Museumsbesucher ganz neu zu konzipieren. Sie konnte 1984 eröffnet werden.
Daß zwischen dem von den Kreisgremien mehrheitlich akzeptierten Neuansatz einer auf wissenschaftlicher Basis erarbeiteten, nicht nationalistischen, polnische Forschungen berücksichtigenden regionalen Geschichtsbetrachtung, die Polen, Deutsche und Juden zum Thema hat, und dem von den Heimatkreisen geforderten „Volksgruppenansatz“ mit dem Ziel der Einrichtung eines Memorialraums, der „Heimatstube“, ein Spannungsverhältnis bestehen blieb, machen die beiden Geleitworte des die Ausstellung begleitenden Buchs deutlich.
Aus dem Geleitwort des Kreises Paderborn:
„Nach dem Willen der Gremien des Kreises, die beratend an der Konzeption mitwirkten, soll die Ausstellung (...) ein Ort der Information sein, an dem sich Einheimische und besonders Angehörige der nachwachsenden Generationen am Beispiel des Posener Landes, zu dem die Region der beiden Kreise Meseritz und Schwerin/Warthe die längste Zeit ihrer Geschichte gehörte, mit der ihnen fremd gewordenen Kultur Ostmitteleuropas bekannt machen können. Sie ist Bestandteil deutscher Geschichte, geht aber darin nicht auf.
Während die Bevölkerung von Meseritz und Schwerin seit dem Mittelalter mehrheitlich deutsch war, wurde die Kultur des Posener Landes, das im Verlauf seiner Geschichte immer eine national gemischte Region gewesen ist, von der polnischen Mehrheit und der jüdischen Minderheit entscheidend mitgestaltet. Bis 1793 gehörten die späteren Kreise Meseritz und Schwerin/Warthe zu Polen. Daher sind ihre polnischen und deutschen Namen Teil ihrer Geschichte.
Zugleich finden sich im Verlauf der Jahrhunderte immer wieder Bezüge auch zum heutigen Patenkreis Paderborn und zu Westfalen.“
„Die Bewahrung des kulturellen Erbes der Meseritzer und Schweriner und die Unterstützung ihrer Bindung an die Heimat könnte als Beitrag zur Festigung neuer Verbindungen zu den Menschen, die heute dort leben, aufgefaßt werden. Vielleicht würde auch dadurch die Jugend in beiden Ländern befähigt, aus dem geteilten Erbe einer weitgehend gemeinsamen – nicht nur leidvollen – Geschichte ein einziges Erbe werden zu lassen.“[24]

Aus dem Geleitwort der „Heimatkreise":
„Mit der Einrichtung der neu konzipierten Abteilung des Kreismuseums Wewelsburg hat der Kreis Paderborn sein gegebenes Versprechen erfüllt, und es ist ihm damit gelungen, ein großes Stück Verantwortung gegenüber der ostdeutschen Heimat allgemein und insbesondere den beiden Patenkreisen Meseritz und Schwerin (Warthe) zu übernehmen. Hier wird das noch erreichbare Kulturgut bewahrt und der jüngeren nachkommenden Generation die „alte Heimat" geistig erhalten."[25]
Mehr fast noch als in der Gedenkstätte werden Menschen hier mit den Gegenständen ihrer eigenen Überlieferung in fremder Weise konfrontiert. Ich werde später darauf eingehen, wie sich solche Konfrontationen vollziehen. Die Hoffnung auf Verwirklichung aller weiteren Pläne allerdings machte die kommunale Finanzkrise seit Mitte der achtziger Jahre zunichte. Damit schwand auch das Interesse, das geistige Profil des neuen Kreises Paderborn durch historische Bezüge und Angebote zur historischen Identitätsfindung zu vertiefen. So blieb das Konzept eines historischen Museums des Hochstifts, also des 1802 aufgelösten weltlichen Territoriums der Paderborner Bischöfe, bloßer – wenn auch schon bis in Details ausgearbeiteter – Entwurf.
Es ist aus verschiedenen Gründen nicht möglich, die Frage nach „der Geschichtskonzeption" unseres Museums zu beantworten. Zunächst gibt es, wie gesagt, Leitideen und Grundsätze, die sich jedoch nirgends explizit, das ganze Haus umfassend, formuliert finden. Entscheidende Fragen sind auch durchaus noch strittig, etwa die, inwieweit historische Museen überhaupt Identifikationsmöglichkeiten zu bieten haben. Ich bin in dieser Frage eher skeptisch und werde das später auch ausführen.
Die Leitlinien in Form eines Katalogs hier nun auszuformulieren, macht jedoch auch insofern wenig Sinn, als sie zum großen Teil im Rahmen des Tagungsthemas nicht vorkommen, hier also auch nicht diskutiert werden können. Ich möchte daher nur auf ein Element eingehen, d. h. beim Umgang mit Geschichtsbildern bleiben.
Das „Geschichtliche" unseres Museums ist gekennzeichnet durch die Direktion von politisch motivierten, herrschenden Geschichtsbildern, auch dort und dann, wo und wenn es sich an langer Leine fühlen darf und die Politiker sich jeden unmittelbaren Einflusses entschlagen. Diese 'Bilder' kommen nämlich auch mit unseren Besuchern ins Haus (Ein Blick in eines unserer Besucherbücher erbrächte den möglicherweise geforderten objektiven Beleg!). „Das Historische" der Objekte – so darf man folgern – existiert immer nur in den Köpfen der Besucher, an sich sind sie nur alt.
In allen unseren Abteilungen geht es, wenn auch in sehr unterschiedlicher Weise, die z. B. entscheidend die Auswahl der Objekte bestimmt, wobei ich sogenannter „Flachware" nicht ablehnend

gegenüber stehe, demnach darum, eine doppelte Bewegung in Gang zu setzen:
Einmal müssen die im Schwange befindlichen Geschichtsbilder in den Objekten sozusagen eingefangen und durch deren Auswahl und Anordnung dekomponiert werden. Dies kann nur geschehen aufgrund einer die Ausstellungskonzeption bestimmenden Vorstellung des geschichtlichen Zusammenhangs, um den es geht. Diese ist bei uns im Museum immer zuerst geschichtswissenschaftlich, sodann politisch und erst zuletzt ästhetisch bestimmt.
Wie sich gezeigt hat, lösen Auswahl und Anordnung die erwartete Gegenbewegung aus, sie widerstreiten mitgebrachten Bildern und Vorstellungen, oder bestätigen sie, werden akzeptiert oder abgelehnt. Sie bilden insofern mit. Wenn es hoch kommt, kann sich der Besucher nun „ein Bild" vom Geschehenen und Gewesenen machen, das anders als das mitgebrachte ist.
Nicht nur das Anschauen der Objekte, das Spezifikum des Museums, und der damit verbundene, die ganze Person umfassende Prozeß, sondern auch die Übersetzung in Texte, die notwendiger Bestandteil der komplexen „Geschichtsbilder" sind, d.h. die Verwandlung des Objektes in ein Argument, hat das Museum zu ermöglichen.
Nur für unser Haus kann ich in einigen Fällen solche Bewegungen beschreiben, muß aber vorher zwei Spezifika bestimmen, die hauptsächlich diese Bewegungen strukturieren.
Primär verdanken sich die Chancen in Wewelsburg, hergebrachte Bilder und Erwartungen zu dekomponieren, dem Charakter des Ortes als S c h a u p l a t z, was in landläufigem Wortsinn Ort historischen Geschehens meint, spitzfindig benutzt aber auch zur Bezeichnung eines Ortes dienen könnte, der die Schaulust befriedigt, bzw. an dem man durch Schauen Neues entdeckt.
Als Ort mit hoher touristischer Attraktivität zieht das Schloß viele Schaulustige an; die musealen Funktionen führen die Schaulust nur weiter. Informationen über diesen Schauplatz durch weitere Anschauung aber machen die Wewelsburg zunächst zu einem O r t d e r E n t - T ä u s c h u n g . Das im Inneren nach der Zerstörung 1945 neu ausgebaute Bauwerk hält nicht, was seine Fassaden versprechen, die ältere Geschichte der Wewelsburg zeigt ihre allenfalls regionale Bedeutung, als Ort von Massenverbrechen erschreckt sie. In concreto spielt sich der Vorgang ab, der im Falle aller auf populären Bildern gründenden Voreingenommenheit stattfindet.
Das Nahe wird zum Fernen, das Vertraute zum Fremden, wenn sich Gegenwärtiges in Vergangenes verwandelt.
Die Verwandlung von Schauplätzen im ersten zu Schauplätzen im letzten Sinne bildet daher einen der wichtigsten Grundsätze der Präsentation. Die Schaffung neuer Erkenntnisorte, wie sie im Kreismuseum selbstverständlich auch vorkommt, stellt im Grunde ein Derivat dessen dar.

Die Ent-Täuschung durchwaltet – dem Anspruch nach – alle Formen der Museumsarbeit. Sie bildet das Pendant zum Auftrag der Information, die allerdings eigenständig und weiterführend ist.
In Wewelsburg verbindet dies auch zwei im „Lande der Täter“ als grundsätzlich gegenläufig aufgefaßte Prozesse, den, der vom einzelnen Objekt her potentiell unbegrenzte Betrachtungsmöglichkeiten eröffnet, also den für ein Museum reklamierten, und den, der potentiell unbegrenzte Objekte einer Betrachungsweise unterwirft, die einen Appell an die Gegenwart einschließt, den einer Gedenkstätte.
Ein „historisches Museum“, wenn es ein solches denn überhaupt gibt, engt die Vielfalt möglicher Perspektiven qua definitionem ein, indem es sie auf verwirklichte und – wenn es ausgezeichnet ist – unterbliebene Handlungszusammenhänge in einem zeitlichen Kontext und historisch gewesene respektive mögliche Zustände reduziert. Solange Geschichte kein Feld der Freiheit darstellt, sich also nicht ästhetisch löst, trifft die herkömmliche Museumsdefinition das historische Museum nicht voll. Es bleibt ein Rest, der zur Gedenkstätte hin offen ist. Auch deren gängige Definition ist verkürzt: Auch sie hat die ganze Vielfalt von Objekten und aus ihnen zu erschließenden vergangenen Verhältnisse im Gesamtzusammenhang zu zeigen. Ihre wichtigsten „Objekte“ sind der Geschichte in einschneidendster Weise unterworfene Menschen, ermordet auf gesellschaftlichen Beschluß hin, als Ausfluß verfaßter Macht. Sie verweisen stets auf die Bedingungen und Ursachen, die 'Opfer' schufen, argumentieren also historisch. Im rückwärtsgewandten Vorgang des Gedenkens vollzieht sich die Aneignung eines Fremden, Vergangenen für die Gegenwart in der Hoffnung, es möge die Zukunft bestimmen, d. h. genau jene Hoffnungen aufnehmen, von denen eigentlich jedes historische Museum lebt, weil es nur als Gedächtnis fungieren kann. Handlungsorientierend vermag eine Gedenkstätte nur dadurch zu sein, daß sie das leistet, was von 'historischen Museen' erwartet wird, nämlich Identitätsstiftung. Identitätsstiftung hieße, wenn ein Museum sie bewirken könnte, Identifizierung von Menschen, Kollektiven mit handelnden/leidenden Personen.
Ich glaube, das kann weder ein Museum noch eine Gedenkstätte leisten, da sie 'historisch' bleiben. Sie können wiederum nur enttäuschend, beunruhigend wirken. Um nicht mißverstanden zu werden: Es soll dies keine Gleichsetzung historischer Museen mit Gedenkstätten begründen, nur gegenseitige 'Offenheiten' sollen aufgewiesen werden.
Ich will, auch um zum Thema „Bilder“ zurückzukommen, einen häufig beobachtbaren Vorgang der Identifizierung, der über ein „Bild“, in diesem Falle eine in einem Bild kulminierende Geschichte, verläuft, darstellen. Gerade jugendliche Besucher der Gedenkstätte in Wewelsburg geraten schnell in eine Identifikation mit einem Opfer, dessen Schicksal sie anrührt. Eine aus Dokumenten an der Wand ent-

springende Geschichte stellt das Schicksal des fünfzehnjährigen Günther Ransenberg dar, das bei uns inzwischen vieltausendmal erzählt worden ist.
Die ausgestellte Sterbeurkunde nennt als Religionszugehörigkeit „mosaisch". In einem späteren Zusatz wird der Zwangsname „Israel" auf behördliche Anordnung gestrichen. Als Todesursache wird „Erhängen auf Anordnung des Reichsführers SS" angegeben.
„Günther Ransenberg wurde als drittes von sechs Kindern des Metzgermeisters Jakob Ransenberg in Wennemen bei Meschede in Westfalen geboren. Der Vater fand Arbeit bei einem Tiefbauunternehmen, als er wegen des Verbots für Juden, ein Geschäft zu führen, 1938 seine Metzgerei schließen mußte. Der älteste Sohn, Rolf, geboren 1923, wanderte vor dem Krieg in die USA aus und besuchte vor einigen Jahren seinen Heimatort. Ebenso überlebte der zweite Sohn Friedel die Nazi-Herrschaft, obwohl er bereits 1941 in ein Konzentrationslager eingeliefert worden war. Der vierzehnjährige Günther fand nach dem Schulabschluß 1941 eine Arbeitsstelle bei dem Tiefbauunternehmen, bei dem auch sein Vater beschäftigt war. Anfang März 1942 arbeitete er in einer Arbeitskolonne im Eisenbahnoberbau in der Nähe von Bestwig im Sauerland. In einer Frühstückspause warf er anscheinend aus einer Gruppe von etwa gleichaltrigen Arbeitskollegen mit Schneebällen auf vorübergehende Mädchen. Der gelbe Davidstern an seiner Kleidung kennzeichnete ihn als Juden; noch am gleichen Tage wurde er auf der Baustelle von der Gestapo verhaftet und abgeführt. Seine Familie erhielt erst Nachricht nach seiner „Hinrichtung" wegen „Rassenschande". Ein harmloser Schneeballwurf auf ein „arisches" Mädchen war also ein todeswürdiges Verbrechen! – Die Mutter starb am 29. April 1942, 14 Tage nach dem gewaltsamen Tod ihres Sohnes, an „Herzversagen", wie die Todesurkunde nüchtern vermerkt. Wenige Wochen später begann der Leidensweg ihres Mannes und der drei jüngeren Kinder – das jüngste war ein Mädchen von gerade sieben Jahren. Im Sommer sandte sie eine Karte aus Theresienstadt an eine Nachbarin, bei der sie immer gespielt hatte. Es war das letzte Lebenszeichen. Die Geburtsurkunden des Vaters und der drei jüngsten Kinder tragen auf Beschluß des Amtsgerichtes Meschede vom 31. 01. 1949 den Vermerk: „Gestorben in Theresienstadt am 01. August 1942"[26].
Während die Identifikation mit dem Jungen in der Regel eine große Wut auslöst, die bis zu Rachegedanken gegenüber den heute noch als alte Damen lebenden 'Mädchen' der Geschichte, die mit ihrer Anzeige ein Verbrechen bewirkten, reicht, erbringt eine weitere Diskussion der Geschichte Verwirrung: Wenn man nämlich die 'normale' Haltung der Mädchen thematisiert und sie mit dem jedem Jugendlichen bekannten Wunsch in Verbindung bringt, jemandem, der 'gemein' zu einem ist, die Sache heimzuzahlen. Wie oft hat jeder im Zorn schon einmal daran gedacht, Eltern, Staatsorgane, alle Gewalt gegen 'den

Gegner' zu mobilisieren. Eine kindliche Rachephantasie wurde hier wahr. Die Jugendlichen fühlen sich in solchen Gesprächen 'ertappt' und an jener Seite gepackt, die 'Machtphantasien' betrifft. Besonders davon lebte der Nationalsozialismus. Man kann dann weiter erklären. – Wo aber ist die Eindeutigkeit, die Gedenkstätten in ihrem 'Stoff' zu reproduzieren haben? Würde man noch einen weiteren Aspekt der Geschichte thematisieren, was aus didaktischen Gründen nie geschieht, würde sich die Auswirkung der kollektiven Machtphantasie wiederum individuell manifestieren: Günther Ransenberg wäre, wie seine Familie, mit höchster Wahrscheinlichkeit wenig später deportiert und im gleichen Vernichtungslager getötet worden. Die Mädchen waren ihrer Zeit voraus...

Wo ist man den Aufgaben eines 'historischen Museums' näher, als mit solchen Fragen[27]?

Die Dokumentation trägt den sehr groß im Eingangsraum sichtbaren und mit zwei Großfotos verbundenen Titel: „Wewelsburg 1933–1945. Kult- und Terrorstätte der SS". Ein Foto zeigt die „SS-Gruft", einen im Originalzustand von 1945 erhaltenen Kuppelraum im Schloß von scheinbar triumphaler Größe, das andere einen Wachturm, den Drahtzaun und eine Reihe von Baracken des Konzentrationslagers. Direkt funktionieren sie als Versprechen besonderer Raumerfahrung an den Besucher (Ein Versprechen erweist sich später als falsch. Das Foto des Konzentrationslagers ist eine Aufnahme des Lagermodells. Das Original steht nicht mehr. Das führt zu Fragen...).

Das, obwohl konstituierend für den Nationalsozialismus, bei seiner Betrachtung nie zusammen Gesehene, von den „Zeitzeugen" nie gleichzeitig Erfahrene und daher stets Getrennte ist in Wewelsburg zusammen zu sehen, weil es in diesem Dorf auch historisch koexistiert hat. Um nur an einer Gruppe von Besuchern die Wirkung des Arrangements zu verdeutlichen: Die Monumentalität des Raumes steht für die Suggestion von ungekannter Größe und Macht, die der Nationalsozialismus in den Massen hervorrief und der er besonders ihre überwältigende Zustimmung verdankte. Sie findet einen Nachklang in den älteren Besuchern. Die prägende Erfahrung etwa ihrer als schön, erfüllt, verheißungsvoll erlebten Jugend sahen sie oft nach 1945 diskreditiert, als sie die Folgen dessen, was sie um des Glaubens ebendieser Erfüllung willen hingenommen oder unterstützt hatten, sahen bzw. erfuhren. An einem Ort, wo „Normalität" und „Monstrosität" verschränkt waren, erschrecken sie oft tief. Aufgrund der Fotos, Dokumente, besonders aber von Interviews mit alten Wewelsburgern und mit einem ehemaligen Häftling im Film gelingt es manchmal, das Fremde näher an sich heranzulassen[28].

Für das folgende Beispiel liegen noch keine Erfahrungen vor, die belegen könnten, ob und wie es funktioniert, da es dem Projekt „Hochstiftsmuseum" entstammt. Dieses Museum soll drei Abteilungen umfassen:

1. Geschichte der Wewelsburg
2. Das Paderborner Land
3. Kultur-, Sozial- und Wirtschaftsgeschichte des Hochstifts Paderborn

Die geplante erste Abteilung nimmt eingangs – in diesem Fall belegbare – Erwartungshaltungen vieler Besucher auf, die mit aus verschiedenen Topoi zusammengesetzten Bildern von „Burg“ das Haus betreten. Sie stehen für vielerlei Fremdes, das als Ursprüngliches vertraut zu sein scheint. Es ist vorgesehen, diese oft diffusen Bilder (zu denen nicht nur die 'Ritterburg' mit Burgfräulein und Minnesänger, sondern auch das 'Spukschloß' für Geisterwesen, die 'Zwingburg' mit Folterkammer und Verlies und die 'Burg als Kulisse' mit Brunnen und verborgenem Schatz, Erkern und Türmchen für allerlei imaginierte Handlungen gehören) konkret abzubilden und dabei auf ihre Herkunft zu verweisen. Die meisten stammen aus der Zeit der Romantik und ihrer Epigonen und waren von Anbeginn „falsch“. Um die Besucher mit der Wewelsburg genauer bekannt zu machen, die wiederum all diese Erwartungen – trotz Droste-Hülshoff – enttäuschen muß, sollen die Projekte, die im Laufe des 19. Jahrhunderts für ihre Nutzung erörtert wurden (und uns in Aktenform erhalten blieben) anhand von Beispielen ihrer Verwirklichung im 19. und 20. Jahrhundert an anderen Orten vorgestellt werden: Burgen und Schlösser als Gefängnisse, „Irrenanstalten“, Erholungsheime, Kasernen, Fabriken, Sanatorien, Schloßhotels, Museen, Jugendherbergen und schließlich Schulungsburgen. Durch dieses Panorama hindurch betritt man die wenigen, in älteren Zuständen erhaltenen Räume.

Das folgende Beispiel ist der Abteilung „Deutsche im östlichen Mitteleuropa – Kultur, Vertreibung, Integration“ entnommen. Die „natürliche Klientel“ der Ausstellung sind Flüchtlinge und Vertriebene. Die vor allem bei den in Vertriebenenverbänden organisierten Angehörigen dieser Gruppe vorherrschende Sicht auf die „alte Heimat“ läßt sich als nationalistisch kennzeichnen und ist geprägt durch eine Selbstdefinition als „der vom Leid dieser Zeit am schwersten Betroffenen“[29].

Heftige Diskussionen, zumindest aber Irritationen lösen viele Elemente der Präsentation aus. Schon dadurch, daß der Zugang durch die NS-Dokumentation führt, soll nicht nur auf anderes, nicht selbst erlebtes Leid, das jedoch bei der Bearbeitung des eigenen Leidens helfen könnte, verwiesen, sondern auch eine Ursache-Folge-Wirkung dargetan werden, die dem eingefleischten Schema widerspricht.

Nach einer „Zettelecke“ mit Grundsatzdokumenten wie eben der zitierten Charta, aber auch dem Warschauer Vertrag von 1970, Presseberichten zu dem Streit um die Ostverträge, polnischen Stellungnahmen u.a., die oft großen Ärger auslöst, da sie Traumata berührt, schließt sich ein Raum an, der zu einem chronologischen Überblick über die Geschichte der Region um Meseritz und Schwerin/Warthe

anregen will. Die erste Texttafel trägt den historisch korrekten Titel „Meseritz und Schwerin an der Warthe als Teil der historischen Landschaft Großpolen“, der als direkte Provokation aufgefaßt wird.
So wurde eine spätbiedermeierliche Möbelgruppe in optische Nähe zu einem Bahnsteig mit „Fluchtgepäck“ gebracht. Natürlich wird auch das Geschehen in der sog. „Euthanasie“-Anstalt in Meseritz-Obrawalde dokumentiert, in der während des Zweiten Weltkriegs 10000 Menschen umgebracht wurden.
Nicht nur die schon genannte Zweisprachigkeit der Ortsnamen in den Objektbeschriftungen, sondern auch viele andere Elemente wirken wie Provokationen[30].
Durchaus typischer Kommentar einer Besucherin: „Wissenschaftlich mag das ja alles richtig sein, aber es befriedigt mich nicht.“
Das Befriedigende ist nicht aus unserem Museum verschwunden. Für die Handwerksabteilung des gegenwärtigen Heimatmuseums im Schloß wurden in letzter Zeit zwei Werkstätten komplett, d.h. unter Einschluß der Fußböden und anderer 'Architekturteile', übernommen: eine Schuhmacherei und eine Dorfschmiede. Es soll natürlich auch gezeigt werden, „wie in alten Zeiten Kunst getrieben“ wurde, um einen früher zitierten Landrat zu wiederholen. Der staubige Boden unserer dunklen und engen Werkstätten wird von den Besuchern jedoch geistig gekehrt. „Handwerk hat goldenen Boden“, schimmert durch. Demonstrationen alter Techniken, die wir wiederholt veranstaltet haben, hatten zwiespältige Ergebnisse: Die ursprüngliche Faszination hielt allenfalls beim Schmied an, sofern er mit schnellen Schlägen Nägel oder ähnliche einfache Produkte herstellte. Sobald etwa der Schuster anhub, wirklich mit der Sauborste „die Sohle zu doppeln“, ließ ob der Langwierigkeit und Kompliziertheit der immer wiederkehrenden, eintönig wirkenden Arbeitsgänge das Interesse schnell nach. 'Arbeit' war nicht vorführbar, und außer dem Meister und einem gelernten Schuhmacher als Zuschauer hielt niemand die Demonstration durch. Die Bilder von 'Handwerk' tragen kein Interesse an Realität, eine grundsätzliche Kritik an dem, was wir bisher in der Präsentation dieser Thematik leisten.
Zum Schluß einige 'Perspektiven', wo die 'Erkenntnis' leichter zu haben wäre. Sie haben natürlich wieder mit dem 'Schauplatzcharakter' zu tun:
Im Keller des Südostturms der Wewelsburg im Bereich des geplanten historischen Museums des Hochstifts liegt der sogenannte „Hexenkeller“, in dem im Jahre 1631 zwei Frauen als angebliche Hexen angeklagt und verhört, d.h. gefoltert, wurden. Die dahinterliegenden Zellen sind ebenfalls erhalten geblieben. Sie wurden bis 1802 benutzt.
1938 war der Keller erneut Gefängnis. Er diente als Haftort für die Juden der Nachbargemeinde Salzkotten nach der Reichspogromnacht, die die Wewelsburger SS dort verhaftet hatte.
Solche Kontinuitäten kann man nicht erfinden...

Abb. 16: Kreismuseum Wewelsburg, Büren, Blick auf die Almeinsel am Fuß der Wewelsburg

Heinrich Himmler ließ seine Wohnräume in der Wewelsburg im ehemaligen Appartement der Fürstbischöfe einrichten, in Räumen, die heute ebenfalls zum Museum gehören. Von dort aus hat man einen herrlichen Ausblick auf das Tal des Flüßchens Alme. Am Fuße des Burgbergs liegt ein – in der Sprache der Erbauungszeit des Schlosses so genannter – locus amoenus, eine von Baumgruppen umsäumte, grasbewachsene Insel mit mittelalterlichen Brücken, weidendem Vieh... Seit Menschengedenken lagerten dort im Sommer Zigeuner (Abb. 16).
In der Zeit, als Himmler auf diesen Ort blickte, wurde die Insel „zigeunerfrei".
Nach 1945 kehrten einige der Sinti und Roma zurück. Bis vor zwei Jahren jedoch verboten Schilder, die die Gemeindeverwaltung dort errichtet hatte, das Aufstellen von Wohnwagen und das Abbrennen von Lagerfeuern.
Damit wäre ich wieder am Anfang, bei der Dominanz von Politik und am Ende musealer Konzeptionen.

---

1 Zu Umfang und Art der Sammlungen insgesamt vgl.: Museen in Westfalen, hrsg. im Auftrag des Landschaftsverbandes Westfalen-Lippe, Westfälisches Museumsamt, Münster, von Bernard Korzus. Münster 1986[2], S. 81.
2 Kreisarchiv Paderborn, B 423.

[3] Es handelt sich um die Balladen „Kurt von Spiegel" und „Fegefeuer des westfälischen Adels".
[4] Im Original gesperrt.
[5] Westfälisches Volksblatt vom 03. 06. 1925.
[6] Vgl. Jakobi-Reike, Irmhild: Die Wewelsburg 1919 bis 1933 kultureller Mittelpunkt des Kreises Büren und überregionales Zentrum der Jugend- und Heimatpflege (mit einem Beitrag von Albrecht Seufert). München 1988 (Kreis Paderborn (Hrsg.): Schriftenreihe des Kreismuseums Wewelsburg, Bd. 3).
[7] Dr. Victor von Solemacher-Antweiler entstammte einem Adelsgeschlecht aus dem Raum Euskirchen. 1920 war er als kommissarischer Landrat von Monschau durch die belgische Militärverwaltung abgesetzt und später von der französischen Verwaltung aus Koblenz ausgewiesen worden. Vor seiner Tätigkeit in Büren hatte er als Regierungsrat beim Staatssekretär für die besetzten Gebiete der Reichsregierung in Berlin amtiert. (Vgl. Pohlmeier, Heinrich: Geschichte des Kreises Büren von 1802 bis zur Gegenwart. In: Landkreis Büren (Hrsg.): 150 Jahre Landkreis Büren. Paderborn 1966, S. 51–143, hier: 102.)
[8] Westfälisches Volksblatt a. a. O.
[9] Völkischer Beobachter, Ausgabe A, Nr. 270, vom 27. 09. 1934.
[10] Einen Überblick über die wirtschaftlichen und kulturellen Unternehmungen der SS gibt: Georg, Enno: Wirtschaftliche Unternehmungen der SS. Stuttgart 1963, S. 15–24. Zum SS-Wissenschaftsverständnis und zur SS-Wissenschaftsvereinigung „Ahnenerbe" vgl.: Kater, Michael H.: Das „Ahnenerbe" der SS 1935–1945. Ein Beitrag zur Kulturpolitik des Dritten Reiches. Stuttgart 1974
[11] Vgl. das grundlegende Werk von Hüser, Karl: Wewelsburg 1933–145. Kult- und Terrorstätte der SS – eine Dokumentation. Paderborn 1987[2] (Kreis Paderborn (Hrsg.): Schriftenreihe des Kreismuseums Wewelsburg, Bd. 1), bes. S. 30–38 und S. 54–72.
[12] Zit. nach Hüser, Karl: a. a. O., S. 35.
[13] Manuskript Jordan 1979, Kreisarchiv Paderborn, A S 1900.
[14] vgl. ebd.
[15] Die Sammlung soll nach Angaben Jordans 1944 ausgelagert und erst nach 1945 teilweise zerstört bzw. verstreut worden sein.
[16] Vgl. Hüser, Karl: a. a. O. S. 54–65.
[17] ebd., S. 54.
[18] Zur Geschichte des Konzentrationslagers in Wewelsburg vgl.: Hüser, Karl: a. a. O., S. 73–110, sowie: ders.: Das KZ in Wewelsburg. In: Eiber, Ludwig (Hrsg.): Verfolgung, Ausbeutung, Vernichtung – Die Lebens- und Arbeitsbedingungen der Häftlinge in deutschen Konzentrationslagern 1933–1945. Hannover 1985, S. 149–159 und: Brebeck, Wulff E./Karl Hüser: Wewelsburg 1933–1945. Das Konzentrationslager. Münster 1988 (Westfalen im Bild – eine Bildmediensammlung zur westfälischen Landesgeschichte, hrsg. im Auftrage des Landschaftsverbandes Westfalen-Lippe v. Wolfgang Linke. Reihe: Dokumente zur Zeitgeschichte, Heft 5).
[19] Museums-Bücherei Wewelsburg, Inv.-Nr. 1051 (Beilage).
[20] Zu Inhalten und Verlauf der Auseinandersetzung vgl.: Brebeck, Wulff E.: Wie Wewelsburg zu einer Gedenkstätte kam. In: Garbe, Detlef (Hrsg.): Die

vergessenen KZs? – Gedenkstätten für die Opfer des NS-Terrors in der Bundesrepublik. Bornheim-Merten 1983, S. 153–176.

21 Westfälisches Volksblatt vom 11. 11. 1977.

22 Hüser, Karl: Wewelsburg 1933–1945, a. a. O., S. IX f.

23 Nach Ergebnissen der Volkszählung von 1950. Quelle: Vertriebenenamt des Kreises Paderborn.

24 Brebeck, Wulff E./Andreas Ruppert: Deutsche im östlichen Mitteleuropa. Kultur – Vertreibung – Integration. Meseritz/Miedzyrzecz – Paderborn – Schwerin(Warthe)/Skwierzyna. Einführung in die Ausstellung im Kreismuseum Wewelsburg. Paderborn 1987 (Kreis Paderborn (Hrsg.): Schriftenreihe des Kreismuseums Wewelsburg, Bd. 2), S. 4.

25 ebd., S. 5.

26 Zit. nach: Brebeck, Wulff E./Karl Hüser: Wewelsburg 1933–1945. Das Konzentrationslager, a. a. O., S. 27.

27 Vgl. zu Problemen von Gedenkstättenarbeit in Wewelsburg: Ruppert, Andreas/Wulff E. Brebeck: Wewelsburg. In: Meynert, Joachim/Arno Klönne (Hrsg.): Verdrängte Geschichte – Verfolgung und Vernichtung in Ostwestfalen 1933–1945. Bielefeld 1986. S. 323–372, hier bes.: 363 ff.

28 Zur Konzeption der Ausstellung vgl.: Ausstellung und Gedenkstätte – eine Einführung (W. E. Brebeck). In: Hüser, Karl: Wewelsburg 1933–1945, a. a. O., S. 133–139.

29 Charta der deutschen Heimatvertriebenen vom 5. August 1950.

30 Die Konzeption der Ausstellung, die – was hier nicht erläutert werden kann – die Berechtigung musealer Darstellung von Vertreibung und Gruppenüberlieferung der Vertriebenen nicht in Zweifel zieht, wird dargestellt in: Brebeck, Wulff E.: Zur Abteilung „Deutsche im östlichen Mitteleuropa – Kultur, Vertreibung, Integration“ im Kreismuseum Wewelsburg. In: Aus westfälischen Museen (Hrsgg. von Bernard Korzus im Auftrag des Landschaftsverbandes Westfalen-Lippe), 2. Jg. (1986), H. 1, S. 31–38.

Severin Heinisch

Inszenierte Geschichte: Das Museum industrielle Arbeitswelt in Steyr, Oberösterreich

Die Errichtung des „Museum industrielle Arbeitswelt“ in Steyr geht auf eine Idee im Umkreis des Bildungsreferates des Gewerkschaftsbundes Oberösterreich im Jahre 1979 zurück. Sowohl inhaltlich als auch in seiner sozialen Funktion wollte man ein neuartiges Museum errichten, das zum Mittelpunkt einer „Geschichtskultur“ der werktätigen Bevölkerung heranwachsen sollte. So wurde als erster Schritt über das Bildungsreferat der Gewerkschaft eine Aktion initiiert, die sich nach einem schwedischen Vorbild „Grabe-wo-du-stehst“-Bewegung nennt. Laiengeschichtsgruppen sammeln auf regionaler oder betrieblicher Ebene Material zu „ihrer“ Geschichte, lernen damit umzugehen, es zu präsentieren und sollten schließlich über eine Art Netzwerk ihre Erfahrungen in das Museum einbringen. Auf diese Art sollte nicht nur ein hoher Grad an Auseinandersetzung mit dem Museum erreicht werden, sondern auch ein gewisser Grundbestand an Exponaten und Sammlungen gesichert werden.

Zur finanziellen Realisierung wurde 1981 ein Trägerverein – der „Verein Museum Arbeitswelt“ – gegründet, der schließlich die Idee verfolgte, gemeinsam mit dem Land Oberösterreich eine Landesausstellung zum Thema industrielle Arbeitswelt zu veranstalten, um diese Ausstellung dann als Museum weiterführen zu können. Prof. Rudolf Kropf und Mag. Udo Wiesinger von der Universität Linz wurden mit der Erstellung eines inhaltlichen Konzepts für eine derartige Ausstellung betraut.

1984 kam es zum Ankauf zweier alter Fabriksgebäude einer ehemaligen Besteckfabrik in Steyr durch den Verein. Die Standort- und Gebäudewahl für das Museum war dabei in mehrfacher Hinsicht bemerkenswert: die alte Eisenstadt Steyr ist das historische Zentrum der oberösterreichischen Eisenindustrie. Seit dem Spätmittelalter hatten die Bürger von Steyr den Verlag des Roheisens vom steirischen Erzberg inne, der immerhin noch im 17. Jahrhundert der größte Erzlieferant Europas war. In und um Steyr konzentrierte sich das eisenverarbeitende Gewerbe, allen voran die Messer-, Nagel- und Nadelschmiede, später, mit einer Blüte im 19. Jahrhundert, die Sensenerzeugung. In Steyr siedelten sich die Schmieden im sogenannten Wehrgraben an, einem seit dem Mittelalter angelegten und immer wieder erweiterten, künstlichen Gewässersystem, das die Wasser-

Abb. 17: Museum der industriellen Arbeitswelt, Steyr, Fabriksarbeit und Unternehmerkultur im 19. Jahrhundert

kraft für die Schmiedehämmer lieferte. Die Steyrer Bürger waren lange Zeit in ihrer Mehrzahl protestantisch und mußten aus diesem Grund mehrfach Verfolgung und Austreibung im Zuge der österreichischen Gegenreformation erdulden. Steyrer Emigranten waren im 17. Jahrhundert nicht zuletzt maßgeblich am Aufbau der Solinger Messerindustrie beteiligt. Nach dem Niedergang des Kleineisengewerbes und der Verarmung der Stadt Steyr im 19. Jahrhundert baute Joseph Werndl seine Waffenschmiede im Wehrgraben zur Fabrik aus und leitete den Übergang zur industriellen Produktion ein. Unter der Bezeichnung „Österreichische Waffenfabrik" wuchs dieser Betrieb zu einem der größten Unternehmen dieser Art am europäischen Kontinent heran. Nach der Umstellung der Produktion und der Verlagerung des Standortes in einen anderen Stadtteil nach dem 1. Weltkrieg, übernahmen die Hack-Werke – so hieß die oben erwähnte Besteckfabrik – einen Teil der Gebäude. Nach deren Konkurs, als der Wehrgraben als ehemalige Wirtschaftsader von Steyr endgültig zu veröden drohte, wurden zwei dieser Gebäude zur Adaptierung für das Museum übernommen. Damit sollte auch eine Phase der Revitalisierung des Wehrgrabens, in dem noch an vielen Gebäuden die verschiedenen Stufen der industriellen Entwicklung unmittelbar erkennbar sind, eingeleitet werden.
Die Errichtung des Museums erfolgte in Zusammenarbeit des Vereins mit der Landesregierung Oberösterreichs, die hier ihre Landesausstellung 1987 plante und durchführte und damit einen großen Teil der

Renovierungs- und Installationskosten übernahm. Die Stadt Steyr, das Wissenschafts- und das Sozialministerium übernahmen ebenfalls große Finanzierungsanteile bei der Errichtung des Museums. Ausstellungs- und Museumskonzept sind also weitestgehend ident und am 30. April 1987 wurde das Museum mit der oberösterreichischen Landesausstellung „Arbeit-Mensch-Maschine. Der Weg in die Industriegesellschaft" eröffnet. Mit der Leitung der gestalterischen Umsetzung wurde der Bühnenbildner und Ausstellungsarchitekt Hans Hoffer beauftragt. Inhaltlich sollte der „Weg in die Industriegesellschaft" in vier Phasen abgehandelt werden, die sich an dem jeweiligen Stand der Energieträger orientieren: an der Wasserkraft, der Dampfkraft, der Elektrizität und schließlich der Mikroelektronik.
Das Museum besteht aus drei Gebäudeteilen: den beiden, zueinander parallel stehenden, historischen Fabriksbauten und einer die beiden Gebäude verbindenden, modernen Mittelhalle, die eigens errichtet wurde und durch die vom Wehrgraben aus ein Wasserlauf geleitet wurde. Entlang dieser Längsachse gruppieren sich die vier monumentalen „Leitfossilien" der industriellen Entwicklung: ein Wasserrad, eine Dampfmaschine, ein E-Werk und überhöht auf einer Brücke ein Videoüberwachungsstand. Diese Mittelhalle, die in einem architektonischen Gegensatz zu den anderen Gebäudeteilen steht, muß von den Besuchern auf ihrem Weg durchs Museum immer wieder durchquert werden. Sie ruft damit die Artifizialität dieser musealen Welt immer wieder ins Bewußtsein und verhält sich kontradiktorisch zu diesem gewissen nostalgischen Gefühl, das einen bisweilen in manchen Heimathäusern zu umgeben pflegt, wenn versucht wird, Vergangenes allzu genau und maßstabsgetreu nachzubilden. Dieser Versuch, im quasi Brecht'schen Sinn das Bedürfnis des Nach- und Mitlebens des Besuchers zugunsten einer distanzierten Betrachtung zu stören, ist ein wichtiges Element der Museumsgestaltung in Steyr und an verschiedenen Punkten festzumachen. Besonders auffällig in dieser Hinsicht ist wohl auch gleich der Einstieg des Besuchers, der mit der vorindustriellen Arbeitswelt – zuallererst mit dem Handwerk – konfrontiert wird. Jeder Versuch einer musealen Darstellung läuft hier Gefahr, durch die Klischees und ständig reproduzierten Geschichtsbilder der – was die Arbeitswelt betrifft – auf Landwirtschaft und Handwerk reduzierten Heimatgeschichte überlagert zu werden. In Steyr wurde versucht, sich dieses Dilemmas durch Flucht nach vorne zu entziehen: die Schusterstube, die ausschließlich mit Originalen bestückt wurde und zwar bis zum Türstock und den Granitsteinen der Ummauerung, wurde erkennbar als Raum im Raum konzipiert, und dieser „Metaraum" bekam nun nicht nur eine goldene Färbung, die den Spruch vom goldenen Boden des Handwerks noch deutlich übertreibt, sondern darüber hinaus noch eine sakrale Form mit apsisartigen Ausbuchtungen, die als Standort kleiner, profaner Exponate (wie den Wanderstab eines Handwerkers) dienen. Es geht also nicht dar-

Abb. 18: Museum der industriellen Arbeitswelt, Steyr, Computertechnologie-Kontrolle-Vernetzung in Phase IV

um, die vorindustrielle Arbeitswelt ein weiteres Mal detailgetreu nachzukonstruieren (das allein schiene mir auf jeden Fall zu wenig), sondern darum, zwei konträre Geschichtsbilder – das der Armseligkeit und das der Überhöhung des Handwerks – hart aufeinanderprallen zu lassen und damit Bilder eben nicht zu verfestigen, sondern ins Wanken zu bringen. Das dürfte mit dieser Inszenierung allerdings nicht durchgängig gelungen sein, zumindest sind die Besucherreaktionen geteilt. Mein Eindruck ist, daß, je aufgeklärter im historischen Sinn ein Besucher ist, desto blasphemischer empfindet er diese Art des Umgangs mit Geschichte, um so kontraproduktiver scheint ihm die Wirkung der doppelten Überhöhung, und ich würde sogar sagen, daß ihm selbst die Namhaftmachung des „falschen" Geschichtsbildes (das des goldenen Handwerks), das es ja zu überwinden gälte, Anstoß genug wäre. Anklang findet diese Inszenierung erst wieder dort, wo das aufgeklärte Denken dem abgeklärten weicht, dem Agnostiker sozusagen (oder um es mit einem Schlagwort zu bezeichnen: dem postmodernen Denken), der die Mächtigkeit der Geschichte hinter sich läßt, um sie als ästhetische Sensation genießen zu können.
Zum Bereich der vorindustriellen Arbeitswelt gibt es im Museum noch zwei weitere Räume, die sich mit reichem und armem Handwerk auseinandersetzen, sowie mit der zunehmenden Arbeitsteilung und schließlich mit der Protoindustrialisierung im Manufaktur- und Verlagswesen.
Der zweite große Bereich ist der der Industrialisierung des 19. Jahrhunderts, der Dampfmaschine. Im Unterschied zur kleinräumlichen

Aufteilung der ersten Phase wurde hier eine der alten Fabrikshallen (die ja aus eben dieser Zeit stammen) dieser ehemaligen Waffenfabrik als Raum und als Exponat zugleich verwendet. Die zentrale Installation dieses Raumes ist eine funktionsfähige Mitteltransmissionsanlage, die eine Reihe von in der Halle aufgestellten Maschinen antreibt, zugleich aber auch die beiden Endpunkte der Halle funktional miteinander verbindet, so daß die Dreiheit von Arbeiterwohnung, Fabrik und Unternehmervilla auch als Einheit sichtbar wird. Auf der einen Seite steht ein „Mann aus Eisen“, der selbst von der Transmission angetrieben wird und durch die Halle auf die gegenüberliegende Fassung einer Unternehmervilla blickt, vor der auf zwei Stelen die Büsten der zwei bedeutendsten Unternehmerpersönlichkeiten Oberösterreichs im 19. Jahrhundert thronen: der schon erwähnte Joseph Werndl, Waffenfabrikant in Steyr und im Bewußtsein dieser Stadt von ähnlicher Bedeutung wie etwa Krupp in Essen, und Johann Grillmayer, ein Textilfabrikant aus Linz. Zwischen diesen beiden Polen liegt die Fabrikshalle mit den Maschinen, die die Entwicklung der Arbeitsbedingungen in der Textil- und Eisenindustrie im 19. Jahrhundert behandeln (Abb. 17). Damit wäre (wie in der ersten Phase) die übergeordnete Struktur des Raumes umrissen. Daneben gibt es wie in allen Räumen ein System von Detailinformationen zu den Arbeitsbedingungen, zu Alltagsleben und -kultur, zur Herausbildung der politischen Arbeiterbewegung usw. Hier werden diese Informationen an den Seitenwänden in Form von Bild-/Schrifttafeln gegeben, dazu auf drei Monitoren mit Videofilmen zur Kinderarbeit in der 3. Welt, mit Dokumentaraufnahmen zu den Arbeitsbedingungen in der österreichischen Eisenindustrie vor dem 1. Weltkrieg und mit Interviewaufnahmen. Weiter sind an den Seitenwänden Werkbänke aufgestellt, die als Informationsträger dienen. Darüber hinaus sind noch über das Museum mehrere Computerstände verteilt, die jeder Besucher mit einer eigens ausgehändigten Magnetkarte benützen kann, um zu jedem Bereich Detailinformationen wie graphisch aufbereitete Statistiken oder Texte abzurufen.
Der dritte Bereich des Museums befaßt sich mit den Veränderungen der Arbeits- und Lebensbedingungen durch die zunehmende Rationalisierung und den Einfluß der wissenschaftlichen Betriebsführung, sowie mit dem Arbeitsbegriff und dem Arbeitsethos des Nationalsozialismus.
Über eine Rolltreppe gleitet man – vorbei am Wiederaufbau – in das obere Stockwerk, um in die vierte und letzte Phase zu gelangen. Zuerst passiert man aber noch auf einer Brücke den Videoüberwachungsstand, das „Leitfossil“ dieses Abschnitts. Über das Museum verstreute Kameras übertragen hierher das Schauspiel des Museumsbesuches. Zugleich kann man auch von oben einen direkten Blick auf die Mittelhalle mit den Monumentalobjekten der vorhergegangenen Phasen werfen.

Die letzte Halle, in der das schwierige Problem der ästhetischen Umsetzung der gegenwärtigen Arbeitswelt gelöst werden sollte, liegt genau über der Fabrikshalle, die zur Industrialisierung des 19. Jahrhunderts gestaltet wurde, so daß sich hier einige Analogieschlüsse anbieten. Das wird z.B. dadurch verstärkt, daß die Wände dieser alten Halle, die ja bis in die 60er Jahre voll in Funktion war, in ihrem „abgearbeiteten“ Zustand konserviert wurden. Davor wurden halbrunde Aluminiumlamellen angeordnet, deren Abstand zueinander zunehmend kleiner wird, so daß der Blick auf das alte Fabriksgemäuer immer mehr verschwindet. Auch hier entsteht ein Raum im Raum, der metaphorische Bedeutung hat (Abb. 18).
Ein zentrales Anliegen dieses Raumes ist das Sichtbarmachen des gewöhnlicherweise Verdeckten, der Kontrollen und Netze, die um uns existieren, ohne daß wir es bemerken. In der Mitte des Bodens sieht man unter Plexiglas, was auch an anderen Stellen des Museums gelegentlich hervortritt: die in roten Röhren verlegten Leitungen der Ausstellung, der elektrische Organismus des Hauses. In diesem Raum kann auch die Tonbandanlage des umfassenden Akustikkonzepts des Museums besichtigt werden und hier erfährt man auch, daß die an der Kassa ausgehändigte Magnetkarte nicht nur zur Bedienung der Computer dient, sondern daß auch über das Museum eine Reihe von Sensoren verteilt sind, die Informationen zum jeweiligen Magnetkartenträger sammeln und eine Art Interessensprofil erstellen können. Dieses Profil kann sich jeder Besucher ausdrucken lassen. In dieser Phase wird aber auch der Gedanke der „Besucherdramaturgie“ sichtbar, die auf einen spielerischen Rollentausch hinausläuft: der Besucher wird selbst zum Objekt, das sich wiederum selbst rezipiert. Indem ein die Rückwand der letzten Halle vollständig verkleidender Spiegel diese praktisch dupliziert, findet sich selbst der Fotograf als Objekt im fotografierten Raum wieder.
Nachdem die Landesausstellung im November 1987 geschlossen wurde – sie war übrigens mit nicht ganz 400.000 Besuchern eine der erfolgreichsten Ausstellungen in Österreich – folgte eine Phase der „Regeneration“, in der man versuchte, die Leihgaben so gut es ging durch gleichwertige Exponate zu ersetzen, diverse technische Probleme zu beheben und sich Gedanken über die weitere Finanzierung des Museums zu machen.
Am 23. April 1988 wurde das Museum im wesentlichen unverändert wiedereröffnet. Man plant, etwa im Jahresrhythmus Wechselausstellungen durchzuführen, wobei noch nicht entschieden ist, ob diese in einem getrennten Raum, der vorhanden wäre, stattfinden sollen, oder in das Museum selbst integriert werden.

Gerda Breuer

Baumwollspinnerei Brügelmann in Ratingen-Cromford – Zur Frühzeit des Fabrikwesens

I Eine Außenstelle des Rheinischen Industriemuseums

Am 9. 2. 1984 wird dem Landschaftsausschuß der Landschaftsversammlung Rheinland eine aktualisierte Gesamtdarstellung des Rheinischen Industriemuseums vorgelegt, in der die Gründe für die Errichtung eines Industriemuseums wie folgt skizziert werden:
Dieses Museumskonstrukt soll sich der Geschichte Nordrhein-Westfalens, hier des Landesteiles Rheinland (wie der Landschaftsverband Westfalen-Lippe des Landesteiles Westfalen) in seinem die Landschaft prägendsten Zeitabschnitt, der Industrialisierung, widmen, denn „der historische Veränderungsprozeß der Industrielandschaft und seiner Bewohner, ihrer Erlebens- und Bewußtseinswelt innerhalb des sozialen Umfeldes läßt sich in umfassender Weise nur in einem industrie- und sozialgeschichtlichen orientierten Museum dokumentieren, das auf die historische Entwicklung der jeweiligen Landschaften Bezug nimmt“[1]. Die industriellen Revolutionen haben – so das Industriemuseum im eigenen Wortlaut – „die Landschaft hier mehr verändert als 2000 Jahre Siedlungsgeschichte vorher“[2].
Aus dieser Grundsatzerklärung entwickelte das Rheinische Industriemuseum, wie seine so genannte Schwesterinstitution, das Westfälische Industriemuseum, eine dezentrale Organisationsstruktur. Um seine Verankerung mit der Region zu dokumentieren, baut es Museen ausschließlich in stillgelegten Industrieanlagen ein, die in situ verbleiben. Es wählte acht Außenstellen, die, organisatorisch mit einer Zentrale verknüpft, in ihrer Gesamtheit ein Bild von den charakteristischen rheinischen Industriebranchen vermitteln als auch typische regionale Ausprägungen und Verlaufsformen der Industrialisierung dokumentieren sollen.
Während die Mühle „Alte Dombach“ in Bergisch-Gladbach die vorindustrielle Papierherstellung behandelt, führt das Deilbachtal in Essen durch ein Ensemble frühindustrieller Denkmale, die Hinweise auf die spätere Struktur des Reviers geben. Drei Textilfabriken informieren über die rheinische Textilindustrie: Die Baumwollspinnerei Brügelmann in Ratingen-Cromford, gegründet 1783/84, von der im weiteren die Rede sein wird, über die Anfänge der Industrialisierung im Textilbereich, die zeitlich anderen Industriebranchen vorgelagert waren. Die Firma Ermen & Engels in Engelskirchen, gegründet 1837, befaßt sich mit dem Zusammenhang eines Großunternehmers im

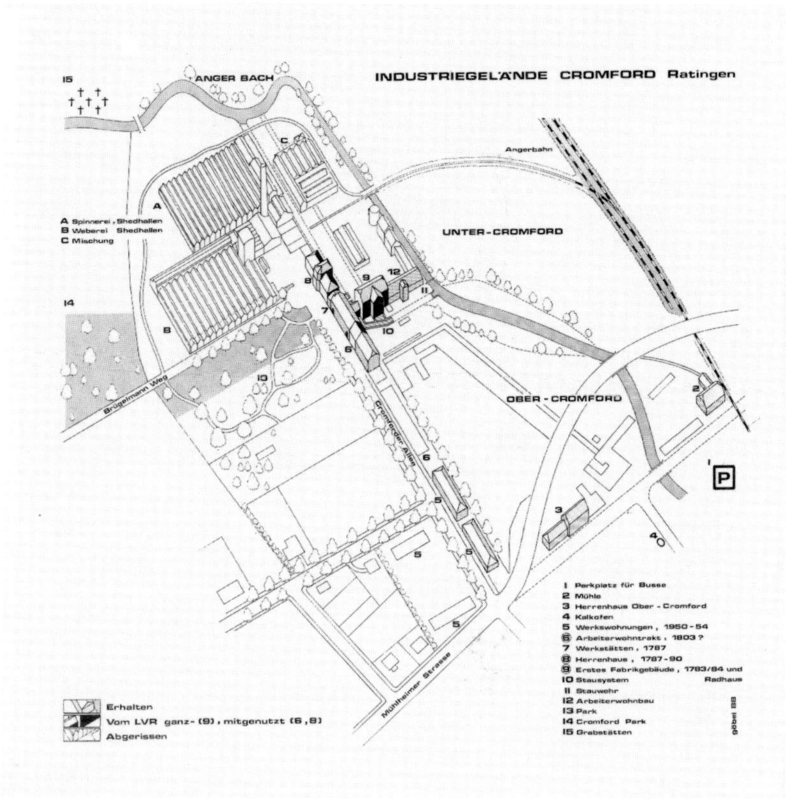

Abb. 19: Rheinisches Industriemuseum, Außenstelle Ratingen, Lageplan des Industriegeländes Cromford

ländlichen Raum. Die Tuchfabrik Müller in Euskirchen stellt eine typische Volltuchfabrik des Euskirchener Raumes dar, an der sich die Hauptlinien der Industrialisierungsphase zwischen 1850 und 1950 exemplarisch nachvollziehen lassen. Die Gesenkschmiede Hendrichs widmet sich der Solinger Schneidwarenindustrie, das Zinkwalzwerk Altenessen in Oberhausen befaßt sich mit der Bedeutung der Metallindustrie für das Ruhrgebiet. Für ein Teilgebäude des Industriedenkmals Rheinpreußen in Duisburg ist das Thema chemische und pharmazeutische Industrie geplant.

Der kleinste verbindliche Nenner dieser Museen ist ihr regionalistischer Ansatz. Ausgehend von der Standortgeschichte des jeweiligen Unternehmens und an ihrem Beispiel wird die lokale und regionale Industriegeschichte der Branche behandelt.

Doch bereits die beiden eröffneten Museen in Solingen (seit November 1986) und Engelskirchen (seit Juli 1987) kommen in ihren Vermittlungsformen zu unterschiedlichen Lösungen. Auch in den geplanten Museen zeichnen sich schon heute unterschiedliche Lösungsansätze ab, obwohl alle Außenstellen im Kontext von Impulsen stehen, die ihren museumsgeschichtlichen Ort in der Gründungswelle neuerer Industriemuseen seit den 70er Jahren haben. Aus der Abgrenzung zu bestimmten Museumstypen lassen sich einige verbindliche Merkmale zusammenfassen:

Sie heben sich betont ab von den traditionellen Technikmuseen. Technikgeschichte soll nicht als autonome Entwicklungslinie dargestellt und in einer Typologie von Maschinen oder herausragenden Einzelstücken dokumentiert werden. Vielmehr geht es den Industriemuseen um eine enge Verzahnung von Technik mit Wirtschafts- und Sozialgeschichte.

Die Museen grenzen sich ebenfalls ab von den Freilichtmuseen, die Produktionsstätten translozieren und somit aus ihrem „authentischen" Ambiente herauslösen. Um Einblicke in regionale Mikrostrukturen geben zu können, wird das Prinzip der Vermittlung der Geschichte in situ erweitert und ergänzt durch sogenannte „Industriekulturpfade" in die unmittelbare örtliche Umgebung bzw. durch die Vernetzung mit Industriedenkmalen der jeweiligen Region. Bei fast allen Außenstellen handelt es sich um größere Ensembles von Fabrikanlagen und Wohngebäuden.

Sie unterscheiden sich von den geplanten nationalen Zentralmuseen, dem „Deutschen Museum" in Berlin und dem „Haus der Geschichte der Bundesrepublik" in Bonn. Nationale Makrostrukturen, die Geschichte national bedeutender Ereignisse und Personen werden in den Industriemuseen nur in Interdependenz mit der regionalen Entwicklung behandelt. Alltag, Frauengeschichte, Gegen- und Nebenströmungen der Arbeiterbewegung werden als Zugriffe aus Geschichte in ihr Konzept integriert sowie, wenn möglich, die Wahrnehmung der Arbeitenden selbst über Interviews als wesentliche Informationsquelle aufgenommen.

Einen „authentischen Eindruck der Arbeitswelt" biete – so die Konzeption der Solinger Außenstelle – die Gesenkschmiede Hendrichs. Diese 1886 gegründete Fabrik produzierte noch bis zum September 1986 und konnte deshalb 2 Monate später als Museum mit den ehemaligen Arbeitskräften eingerichtet werden. Dieses Fabrikmuseum möchte, entsprechend seinem ursprünglichen Produktionsprozeß, der Herstellung von Scherenrohlingen, auch die Geschichte der Solinger Schneidwarenindustrie und die Rolle der bergischen Kleinindustrie im Industrialisierungsprozeß dokumentieren. „Dennoch" – so die Museumskonzeption – „werden die Räume nicht in die vertraute didaktische und geordnete Museumswelt verwandelt und damit ästhetisiert, sondern in ihrem historisch gewordenen Zustand belas-

sen. Die Besucher haben damit Gelegenheit, die Spuren der Geschichte der Arbeit selbst zu entdecken. Auf diese Weise erschließen sich ihnen zahlreiche Aspekte des Arbeitsalltags in einer Fabrik – vom Produktionswissen über die Arbeitsbedingungen bis hin zu den spezifischen Eigenheiten des Betriebes einschließlich der sozialen Beziehung"[3]. Eine vergleichbare Konzeption verfolgt die Außenstelle Euskirchen – allerdings mit anderen Vorzeichen. Da die seit 1961 stillgelegte Fabrik unbeschädigt und mit allem Zubehör zur Verfügung steht, strebt die Museumsleitung an, über behutsame Denkmalpflege, die Fabrik so zu rekonstruieren, daß sie selbst zum „Ausstellungsstück" wird, „auf dessen Bedürfnisse hin ein umgebendes Museum zugeschnitten sein muß"[4].
Die Totalität einer solch vermittelten Arbeitswelt nimmt sich in Engelskirchen in dem vollständig restaurierten Fabrikkomplex mit Resten einer Turbinenanlage, der zum größten Teil als Kulturzentrum genutzt wird, ungleich abstrakter aus. Mit inszenatorischem Aufwand sowie Text- und Bildkommentaren werden hier historische Zusammenhänge vermittelt.
Vor diesem Erfahrungs- und Bezugshorizont der eröffneten und geplanten Außenstellen entwickelt die im Aufbau befindliche Außenstelle Ratingen in der Brügelmannschen Spinnerei ihre konzeptuellen Vorstellungen, die im folgenden vorgestellt werden sollen.

II Cromford als Raum

Trotz der zeitlichen Ferne des Standortthemas, der Gründungs- und frühen Zeit der Firmengeschichte im 18. und frühen 19. Jahrhundert, können noch heute wesentliche Elemente der Raumordnung des Industriegeländes und der Funktionslogik des Gebäudeensembles selbst nachvollzogen werden. Wenn auch die Fabrik durch Abriß und heutige Umnutzung zu privatem Wohnungsbau stark beeinträchtigt ist, so ist doch die Grundstruktur von Ober- und Untercromford – die Brügelmannsche Fabrik machte nahezu einen gesamten Stadtteil aus – in vielen Originalbaudokumenten erkennbar (Abb. 19, 20).
Neben dem Kernensemble von erster Fabrik von 1783/84, dem schloßähnlichen Herrenhaus, ab 1787 gebaut, Kontoranbau, Werkstätten und großzügigem Arbeiterwohnungsbau, vermutlich von 1803, sind auch die Grabungssituation der Wasserzuläufe und Staubecken für den Bach Anger, der das innere und äußere Wasserrad der Fabrik antrieb, sowie der Stauwehr erhalten. Große Parkanlagen unterschiedlichen Typs, Werkswohnungen aus den 1950er Jahren, das zweite Herrenhaus, das nach der Erbteilung von 1823 in Obercromford gebaut wurde, eine Ölmühle und ein Kalkofen sind darüber hinaus zugänglich.
Vom Industriemuseum werden sowohl die 5-stöckige Fabrik des 18. Jahrhunderts, das kleine Radhaus für das zweite Wasserrad und große

Teile des Herrenhauses (eine spätere Gesamtnutzung ist geplant) genutzt. Es wird angestrebt, eine Arbeiterwohnung in das Ensemble zu integrieren als auch das gesamte Gelände über einen „Industriekulturpfad" zu den historisch bedeutenden Baudokumenten zugänglich zu machen.
Bereits über die Gebäude selbst lassen sich signifikante Aussagen über die Frühzeit des Fabrikwesens machen als auch über die Raumordnung und das Innenleben der Fabrik.
Ein Beispiel soll dies verdeutlichen: So ist das erste Herrenhaus, das der Fabrikherr drei Jahre nach Gründung der Fabrik bauen läßt, eine Kombination aus Bürgerhaus, Geschäftsgebäude und adeligem Landschloß und verbindet Ansprüche an Repräsentationen, Komfort und funktionale Nutzung in sich. Es entlehnt seine Grundstruktur dem Typ des französischen Lustschlößchens, der maison de plaisance, das allerdings abgewandelt wird durch Elemente des bergischen Patrizierhauses. Gleichzeitig entwickelt es über die Nutzung als Kontor auch eine funktionale Formsprache. Mit seiner dreigliedrigen Barockfassade, dem prunkvoll gestalteten Gartensaal und seinem auf den cour d'honneur bezogenen Park greift es die Tradition des Adels auf, integriert jedoch auch, als Wohnhaus, Bedürfnisse an bürgerlichen Komfort. Mit seiner vermutlich unverputzten rein funktionalen Rückfront, die zur Fabrik hin gerichtet war, hebt sich das Haus von jedem Vorbild ab. Mit diesen Elementen steht es am Anfang eines Bautyps, der erst im 19. Jahrhundert seine volle Ausprägung erhält, der Industriellenvilla.
Was nun den neuen Industriebürger vom traditionellen Verlagskaufmann unterscheidet, auf diesen Zusammenhang soll im Innenleben des Herrenhauses eingegangen werden. Durch die Rekonstruktion von Teilen der ursprünglichen Wohnkultur des Herrenhauses im Erdgeschoß und im ersten Obergeschoß wird die Brügelmann-Familie als bestimmter Typus des rheinischen Unternehmers vorgestellt. In die Wohneinrichtung werden deshalb Ausstellungseinheiten integriert, die die ursprüngliche Nutzung des Hauses aufgreifen, um von ihr ausgehend Themen des Industriebürgertums der Frühindustrialisierung über Exponate, Text und Bild fortzuführen.
So wird beispielsweise ein Kontor um 1800 mit zeitgenössischem Originalinventar nachgestellt und über Text und Bild mit Hinweisen auf die kaufmännische Organisation der Fabrik, Lohnstruktur, Transport und Verkehrswesen sowie der Unternehmensvielfalt veranschaulicht. Denn sowohl die wirtschaftsgeographisch vorteilhafte Lage des Bergischen Landes als auch sein traditionell günstiges Verkehrsnetz haben zum Erfolg des Unternehmens beigetragen. Gleichzeitig muß die Firmengeschichte in ihrer Abhängigkeit von politischen Rahmenbedingungen zwischen 1794 und 1815 und der Wirtschaftspolitik der Franzosen im Rheinland gesehen werden, ein Grund weshalb Brügelmann Zweigbetriebe an den Niederrhein verlegte. Zur gleichen Zeit

behält er seine Beziehung zum väterlichen Handelshaus in Wuppertal bei, gründet zwei Spinnereien in München, eine Zuckerfabrik in Pempelford und nutzt auch Cromford als Handelshaus.

III Die Fabrik als Mittelpunkt

Von der historischen Vorgabe ausgehend, daß es sich bei der Spinnerei um die älteste Fabrik auf dem europäischen Kontinent handelt, nach ihrem Vorbild, der Cromford Mill von Richard Arkwright in Mittelengland benannt, bietet diese Außenstelle die besten Voraussetzungen, Um- und Neuprägungen der Arbeit in der frühen Phase der Industrialisierung am konkreten Beispiel nachzuvollziehen. Die Standortgeschichte wirft einerseits Fragen nach den formalen Kriterien einer Fabrik und Faktoren eines Fabriksystems auf als auch andererseits allgemeine Entwicklungsmodelle der Industrialisierung auf ihre Interdependenz mit inner- und interregionalen sowie internationalen Rahmenbedingungen hin hinterfragt werden können.
Bereits der Substitutionsprozeß, der durch das Verdrängen der heimischen Leinenproduktion durch die Baumwolle eingeleitet wurde, stellt die lokale und regionale Entwicklung in ein internationales Beziehungsgeflecht. Reine Baumwollprodukte, das war dem Fabrikeigentümer Brügelmann, der aus einer traditionsreichen Wuppertaler Kaufmannsfamilie stammte und dort eine Handlung in Baumwollartikeln, Kattunen und Siamosen gründete, bekannt, bezog man nur, hochbesteuert, aus England. Die Massenproduktion solcher Artikel war ermöglicht worden durch die fabrikmäßige Produktion von Baumwollgarnen, insbesondere der festeren Kettfäden. Über die Erfindung der water frames zum Feinspinnen und eines darauf abgestimmten Vorwerks für das Vorspinngarn konnte diese Produktion gelingen. Auf solche Weise war der gesamte Spinnprozeß vollmechanisiert und die produktionstechnischen Voraussetzungen geschaffen, zusammen mit der traditionellen Antriebskraft, dem Wasserrad, eine fabrikmäßige Produktion von Baumwollgarnen einzuleiten. Während das Spinnen vollmechanisiert war, wurde noch lange im Verlagssystem, d. h. in Heimindustrie, gewebt.
Dieser Prozeß setzte phasenverschoben auf dem Kontinent ein, nachdem die Textilindustrie sich in England bereits etabliert hatte. Infolgedessen bemühte sich der Verlagskaufmann und Händler Brügelmann um Zugang zu den englischen Maschinen und verschaffte sich, nachdem eigene Versuche gescheitert waren, über das im 18. Jahrhundert übliche Verfahren der Industriespionage das Fabrikgeheimnis in der Arkwright'schen Cromford Mill in Derbyshire. Nach erfolglosen Nachbauversuchen gelang ihm die Konstruktion der Maschinen endlich über englische Facharbeiter, die er nach Ratingen holte.
Die Standortwahl Ratingens erfolgte aus mehreren Gründen: Neben der Nutzung der Wasserkraft des Baches Anger, spielten billige

Bodenpreise, billiges Arbeitskräftepotential in der verarmten Stadt Ratingen sowie Zwistigkeiten mit der Interessensvertretung der Kaufleute, der „Wuppertaler Garnnahrung“ eine Rolle. Tatsächlich erhob diese Einspruch gegen das Privileg, das sich Brügelmann vom Kurfürsten Carl Theodor auf 12 Jahre zum Schutz des Fabrikgeheimnisses hatte ausstellen lassen. Carl Theodor verfügte über 2000 Dukaten Strafe oder lebenslängliche Verwahrung im Zuchthaus Kaiserswerth bei Zuwiderhandlung des Privilegs.
Schon die wenigen Daten zur Gründungsgeschichte der Fabrik legen konzeptuelle Vorstellungen über die Geschichtsvermittlung fest. Wegen der zeitlichen Ferne ist frühindustrielle Arbeit nicht mehr über Spuren zugänglich, eine Annäherung kann lediglich vermittels Inszenierungen versucht werden. Da die regionale Entwicklung tendenziell von überregionalen Faktoren bestimmt wurde, ist sie darüber hinaus nur über abstrakte Informationen verständlich.
Der Durchbruch zum Fabriksystem erfolgte im Falle der Baumwollindustrie über Werkzeugmaschinen. Der maßgebliche Faktor zur Entstehung der Fabrikindustrie in dieser Branche war die Revolutionierung der Arbeitsmaschinen und nicht die der Antriebskraft. Infolgedessen wird im Fabrikgebäude selbst durch den Nachbau der ältesten erhaltenen Arkwright-Maschinen in England und die Rekonstruktion von Wasserrad und Transmission auf diesen Zusammenhang hingewiesen. Aus dem frühesten erhaltenen Bericht von 1797[5] über die Fabrik wissen wir, daß der Spinnprozeß von oben nach unten verlief. Durch die Aufstellung von water frames im untersten Stockwerk – der zitierten Quelle zufolge waren dort ursprünglich 16 doppelte water frames aufgestellt – und der zum Vorbereitungsprozeß notwendigen Vorspinnmaschinen im ersten Stock wird es möglich sein, den gesamten Spinnprozeß vorzuführen.
Bilden die Maschinen das Herz- und Kernstück der Fabrik, so muß zur Erklärung der Veränderung von Arbeit durch die neue Organisationsform darauf hingewiesen werden, daß sie allein noch keine Fabrik ausmachen. Auf ein Geflecht von vielen Faktoren, zu denen auch Arbeitsbedingungen und Folgewirkungen für die Arbeiterschaft gehörten, muß deshalb im Ausstellungsbereich aufmerksam gemacht werden. Wenn auch vorindustrielle Sozialtraditionen in die Fabrik einfließen, so kann am Cromforder Beispiel doch die kumulative Wirkung der Faktoren des Fabriksystems nachvollzogen werden.
So ließ Brügelmann beispielsweise Kinder zwischen 6 und 16 Jahren in seiner Fabrik arbeiten. Nach einem Verzeichnis von 1797 arbeiteten 226 Personen in Cromford, knapp dreiviertel waren Kinder. Kinderarbeit gab es auch schon in vorindustrieller Zeit und Brügelmann war sich seiner „Wohltätigkeit“ für die Stadt Ratingen bewußt, dies ist seinem Privilegiumsantrag zu entnehmen. Er hole bettelnde Kinder von der Straße und lobte den erzieherischen Wert der Fabrikarbeit. „Die schwächlichste Klasse der Menschen hat Kraft genug, diesen Mecha-

Abb. 20: Rheinisches Industriemuseum, Außenstelle Ratingen, Baumwollspinnerei Cromford von 1783

nismus dieser Anstalt in Gang zu erhalten...und ich sah Weiber und Kinder angestellt und ohne sonderliche Anstrengung, die Arbeit fördern." (...) „Es ist ein Vorzug, daß diese Arbeit leicht erlernt wird, in drei Tagen sind Knaben hinlänglich unterrichtet, in zehn Tagen ist auch das Schwerere erlernt." (...) „Endlich macht die Maschine ohne weiteren Zwang für sich schon fleißige Leute. Der kleinste Knabe wird an seine Kratzenmaschine gefesselt: Er muß den Faden ohne Aufenthalt wegnehmen, den sie im gleichen Zeitmaße unaufhörlich zum Vorschein bringt, und diese Lebhaftigkeit der Maschine gewährt Reize der Unterhaltung, wobei alle Langeweile verbannt ist"[6].

Auf das Zusammentreffen von alten und neuen Elementen der Arbeit, die sie zu einer qualitativ neuen umprägen, wird durch verschiedene Ausstellungseinheiten in den Stockwerken der Fabrik hingewiesen: An den einzelnen Vorspinnmaschinen wird auf Elemente der Arbeitsbedingungen aufmerksam gemacht, am Beispiel der Heimindustrie auf die Überlappung von traditionellen und neuen Arbeitsformen hingewiesen, mit der Fabrikschule, die der Fabrikherr unter dem Druck der Kinderschutzgesetzgebung einrichtet, können neue sozialpolitische Leitbilder veranschaulicht werden, und vieles mehr.

Bei allen Ausstellungseinheiten, die meist die ursprüngliche Funktionslogik des Gebäudes aufgreifen und sie mit Inszenierungen sowie Text- und Bildkommentaren verbinden, greifen vielfältige Elemente der Fabrikarbeit und der neuen Lebensbedingungen von Arbeitern und Fabrikherren ineinander.
Das vom Standort aus vorgegebene Themenspektrum kann wegen des geringen Raumangebotes in der Dauerausstellung jedoch nicht erschöpfend behandelt werden. Deshalb kommt anderen Medien der Vermittlung, vor allen den Wechselausstellungen und Publikationen hier ein besonderer Stellenwert zu, die die Standortthemen ergänzen und erweitern als auch übergreifende Fragestellungen der frühen Industrialisierung behandeln.

---

[1] Schriften des Rheinischen Industriemuseums Nr. 1, Bonn 1984, hier: das Rheinische Industriemuseum – Landschaftsausschuß-Vorlage vom 9. 2. 1984, Seite 8.

[2] Unveröffentlichtes Manuskript zu einer Ausstellung des Rheinischen Industriemuseums 1989.

[3] Siehe Anmerkung 2.

[4] Zur Geschichte der Industrialisierung im Rheinland, in: Geschichte im Westen, Köln 1988, Heft 1, Seite 126.

[5] Zit. Michael Knieriem: Cromford – Vorabend der Industrialisierung?, in: Die Macht der Maschine, Ausstellungskatalog Stadtmuseum Ratingen 1984/85, Seite 63 ff.

[6] Gemmert, F. J.: Die Anfänge der Maschinenspinnerei in Bayern, in: Zeitschrift für bayerische Landesgeschichte, Band 24, 1961, Seite 481–492.

Ulrich Borsdorf

Das Ruhrlandmuseum Essen

Biografie

Das städtische Ruhrlandmuseum geht, wie auch das Museum Folkwang, auf das 1904 gegründete Essener Museum zurück, das über die Abteilungen Kunst- und Kunsthandwerk, Ortsgeschichte, Naturgeschichte und Mineralogie verfügte. 1910 wurde die Kunst in einem eigenen Museum verselbständigt, die anderen Bestände gingen wenig später in das nun so genannte Museum für Natur- und Völkerkunde über. Von 1927 an kam dieses Museum in einem großen Ledigenheim (7000 m²) der Firma Krupp unter, die zu dessen Ausstattung erhebliche Mittel bereitgestellt hatte. 1934 wurde ihm der Name „Ruhrlandmuseum" gegeben. Während das Museum Folkwang in der Zeit des Nationalsozialismus des größeren Teils seiner Bestände (die im wesentlichen auf die Hagener Sammlung Osthaus zurückgingen) beraubt wurde, mußte das Ruhrlandmuseum eine Dezimierung seiner völkerkundlichen Abteilung und (1936) die Ausgliederung eines Teils seiner Sammlung zu einem neuen Heimatmuseum („Stadthaus Heimat") hinnehmen. Dessen Objekte gingen überwiegend im Zweiten Weltkrieg verloren. 1954 erhielt das Ruhrlandmuseum in der „Knaudtschen Villa" einen neuen Ort, der 1963 mit einem Anbau erweitert wurde.

1983 bezog das Ruhrlandmuseum zusammen mit dem Museum Folkwang einen gemeinsamen Neubau, das Museumszentrum. Das Land Nordrhein-Westfalen band seine erheblichen Bauzuschüsse an die Auflage, künftig die Sozialgeschichte der Industrialisierung des Ruhrgebietes in den Mittelpunkt einer neuen Konzeption zu stellen. Das Ruhrlandmuseum wurde 1984 in dieser neuen Gestalt eröffnet. Seitdem weist es die Besonderheiten auf, einerseits sich mit einem hochrangigen Kunstmuseum fast übergangslos die Räume eines modernen Gebäudes zu teilen, andererseits in seiner Binnengliederung das Miteinander einer geologischen und einer industrie- und sozialgeschichtlichen Abteilung museal präsentieren zu können. Im Sommer 1988 kam als dritte Abteilung eine Fotosammlung zur Industrie- und Sozialgeschichte des Ruhrgebietes hinzu, die 1989/90 in eigenen Räumen öffentlich zugänglich werden wird. Dem Ruhrlandmuseum zugeordnet ist die „Alte Synagoge" als 1981 so gewidmete Mahn- und Gedenkstätte und historisch-politisches Diskussionsforum. Das alte große Essener Synagogengebäude wurde in Erinnerung an seine frühere Gestalt und Funktion renoviert und im November 1988 mit einer neuen und einer neugefaßten Dauerausstellung zu den Stationen jüdischen Lebens in Essen, zu Holocaust, Verfolgung und Widerstand wieder eröffnet. Die ur- und frühgeschichtlichen und klassisch-archäologischen Sammlungen des Ruhrlandmuseums werden im Museum Altenessen gezeigt, die reichhaltigen mineralogischen Bestände im Mineralien-Museum Kupferdreh. In situ betreibt das Ruhrlandmuseum zwei Wasserhämmer, den (aus dem Siegerland nach Essen verpflanzten) Halbachhammer im Margarethental und den an seinem Originalstandort befindlichen Deilbachhammer, der als Zeugnis agrarisch-frühindustriellen Übergangs in das Rheinische Industriemuseum eingehen soll.

Sammlungen

Die geologisch-mineralogische Sammlung umfaßt ca. 80.000 Einzelstücke. Als einzige Sammlung des Ruhrlandmuseums hat sie die Kriegseinwirkungen relativ unbeschadet überstanden. Dem regionalen Bezug entsprechend liegen ihre Schwerpunkte im Bereich Quartär, Kreide und Karbon. Beim Bau des Rhein-Herne-Kanals und Lippe-Seitenkanals im ersten Jahrzehnt des 20. Jahrhunderts kamen derartig umfangreiche eiszeitliche Funde zutage, daß alle in dieser Zeit lebenden Großwirbeltiere in der Sammlung repräsentiert sind. Zahlreiche Ziegeleisteinbrüche und Schachtabteufungen aus den 20er und 30er Jahren erbrachten eine Fülle von karbonischen und kreidezeitlichen Fossilien, die nicht nur das Essener Stadtgebiet betreffen, sondern das gesamte Ruhrgebiet. Berühmte kreidezeitliche Aufschlüsse, wie der Kassenberg bei Mülheim, waren jahrzehntelang Sammlungsschwerpunkt des Ruhrlandmuseums. Temporäre Aufschlüsse in den folgenden Jahren bis heute erlaubten die stetige Erweiterung der regionalen Sammlungsbestände. Durch Stiftungen, gezielte Ankäufe und durch Forschungsaktivitäten der Geologen des Ruhrlandmuseums sind auch andere Perioden der Erdgeschichte mit zum Teil prachtvollem Fossil-, Mineral- und Gesteinsmaterial dokumentiert.
Nicht ausgestellt sind zur Zeit die Münzsammlung sowie die volkskundlichen und kulturgeschichtlichen Sammlungen. Die Münzsammlung weist nur noch einen sehr lückenhaften Bestand auf, da sie im Zweiten Weltkrieg schwere Verluste erlitten hat. Zahlenmäßig überwiegen Prägungen des 14. bis 19. Jahrhunderts.
Der volkskundliche Sammlungsbestand setzt sich vorwiegend aus bäuerlichen und bürgerlichen Möbeln, Hausrat sowie Acker- und Handwerksgeräten des 17.–19. Jahrhunderts zusammen, die überwiegend aus der engeren Region und der rheinisch-westfälischen Nachbarschaft stammen.
Sehr viel weiter gefächert ist das Spektrum der kulturgeschichtlichen Sammlungen. Ihre Bestände umfassen Messing- und Zinngeschirr

Abb. 21: Ruhrlandmuseum, Essen, Geologische Abteilung

des 18. und 19. Jahrhunderts aus Westfalen, dem Rheinland und Süddeutschland, auch Silberschmiedearbeiten und vor allem große Serien von Gebrauchsgeschirr aus rheinischen Produktionszentren. In großer Zahl ist helles Siegburger Steinzeug aus der Spätgotik und Renaissance vorhanden, ferner salzglasiertes Steinzeug des 16. bis 17. Jahrhunderts aus Frechen und Raeren, Irdenware vom Niederrhein und aus Westfalen sowie schließlich Westerwälder Steinzeug des 17. bis 19. Jahrhunderts. Porzellan aus deutschen und europäischen Manufakturen ist nur in bescheidener Auswahl im Sammlungsbestand enthalten, reichhaltiger dagegen „Delfter Porzellan" (bzw. Halbporzellan) und farbige Kacheln. Nur in Einzelstücken sind Fayencen und Majoliken aus Frankreich, Italien und Süddeutschland vertreten. Die reichhaltige Glassammlung setzt sich zusammen aus einigen kostbaren frühen Gläsern des 16. und 17. Jahrhunderts und einer großen Zahl geschliffener böhmischer und süddeutscher Gläser des 18. und 19. Jahrhunderts sowie einfachen Gebrauchsgläsern und Flaschen des gleichen Zeitraums.
Die Sammlung zur Industrie- und Sozialgeschichte des Ruhrgebiets im 19. und 20. Jahrhundert gliedert sich in einen älteren, durch den Krieg sehr stark dezimierten technikgeschichtlichen Sammlungsbestand, vornehmlich zu den Bereichen Bergbau und Hüttenwesen (Werkzeuge, Produktionsgeräte, Modelle, Grafik) und in eine neuere Sammlung, die stärker an einer Geschichte der schwerindustriellen Arbeitsprozesse und des Alltagslebens jenseits der Fabriktore orientiert ist. Letztere konzentriert sich im Schwerpunkt auf die Zeit der

Jahrhundertwende und die 1950er Jahre. Obwohl erst im Aufbau begriffen, zeichnen sich doch schon einige sachliche Schwerpunkte ab: Maschinen der Schwerindustrie, Arbeitsgeräte und Arbeitskleidung (Bergbau, Eisenindustrie und Büroarbeit), Alltagsgegenstände, Produkte der Konsumindustrie (Schaufensterdekorationen, Reklameschilder, Verpackungsmaterial) und Fotodokumente des privaten Lebens, der Arbeit und der politischen Ereignisse im Revier.
Die neue fotografische Sammlung umfaßt über 300.000 Glasnegative, Negative, schwarzweiße und farbige Prints (Originalabzüge), Dias und Mikrofiches aus Nachlässen und Ankäufen von Firmenarchiven, Industriefotografen und Fotojournalisten, in denen sich über 100 Jahre Industrie- und Sozialgeschichte des Ruhrreviers spiegeln.
Darüber hinaus beherbergt das Ruhrlandmuseum noch einige revierhistorisch bedeutsame Archivsammlungen, insbesondere die des Essener Heimathistorikers Dr. Ernst Schmidt.

Präsentation

Das Ruhrlandmuseum macht aus der Not einer ungewöhnlichen Verknüpfung des überkommenen, reichen geologischen Sammlungsschwerpunktes Geologie und der neuen Aufgabe „Industrie- und Sozialgeschichte" eine Tugend. In einem diachronischen Gang durch 400 Millionen Jahre Erdgeschichte konzentriert sich die Konzeption besonders auf die Entstehung und Verwertung jener Rohstoffe, deren Existenz Voraussetzung, Material und Motor der Industrialisierung waren, im Mittelpunkt die Kohle. Die im weitesten Sinne ökologischen Folgen der Ausbeutung in unfaßbar großen Zeiträumen gewachsenen Ressourcen im erdgeschichtlichen Wimpernschlag der Industrialisierungsepoche einer Region wird in dieser Abteilung thematisiert und in Zukunft noch stärker als jetzt hervortreten. So werden die dort versammelten Steine und Fossilien aus ihrer puren empirisch-geologischen Existenz gehoben und als Zeichen für Zeit, Materie, Energie, Natur und Leben präsentiert. An einigen Stellen verweist die geologische Abteilung auf ihren weiteren musealen Zusammenhang: Ein Erdbohrer durchbricht die über den flözführenden Schichten lagernde Mergeldecke, eine Dampfmaschine symbolisiert die Technologie, die den Tiefzechenbau erst möglich machte, ein Ziegeleimodell zeigt, wie aus der ausgeschachteten Erde Steine für Zechengebäude und Wohnhäuser entstehen. Die eigentliche Gelenkstelle zur Industriegeschichte bildet die Situation bei der Anlage eines der großen Bauwerke der Industrialisierung, dem Rhein-Herne-Kanal. Indem der Mensch für den industriellen Kanalbau die Erde aufriß, begegnete er einer Zeit der Erdgeschichte, in der seine Vorfahren erst allmählich mit selbstgefertigten primitiven Werkzeugen zu arbeiten begonnen hatten.

Abb. 22: Ruhrlandmuseum, Essen, Sozialhistorische Abteilung

Im Unterschied zur rasenden Diachronie der geologischen Abteilung verweilt der Besucher im sozialgeschichtlichen Teil der Ausstellung in der Ruhe eines synchron angelegten Querschnittes durch die alltäglichen Lebensverhältnisse der Ruhrgebietsbevölkerung um etwa 1900. Diese Zeit der Hochindustrialisierung war für die Region die „formative Phase", in der sich die heute noch für das Ruhrgebiet typischen sozio-ökonomischen Strukturen, sozialen und individuellen Verhaltensformen herausgebildet haben. Diese Zeit wird überwiegend aus der Perspektive der damaligen Arbeiterbevölkerung, die in den Ruhrgebietsstädten bis zu 80 % ausmachte, in den Blick genommen. Die Ausstellung gliedert sich in 5 große Themenbereiche: die Arbeit in der Schwerindustrie, das Leben und die sozialen Beziehungen im Arbeiterviertel, den ruhrgebietstypischen Urbanisierungsprozeß, das Bürgertum des Ruhrgebiets und – als Vergleichsfolie für die Industriegesellschaft – die vorindustrielle Gesellschaft der frühen Neuzeit (16.–18. Jahrhundert). In gewollter Arbeitsteilung z.B. mit dem Bergbaumuseum Bochum und in komplementärer Nähe zu Wuppertal ist dieser Teil des Ruhrlandmuseums nicht der Technikgeschichte und der Kulturgeschichte, sondern der Sozialgeschichte des Industrialisierungsprozesses gewidmet.
Wechselausstellung und Vortragsreihen versuchen, diese Konzentration zeitlich und thematisch wieder aufzuheben. Von der Thematik

her gesehen gibt es bis jetzt in der Bundesrepublik nur wenige vergleichbare Museen – vor allem Rüsselsheim und Wuppertal; die Neugründungen Nürnberg, Hamburg und Mannheim sowie das Rheinische und das Westfälische Industriemuseum befinden sich noch im Aufbau. Mit der Form der musealen Präsentation im Ruhrlandmuseum wurde ein Weg gewählt, der in der Bundesrepublik zumindest 1984 als innovativ bezeichnet werden mußte. Die sinnliche Anschauung inszenierter Bild-Räume, die fast ausschließlich historische Originalobjekte, bildliche Darstellungen und Dokumente verwenden, soll die Besucher anregen, sich zunächst durch Schauen, Sich-Erinnern, Assoziieren und Nachdenken selbst ein Geschichts-Bild aufzubauen, bevor sie im zweiten Schritt zur verbal vermittelten historischen Fachinformation greifen. Diese wird ihnen durch Dia-Ton-Programme sowie durch ein zur Zeit noch im Aufbau befindliches System von Mitnahmezetteln geboten. Ein Kurzführer in Broschürenform und – ausführlicher – als Taschenbuch stehen zur Verfügung; ein Katalog ist in Vorbereitung.

Konzeption

Die dem Ruhrlandmuseum zugrundeliegende „Geschichtskonzeption“ ist die der modernen Sozialgeschichte. Diese hat sich in den letzten 15 Jahren dem Ruhrgebiet sehr zugewandt und dabei lokal- und landesgeschichtliche Sichtweisen integriert und zugunsten einer struktur-historischen Betrachtungsweise tendenziell auch aufgehoben. Kollektive Lebenslagen in ihren von Alter, Geschlecht, Arbeit, Einkommen, Status, Religion, Herkunft etc. differenzierten Ausformungen sind die zentralen Themen der einzelnen Ensembles. Arbeit und Alltag sind die perspektivischen Kategorien, aus denen die Vorstellung des Zusammenhangs der Industrialisierung mit ihren sozialen, politischen und ökonomischen Bedingungen und Konsequenzen entwickelt wird. Der Entschluß, die Industrie- und Sozialgeschichte im synchronen Schnitt und nicht in systematischer Diachronie zu präsentieren, ist museologisch vernünftig, wenn auch nicht ohne Folgen. Er stellt das Museum vor die Aufgabe, dem Besucher über seinen historischen Erfahrungshorizont hinaus – er hat ja eine eigene komparative Kompetenz – Möglichkeiten zur Erschließung der Zeit- und Entwicklungsdimension des Industrialisierungsprozesses anzubieten. Dies geschieht in verschiedenen, nicht immer optischen Verfahren (Mitnahmezettel, Videofilme, Audioprogramme, Katalog, Wechselausstellungen, Vorträge).
Die Multiperspektivität als Prinzip historischer Betrachtungsweise ergibt sich aus der visuellen und haptischen Qualität der Originalobjekte in Museen offenbar leichter als im verbalen Kontext der Geschichtsschreibung. Die Tendenz zur Beliebigkeit der Interpreta-

tion bleibt als stete Gefahr die Kehrseite der sozusagen kulturwüchsigen Mehrdeutigkeit der Dingwelt virulent. Ihr an jedem Objekt entgegenzusteuern, ist aber sicher weniger sinnvoll als einen Zusammenhang zu etablieren, der zwar eine Bandbreite der Deutung läßt, Ausfransungen in Inplausibilitäten jedoch unterbindet.
Die Tatsache, daß die Dauerausstellung des Ruhrlandmuseums nicht an einem authentischen Ort, einer alten Fabrik z. B., sondern in der artifiziellen Umgebung eines Museumsneubaus untergebracht ist, unterstützt die Konzeption. Das Ruhrlandmuseum legt zwar auf die Originalität der gezeigten Objekte, aber nicht etwa auf eine detailgetreue, naturalistische Abbildung in dem Sinne wert, daß sie als vergangene Wirklichkeit mißverstanden werden könnte. Geschichte ist ein menschliches Konstrukt, dessen Eigenart auch im Museum erkennbar sein soll. Die „Wahrheit" ist auch museal nicht zu haben. Deswegen sind Stimmigkeit und Plausibilität die Kriterien, an denen sich die im Ruhrlandmuseum inszenierten Bilder eher messen lassen müssen als an der Vorstellung naturalistischer Detailtreue. Die Authentizität der Dinge bleibt auf die Dinge an und für sich beschränkt. Im Sinnzusammenhang Museum werden sie auf ihre Bedeutungsqualität hin ausgesucht und präsentiert. Aus Dingen mit Zwecken werden Objekte mit Bedeutungen, Zeichen. Der im Ruhrlandmuseum gezeigte Henkelmann ist als Ding authentisch und Original – seine historische Morphologie zu verfolgen, wäre ein legitimes Unterfangen, das aber für eine Vorstellung von Geschichte von sehr begrenztem Wert ist. Im Sinn- und Bedeutungszusammenhang des Ruhrlandmuseums ist er ein Zeichen, zum Beispiel für Mensch, für den Zusammenhang von (unbezahlter) häuslicher und (bezahlter) industrieller Arbeit und damit für das Geschlechterverhältnis, das sich im Verhältnis von Produktion und Reproduktion spiegelt. In der Konzeption des Ruhrlandmuseums wird die verführerisch-nostalgische Materialität der Objekte – die als Sinnreiz erhalten bleibt – katachretisch ihrer sozial- und kulturgeschichtlichen Bedeutung entbunden, die historisch-narrative und assoziative Potenz der Dingwelt wird freigesetzt. Die auch unter ästhetischen Kriterien konstruierten Bilder des Ruhrlandmuseums, die bewußt auf bestimmte Accessoires der vergangenen Wirklichkeit verzichten (Staub, Lärm, Dreck, Schweiß), sind auf diese Weise den Bildern des Museums Folkwang nicht ganz so fern, wie es auf den ersten Blick scheint. Was sie (unter anderem) unterscheidet, ist die den historischen Objekten fehlende Intentionalität des Schaffens- und vor allem Überlieferungsprozesses. Dessen Zweckbezogenheit und Zufälligkeit werden in der Semiotik des historischen Museums aufgehoben und anverwandelt.
Historische Museen haben die Chance, im Wettbewerb der Medien von Geschichtsvermittlung mit ihren Pfunden zu wuchern: Optik und Haptik, die Originalität der Dinge, kontemplative, ambulante Stille des Raumes Museum, Lernen und Genuß durch Staunen sind die

Stärken dieses Mediums. In diesem Sinne bemüht sich das Ruhrlandmuseum, die Besucher im Benjaminschen Sinne „gewitzter“ zu entlassen als sie es betreten haben.

Julia Endrödi/Anne Krefting

Das Museum Altenessen für Archäologie und Geschichte
Museumskonzept als experimentelle Ausstellung

I Zur Geschichte

Das Museum Altenessen für Archäologie und Geschichte besteht seit dem 9. September 1984. Als Teil des Ruhrlandmuseums wurde es im Essener Norden in einem unter Denkmalschutz stehenden Schulgebäude untergebracht. Das Museum besitzt vormittelalterliche Bestände regionaler und überregionaler Herkunft. Die Zeitspanne reicht von der Altsteinzeit bis hin zur Schwelle des Mittelalters, die Fundortkarte der Objekte erstreckt sich von Vorderasien über Nordafrika bis Westeuropa.
Die Bestände erwuchsen aus der ehemaligen Abteilung des Ruhrlandmuseums „Menschheitsgeschichte“ bzw. „Vor- und Frühgeschichte bis zur Zeit Karls des Großen“. Dem Engagement von Ernst Kahrst, dem ersten Direktor des Ruhrlandmuseums ist es zu verdanken, daß die zu Lehr- und Forschungszwecken dienende Kollektion des Straßburger Archäologen Robert Forrer 1912 angekauft wurde. Diese Sammlung bildet den Grundstock der überregionalen Bestände. Objekte aus der Region kamen z.B. beim Bau des Rhein-Herne-Kanals zutage, sie stammen aber auch aus eigenen Ausgrabungen des Ruhrlandmuseums im Revier, am Niederrhein und in Westfalen.
Die Sammeltätigkeit dauert bis heute an.
Die Vorbereitungen zur Gründung des Museums in Altenessen wurden von Mitarbeitern des Ruhrlandmuseums und vom Fachvertreter für Alte Geschichte an der Universität Essen getragen.
Die „erste Fassung“ der Dauerausstellung wurde in der kurzen Zeit von vier Monaten fertiggestellt. Während dieser außerordentlich kurzen Vorbereitungszeit, auch finanziell spärlich ausgestattet, konnten verständlicherweise in vielen wichtigen inhaltlichen und gestalterischen Fragen lediglich Zwischenlösungen gefunden werden. Vom Tage der Eröffnung an besteht also die Intention, durch die Fortsetzung der Kooperation zwischen Museum und Universität dieses „frühgeborene“ Museum weiterzuentwickeln.
Seitens der Universität sind Wissenschaftler, Künstler, Pädagogen und Studenten an dieser Kooperation beteiligt. Ziel ist objekt- und museumsspezifische sowie besucherorientierte Berührungsflächen zu

erschließen und auf dieser Grundlage ein Konzept für das Museum zu erarbeiten.
Das für das Ruhrgebiet einmalig breite Spektrum von Beständen überregionaler Herkunft hat die Autorinnen, zwei „universitäre" Mitarbeiterinnen, Julia Endrödi (Historikerin) und Anne Krefting (Künstlerin-Kunstpädagogin) dazu veranlaßt, am Beispiel der im Museum aufbewahrten Tongegenstände aus dem 5. und 4. Jahrtausend v. Chr. pars pro toto ein neues Museumskonzept als experimentelle Ausstellung zur Diskussion zu stellen. Mit dieser Ausstellung möchte sich das Museum in mehreren Geschichts- und Kunstmuseen der Region zeigen. Die Ausstellung versteht sich als Modellversuch für kleinere Museen mit überregionalen Beständen sowie als Beitrag zur Diskussion über museale Darstellung von Geschichte.
Bis heute ist die Ausstellung in der Zweidimensionalität verhaftet: es gibt ein Konzept, Zeichnungen und Aufzeichnungen sowie gute Vorzeichen für sie, die aber noch in einem Reisekoffer Platz finden. Das bewirkt einen Schnitt in diesem Beitrag: das bisher Geschriebene gibt es schon in Essen und wir möchten, daß es das Folgende bald gibt.

II Einige Grundüberlegungen zur Konzeption einer Dauerausstellung im Museum Altenessen.

In kleinen Museen mit weit zerstreuten regionalen und überregionalen Beständen zeigen sich theoretische Probleme der Geschichtsdarstellung besonders deutlich. In dem für unsere Objekte oben genannten zeitlichen und geographischen Rahmen gibt es unendlich viele Bereiche der Vergangenheit. Unsere Objekte stammen aus vielen dieser Bereiche, jeweils aber in beschränkter Zahl. Wie soll der Bestand thematisiert werden, was soll ausgestellt werden, wenn man zu vielen Themen jeweils nur wenige Objekte hat?
Die in den Inszenierungen ausgiebigerer Bestände meist implizierte Zielsetzung von Vergegenwärtigung oder Darstellung vergangener Wirklichkeiten möchten wir nicht nur notgedrungen, sondern auch grundsätzlich ablehnen. Wir betrachten die Originale als Überreste vergangener Wirklichkeiten, die in ihrem inselhaften, fragmentarischen Dasein Anhaltspunkte für die Auseinandersetzung mit der Vergangenheit sind. Es sind um sie verschiedene Erklärungsmodelle in den Wissenschaften sowie ästhetische, religiöse, mythische und narrative Deutungsstrukturen in Kunst und Alltag entstanden. So können die Objekte je nach Betrachter die verschiedensten Assoziationen auslösen. Zusammen mit den über sie entstandenen Vorstellungen bilden sie die Quellen unserer heutigen Geschichtsbilder und erst in diesen Bildern erhalten sie die Eigenschaft „historischer Evidenz". Weder können sie in ihrem fragmentarischen Dasein die Vergangenheit in „authentischen" Strukturen heraufbeschwören, noch sind sie geeignet die bzw. eine Geschichte zu authentifizieren.

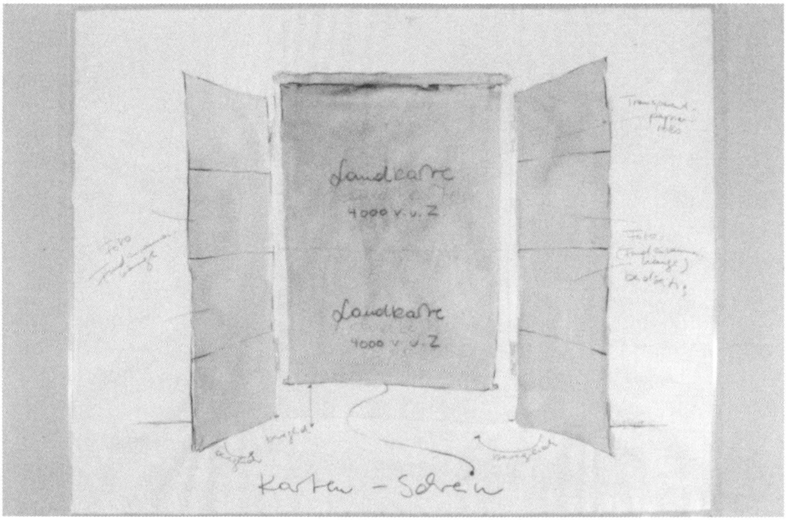

Abb. 23: Ruhrlandmuseum, Essen, Museum Altenessen für Archäologie und Geschichte, Ausstellung „Schöpfung aus dem Erdenkloß“, Entwurfszeichnung zum „Karten-Schrein“

Der fragmentarische Charakter der historischen Überlieferung und die Vielfalt der Zugänge zur Vergangenheit machen es nötig, Geschichte als Produkt zwischen Rekonstruktion und Konstruktion zu verstehen und darzustellen, somit neu zu ordnen, einen Standpunkt zu beziehen und auf die Möglichkeit stringenter Darstellung zu verzichten.
Thema der historischen Ausstellung in Altenessen soll deswegen der Prozeß der Auseinandersetzung mit der Vergangenheit sein, der durch die Überreste, durch die Objekte angeregt wird.
Auf der Grundlage der Pluralität der Zugänge zu den Objekten und zur Vergangenheit sollen objektbezogene denk- und assoziierbare Felder der Auseinandersetzung frei- und dargelegt werden, damit die Besucher mit Hilfe von Vorgefundenem und Selbstentwickeltem Tiefenbohrungen im Vergangenen und im Gegenwärtigen vornehmen können.

III Zu den Umsetzungsmöglichkeiten, pars pro toto, am Beispiel der geplanten Ausstellung.

Kern der Ausstellung sind ca. 40 Originale, Tonfiguren und bemalte Tongefäße aus dem 5. und 4. Jahrtausend v. Chr., die in Ägypten, Vorderasien, Kleinasien und Europa hergestellt worden sind. Gebraucht

wurden sie in den örtlich verschiedenen Lebenszusammenhängen landwirtschaftlich produzierender Gesellschaften bis hin zur Schwelle der ersten Staatsgründungen im Alten Orient um 3000 v. Chr. Der Titel der Ausstellung lautet „Schöpfung aus dem Erdenkloß“, in Anlehnung an die mythische Erinnerung des Alten Orient, in der die Schöpferkraft früher Töpferarbeit vielfach auftaucht.
Die Konzeption sieht vor, die Objekte über ihre möglichen zeitlichen, räumlichen, praktischen und rezeptionsgeschichtlichen Koordinaten hinaus auch in ihrer sinnlich-ästhetischen Qualität, als Dokumente gestalterischer Tätigkeit, als historische Quelle zu betrachten und erfahrbar zu machen. Daraus resultiert der Ansatz künstlerischer Geschichtsdarstellung, der im Wechselverhältnis mit wissenschaftlichen und anderen Deutungen die Formensprache der Ausstellung generiert. So erfolgt die Konzeptionierung der Ausstellung auf der Integrationsebene unterschiedlicher, jedoch zugleich offen aufeinander orientierter Kompetenzen einer Historikerin und einer Künstlerin.
Als Ausstellungselemente wurden verschiedene Installationen entwickelt. Sie beziehen sich auf die im Mittelpunkt stehende „Objekt-Insel“ und wollen über die Betrachtung hinaus durch praktische Aneignung erschlossen werden.
Es gibt einen Prolog zur Ausstellung, in dem die Annäherung an die Vergangenheit durch Zeitmessung und Periodisierung der Geschichte thematisiert wird. Er bezieht sich auf die heute angenommene Entstehungszeit der Objekte oder auf die Zuordnung ihrer Entstehungszeit zu einer Epoche und relativiert beides. Der Schöpfungsgedanke taucht hier z. B. durch das Schöpfungsdatum von Ussher (17. Jh.) auf das Jahr 4004 v. Chr. und durch weitere Bild- und Textzitate als Meilenstein in der Periodisierung verschiedener Geschichtsbetrachtungen auf. Man kann im Prolog auch in einen Zerrspiegel auf dem Grunde eines unergründlichen „Vergangenheitsbrunnens“ schauen. Als Verbindungsversuche zwischen Rand und Grund hängen Papierstreifen mit Darstellungen der Weltgeschichte in einer Aufeinanderfolge von Zeitaltern hinein.
Zum Prolog gehört auch der „Autorenstandpunkt“, der Statements der Produzentinnen sowie die Dokumentation der Entstehung und Geschichte der Ausstellung enthält und zugleich als Orientierungshilfe für den Besucher gedacht ist.
Der zentrale Teil der Ausstellung nähert sich den Objekten als Dokumenten intentionaler Zugriffe auf die Umwelt und befaßt sich so mit Entstehungs- und Funktionszusammenhängen, die vorwiegend anhand der Fundzusammenhänge zu erschließen sind.
In einer „Töpferwerkstatt“, der Objekt-Insel gegenüber kann die Metamorphose des Tons von einer plastischen Masse zu steinhartem Gegenstand nachvollzogen werden. Die praktische Arbeit mit Ton und die Dokumentation technischer Ausrüstung früher Töpferei in

Abb. 24: Ruhrlandmuseum, Essen, Museum Altenessen für Archäologie und Geschichte, Ausstellung „Schöpfung aus dem Erdenkloß“, beschriftete Tonscherben der Tagungsteilnehmer

einer „Werkzeug-Kiste“ bringen nicht nur die technischen Entstehungszusammenhänge näher, sondern auch den Schöpfungsgedanken, der aus der Materialerfahrung resultiert.
Wir empfinden Verwandtschaft zwischen dieser Materialerfahrung und den grundlegenden Erfahrungen in der landwirtschaftlichen Produktion, die sich in diesen Jahrtausenden als neue, nicht mehr aneignende sondern produzierende Existenzsicherung konsolidiert und weiterverbreitet. Durch den aktiven Eingriff in die Natur erhält die Umwelt eine neue Qualität, durch Mutationen und künstliche Flächen wird die Trennung zwischen Naturlandschaft und Kulturlandschaft eingeleitet. So entsteht ein neues ökologisches Gleichgewicht, als bewußt aufrechterhaltenes Produkt und als potentielles Verhängnis des Menschen. Die Voraussetzung der landwirtschaftlichen Produktion, die Fruchtbarkeit, wird mittels eines „Fruchbarkeitsaltars“ heraufbeschworen, in den während der Ausstellung verschiedene ausgestellte Getreidearten gepflanzt werden können. Saat-, Keim- und Erntezeiten sind angegeben, auch die nötigen Niederschlagsmengen und die Überschwemmungszeiten. Mutationsreihen werden abgebildet, Nachbildungen landwirtschaftlicher Geräte ausgestellt. Es dreht sich alles um Regelmäßigkeiten, die es zu erschließen und zu beherrschen gilt. Im Rahmen der Verwandtschaft zwischen Materialerfahrung der Töpferei und Umwelterfahrung der Landwirtschaft regen wir zu Deutungsversuchen der geometrischen Formensprache der

Tonplastiken und der Gefäßbemalung bzw. zur Entdeckung ihrer Regeln an. Eine Form dafür ist das Zeichnen, so stehen Zeichenbretter, Papier, Stifte und Hocker bereit.
Mittels eines „Kartenschreines“ (Abb. 23) werden Fundzusammenhänge dokumentiert: mit Ausgrabungsfotos und Rekonstruktionszeichnungen von Haus und Grab, von Siedlungen und anderen Objekten. Das kommt an die Türinnenseiten des Schreines. Dadurch werden Fragen nach Entstehung und Funktion sowie nach Erhaltungsumständen der Objekte kodiert. Die Dokumentation der Fundzusammenhänge ist zugleich ein forschungsgeschichtliches Thema. Die Fragestellungen der Ausgräber, ihre Methoden, beeinflussen entscheidend die Aussagen über die archäologischen Gegenstände. So kommen Zeitungsberichte über archäologische Funde, kurze Statements über Aufgaben der Archäologie und viele Fotos, die das Forschungsmilieu näherbringen, an die Türaußenseiten.
Die geographische Zuordnung der Objekte erfolgt auf einer orographisch-hydrographischen Fundkarte ohne politische Grenzen. Hier kann z. B. die Trennung Europas vom Nahen Osten hinterfragt werden. Man kann historisch-politische Landkarten von den frühen Hochkulturen sowie von heute auf Transparentpapierrollos vor dieser Fundkarte ausziehen.
Damit wird zum Nachwort der Ausstellung übergeleitet, das die Entstehung und Darstellung von Geschichtsbildern, bezogen auf das Thema der Ausstellung, zum Gegenstand hat. Es besteht aus einer „Leseecke“ mit wissenschaftlichen, popularwissenschaftlichen, literarischen und Schulbüchern sowie einer Installation mit fünf großen, an der Wand befestigten, selbsterstellten „Themenbüchern“ mit Bild und Text zu folgenden Themen: Ausdehnung der Zeit, Schauplatz I: historischer Raum, Ein Aspekt: Fruchtbarkeit, Geschichtsbilder und Geschichtsschreibung, Schauplatz II: Museum. Zu diesem Nachwort kommt man durch einen „Türrahmen“, der ein Zitat von Herodot trägt: „Ich fühle mich verpflichtet, alles zu erzählen, was erzählt wird, nicht aber alles zu glauben.“
Zum Nachwort möchten wir noch Worte: Standpunkte, Äußerungen der Benutzer der Ausstellung sammeln und ausstellen. In Form von Notizen auf Tonscherben (siehe Abb. 24 mit beschrifteten Tonscherben der Tagungsteilnehmer in Hagen). Beschriebene Tonscherben erscheinen in diesem Zusammenhang als Kontamination sinnlicher und intellektueller Auseinandersetzung mit den Objekten und deren Kontexten und sind, wie wir meinen, in zweierlei Hinsicht auf die Ausstellung bezogen: zum einen durch das Material, Ton, zum andern durch die Metamorphose der Scherben: aus einem Fragment wird eine Nachricht, ein Impuls.

Norbert Kunisch

Kunstsammlungen der Ruhr-Universität Bochum

Worüber ich zu reden habe, ist ein Museum, von dem in einigen der vorangegangenen Beiträge gesagt worden ist, daß es einen sehr begrenzten Kulturbegriff voraussetze. In der Ankündigung auf dem Programmzettel ist in der Tat das entscheidende Wort weggelassen worden: Es geht im Folgenden nicht um die Sammlungen der Ruhr-Universität, sondern um die Kunstsammlungen der Ruhr-Universität.

Ich darf Ihnen vielleicht, damit Sie sehen, wie „schlimm" das alles ist, zuerst das Museum kurz vorführen. Das Museum befindet sich in der Mitte des Universitätscampus; das ist ein Riesengebirge an Beton, und mitten in diesem Gebirge, in das Nicht-Studenten sich kaum wagen, liegt ein größerer Platz. An diesem Platz, also imgrunde ideal, weil sehr zentral gelegen, steht die Universitätsbibliothek, in deren Erdgeschoß, das sich zu diesem Platz hin öffnet, die Kunstsammlungen untergebracht worden sind. 1974 kamen wir dorthin, in ein sogenanntes „Restbauvolumen", in Räume also, die ursprünglich als Cafeteria und als niedriges Büchermagazin geplant waren (Abb. 25). Diese Räume haben wir ohne tiefgreifende Änderungen übernommen und mit sehr einfachen Vorkehrungen als Museum eingerichtet. Auf diese Weise ist sicherlich keines jener deutschen Museen entstanden, von denen ein ausländischer Kulturkritiker neulich schrieb, sie seien meist so viel großartiger als die Dinge, die in ihnen zu sehen seien. Unseres ist ein sehr kleines Museum; unter meinen Vorrednern waren mehrere Kollegen, auch sie „Herren" über Museen der kleinen „Einheitsgröße" von plusminus 1500 m^2.

Ich zeige einfach ein paar Dias, um Ihnen einen Eindruck der Räume, von deren Inhalt und Disposition zu geben. Sie sehen, daß es sich hier um Kunstobjekte handelt, die – fast hätte ich gesagt – in ganz ordinärer Weise an die Wände gehängt oder auf dem Boden aufgestellt sind. Abb. 26 zeigt den Blick auf einen späten Fruhtrunk, im Vordergrund ein Stahlobjekt des Italieners Carrino und im Hintergrund die „Gitter", ein kinetisches Objekt von François Morellet. Normalerweise – diese Aufnahme wurde abends gemacht – stehen diese sich bewegenden „Gitter" vor einer hellen Fensterwand, an der die Studenten und Lehrer der Ruhr-Universität vorbeigehen.

Am entgegengesetzten Ende des Museums entstand anläßlich einer Erweiterung der Räumlichkeiten eine glasumstandene Ecke (Abb. 27), ein Raumteil, mit dem imgrunde überhaupt nichts anzufangen

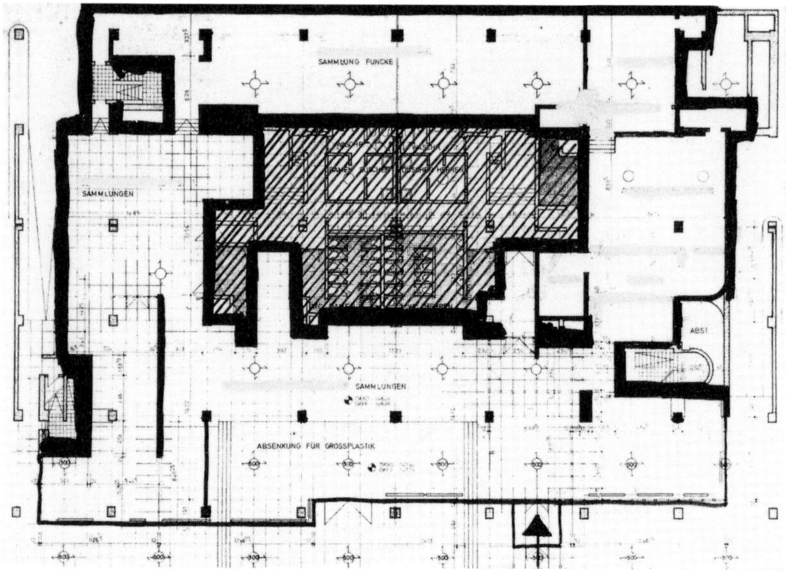

Abb. 25: Kunstsammlungen der Ruhr-Universität, Bochum, Grundriß

war, bis im richtigen Augenblick der Gedanke an den Erwerb dieser „Sanduhr“ von Günther Uecker auftauchte. Von dieser sich drehenden „Sanduhr“ im Vordergrund blicken Sie auf sich staffelnde Wandteile, die einige der großformatigen Bilder des Museums tragen, links ein Graubner, im Hintergrund eine schwarze Stoffleinwand, wenn Sie so wollen, ein einfarbiges Gemälde von Richard Serra. Diese beiden Photos mögen genügen, um Ihnen eine Vorstellung von der einen der beiden Museumsabteilungen zu geben, die der Gegenwartskunst gewidmet ist. Der andere Bereich, die Kunst der griechisch-römischen Antike, schließt sich links an die Abb. 27 an. Abb. 28 zeigt den Blick in jenen Raum, in dem beide Bereiche ineinander übergehen. An den Wänden Bilder meist deutscher Künstler, in der Saalmitte Porträtskulpturen der Antike, frei und ohne didaktisch gemeinte Abfolge in den Raum „komponiert“, auf Betonpfeilern montiert, deren Stärke und Höhe sich nach Volumen und kunsthistorischem „Gewicht“ des Einzelobjekts richtet; aber das Bild zeigt ja mehr, als ich in der Kürze ausführen könnte. Rechts im Bild sehen Sie eine kleine Treppe, die in den langgestreckten Vasensaal des Antikenmuseums führt (im Plan der Abb. 25 oben querliegend).
Dieser Vasensaal (Abb. 29), ursprünglich als Büchermagazin konzipiert, stellte uns vor unglaublich schwierige Probleme, mit mehreren exzentrisch stehenden Pfeilern, mit zwei schräg hineinragenden Trep-

penunterseiten, ein sehr langer, sehr schmaler Saal mit der geradezu unmöglichen Höhe von 1,92 m! Im entscheidenden Moment fiel damals das Wort von der „etruskischen Grabkammer“. Wir haben alle Versuche mit einer handelsüblichen Vitrinenausstattung sofort aufgegeben und stattdessen die „schwierigen“ Raumpartien durch Umbauen mit riesigen, von der Decke zum Boden reichenden Glasscheiben in eine Innenarchitektur verwandelt, die die räumlichen Gegebenheiten nicht kaschiert, sondern aufnimmt und weiterführt. So sind durch die lange „Schaufensterwand“ links jene großen, exzentrisch stehenden Pfeiler, die den Raum anfangs so richtig „kaputt zu machen“ schienen, einfach als Gliederung der Vitrinen integriert worden. Auf diese Weise entstand ein optisch durchlaufendes Vitrinenband mit regelmäßigen Durchlässen, die den rückwärts entlanglaufenden Gang erschließen und „begründen“. Das, was in der Architektur der Ruhr-Universität vorgegeben ist, jenes Rastersystem mit seinen ständigen Wiederholungen, haben wir in dieser Konzeption aufgenommen; so entstanden die drei rasterhaft-identischen, eng aneinander geschobenen Tische innerhalb jeder Vitrine. Einer anderen, zufällig gemachten Erfahrung folgend, daß nämlich die häufig beschädigten und angegriffenen Vasen auf den üblichen Vitrinenauskleidungen – Rohseide oder Rupfen – oft so schäbig, auf dem „brutalen“ Beton aber wie Schmuckstücke aussehen, haben wir diese Tische – auch darin die Gegebenheit der Ruhr-Universitäts-Architektur auf-

Abb. 26: Kunstsammlungen der Ruhr-Universität, Bochum, ständige Ausstellung

Abb. 27: Kunstsammlungen der Ruhr-Universität, Bochum, ständige Ausstellung

greifend – aus Beton hergestellt. Auf und über diesen Tischen haben wir dann mit Hilfe von Sockeln und Glasetageren ein lebhaftes Auf und Ab erzeugt, das der Wichtigkeit der einzelnen Objekte jeweils angemessen erscheint (Abb. 30). Überraschend auch für uns, daß diese ästhetische Konzeption, die seit 1974 existiert, in keinem Punkt überholt oder abgegriffen erscheint. Der Raum ist weitgehend dunkel, Licht geht nur von dem dadurch noch einmal als „weit" betonten Vitrinenraum aus. Dieser „weite" Raum läßt übrigens Arrangements zu, die antike Bräuche, ein historisches Ambiente also, in eine zeitgenössische Ästhetik überführen. An einer senkrechten Scheibe, die wir einfach innerhalb der Vitrine aufgestellt haben, wurde eine antike Trinkschale in der Weise aufgehängt (Abb. 30), wie die Griechen, die ja keine Schränke besaßen, solche Schalen an die Wand gehängt haben. Der antike Brauch koinzidierte aufs Schönste mit eben der Weise, wie sich gerade diese Schale am besten ausstellen ließ: beide Male wurde und wird sie wie ein Bild in den Blick gerückt.
Sonst ist zur Ausstellung nicht viel zu sagen. Im Vasensaal hängen gegenüber den Vitrinendurchgängen ein paar Texttafeln, die einige Allgemeinheiten zum Verständnis des Gezeigten beisteuern; weiterhin eine Tafel mit den wichtigsten Gefäßformen und eine Karte des Mittelmeerraums; neben den „lapidaren" Objektbeschriftungen beider Museumsbereiche ist das eigentlich alles, was wir an Informationen anbieten (außer einem kleinen Übersichtstext für den Bereich der Antike).

Abb. 28: Kunstsammlungen der Ruhr-Universität, Bochum, ständige Ausstellung

Sie sehen, dies ist ein Museum, dem – fast möchte ich sagen – eigentlich gar kein Konzept zugrunde liegt, wenn nicht eben das Konzept, sich das Konzept von den äußeren Umständen aufzwingen zu lassen (wozu schließlich doch viel Aufmerksamkeit und Einsicht, sicherlich auch demütiges Zurücktreten nötig sind).
Was in diesen äußeren Rahmen eingefügt wurde, ist nun seinerseits eher zufällig zusammengekommen. Das Museum entstand aus mehreren Privatsammlungen, die der Ruhr-Universität zu verschiedenen Zeiten und aus unterschiedlichen Antrieben geschenkt worden sind. Bereits zwei Jahre nach Aufnahme des Lehrbetriebs hat Albert Schulze-Vellinghausen, der große Kulturkritiker aus dem Ruhrgebiet, seine bedeutende Sammlung von Gegenwartskunst der Universität geschenkt. Nur wenige Jahre später hat ein Industrieller aus Wuppertal, Julius Funcke, eine umfangreiche Antikensammlung, insbesondere Kleinkunst, gestiftet. Nachdem wir 1974 das Museum konzipiert und beide Bereiche zusammengeführt hatten, wurde uns durch eine Stiftung eines ehemaligen Bochumers, Paul Dierichs, für beide Teile des Hauses je eine Sammlung von Skulpturen geschenkt und dadurch gleichsam der Doppelaspekt des Museums sanktioniert. Diesen Grundstock an Stiftungen haben wir im Laufe der Jahre durch Erwerbungen aus kleineren Stiftungen, insbesondere aber aus Mitteln des Landes Nordrhein-Westfalen und der Ruhr-Universität erweitern können. Der Natur der geschilderten Konstellation entsprechend konnte dabei kein anderes Kriterium wirksam werden als das der

Qualität. Nur Objekte, die den Eigenschaften und Ansprüchen von Kunstwerken kompromißlos verpflichtet sind, besitzen die Kraft, den Abstand zwischen beiden Kunstperioden zu überbrücken. Ein enzyklopädischer Ansatz zum Beispiel wäre sinnlos; wir verfolgen ihn daher nicht, auch nicht in der archäologischen Abteilung, wo andernorts die Tendenz ein wenig dahin geht, irgendwelche Vollständigkeiten anzustreben. Der Besitz qualitätvoller Kunstwerke hilft uns zudem, beiden Aufgabenbereichen gerecht zu werden, die uns gestellt sind: Für ein öffentliches Museum besteht die Verpflichtung, das Interesse an den Objekten überhaupt und oft ohne Voraussetzungen zu wecken; für die Lehrsammlung einer Universität gilt es, den Studenten der Archäologie und Kunstgeschichte den Umgang mit Originalen zu ermöglichen, ein Umgang, der den größten Erfolg verspricht und am wenigstens eingeschränkt ist, je bedeutender die Gegenstände sind.

Zusammenfassend läßt sich die Konzeption, die unserem Museum zugrundeliegt, so beschreiben: Der Ursprung aus Privatsammlungen, die fortgeführte Konzentration aufs qualitätvolle Einzelkunstwerk, die Bescheidenheit des baulichen Rahmens und der – im Vergleich mit sehr vielen Museen – deutliche Mangel an begleitender Information lenken die Aufmerksamkeit der Besucher unmißverständlich auf die Objekte selbst und auf jedes einzelne für sich. Eine solche Konfrontation läßt auf Seiten des einzelnen Besuchers nur zwei Reaktionsweisen zu: Ablehnung oder Annahme der Zumutung, sich auf Dinge einlassen zu sollen, deren geschichtlicher Standort in den meisten Fällen – auch gerade bei der Moderne – mit dem eigenen Standort allzuoft keineswegs identisch ist. Wollte man diese Fremdheit durch textliche Hinführungen überbrücken, so müßten diese derartig umfangreich sein, daß nichts anderes als ein „Lesemuseum“ entstünde. Ein solches müßte den Besucher zwangsläufig um die „Erfahrung“ der Objekte bringen; „Erfahrung“ aber ist wichtiger als alle Belehrung.

Die schönste Mitgift der verschiedenen Stiftungen – wir hüten sie daher wie einen Schatz – ist jenes Gegenüber, das ich geschildert habe, ein Gegenüber von Objekten aus den beiden Extremperioden der europäischen Kunst, ihrem Beginn bei den Griechen und Römern und ihrem vorläufigen Endpunkt in der Kunst unserer eigenen Gegenwart. Es wundert mich immer wieder, daß es allem Anschein nach kein anderes Museum dieser Art gibt (wenigstens in Deutschland nicht), in dem nicht einfach eine der beiden Epochen mit ein paar Dingen der jeweils anderen „konfrontiert“ wird (das kommt ja gelegentlich vor und gilt als „schick“), in dem vielmehr beide Bereiche in Umfang und Gewicht ebenbürtig aufeinander verweisen. Auf diese Weise erhält die Konfrontation eine Unausweichlichkeit und Energie, die es möglich, ja unvermeidlich macht, in diesem Zusammenhang über die Erfahrung von Geschichtlichkeit zu sprechen:

Abb. 29: Kunstsammlungen der Ruhr-Universität, Bochum, ständige Ausstellung

Abb. 30: Kunstsammlungen der Ruhr-Universität, Bochum, ständige Ausstellung

Ohne Worte, ohne Beschriftung wird die Antike erfahrbar als eine Form der Kunst, die zu ihrer Zeit dasselbe war, was die Gegenwartskunst heute ist, das heißt, die Gegenwartskunst ihrer eigenen Zeit. In dieser Konfrontation ermöglicht sich die Ahnung einer ehemaligen Brisanz der antiken Kunst, die im allgemeinen für uns Heutige nur noch den Anstrich des Klassischen, des Vorbildhaften, des überhaupt nicht mehr Erreichbaren hat. Im umgekehrten Sinn läßt sich hinsichtlich der Bilder und Skulpturen unserer eigenen Zeit in ebendieser Konfrontation die Erfahrung machen, daß das, was an ihnen so häufig zu Unwillen, Unverständnis, Ablehnung führt, die Chance der Vorbildhaftigkeit und Klassizität für Spätere in sich birgt, wie dies die Antike in gleicher Weise gehabt hat; notwendig dazu ist allein, daß sie den Anspruch, Kunst zu sein, erheben, und daß dieser Anspruch von den Besuchern erkannt und honoriert wird.
Sie sehen, meine Damen und Herren, es handelt sich um ein Museum, in dem die Didaktik, ohne daß etwas gesagt wird, auf dem Wege der Reflexion (die allerdings wird gefordert!) von der einen zur anderen Epoche einfach in den Objekten selbst vorhanden und erlebbar ist. Die Erfahrung in unserem Museum lehrt, daß es wenige Menschen gibt, die beiden Epochen gleich intensiv zugewandt sind. Hier aber haben sie die Chance zu sehen, zu erleben, zu verstehen, wieviel beide miteinander zu tun haben, und daß das Bindeglied – jeweils anders begründet und erlebt – die „Kunst“ ist.

II.
Geschichte · Bild · Museum

Jörn Rüsen

Die Rhetorik des Historischen

1. Zum Status der Rhetorik in der Geschichtstheorie

Bis in die zweite Hälfte des 18. Jahrhunderts hinein wurde die Frage, wie die menschliche Vergangenheit historisch vergegenwärtigt werden soll, im Rahmen der Rhetorik erörtert. Die Reflexion über das, was Historiker tun oder tun sollen, wurde im Rahmen von Erörterungen über die praktische Wirksamkeit des Redens und Schreibens abgehandelt, also in der Rhetorik. Im Zentrum ihrer Überlegungen stand die Wirkungsmacht der Historiographie im Zusammenhang der Vorgänge, in denen die menschliche Lebenspraxis in der Zeit orientiert wird und ihre Subjekte sich selbst in den Zeitfluß der Veränderung ihrer Welt und ihrer selbst einordnen, also ihre historische Identität bilden. So erörterte beispielsweise der Aufklärer Johann Christoph Gatterer in seiner programmatischen Abhandlung „Vom historischen Plan und der darauf sich gründenden Zusammenfügung der Erzählung“ den Sachverhalt, „daß Dinge, die gut erzählet werden, leichter ins Herz dringen“[1]. „Herz“ ist der Ort, wo die Adressaten der Geschichtsschreibung die für ihre eigene Lebenspraxis maßgebliche Grundeinstellung zur zeitlichen Dimension ihres Lebens ausprägen. Diese Grundeinstellung hat zwei Bezüge: Die eine geht auf die Zeitrichtung der durch Handeln zu bewirkenden Veränderung gegebener Verhältnisse, und die andere geht auf das Innere der Handelnden selber, auf ihre Subjektivität.
Die rhetorische Tradition der Geschichtsschreibung bricht in der zweiten Hälfte des 18. Jahrhunderts ab. Maßgebend dafür war die Verwissenschaftlichung des historischen Denkens, die Entstehung der Fachdisziplin „Geschichtswissenschaft“, die ihren Wissenschaftsanspruch in einer entschieden anti-rhetorischen Wende ihres Selbstverständnisses zum Ausdruck brachte[2]. Fast alle Dokumente, in denen die sich verwissenschaftlichende Geschichtsschreibung über sich selbst Auskunft gibt, sind durchzogen von anti-rhetorischen Topoi. In den Mittelpunkt der Reflexion darauf, was Historiker tun, rückt nun die methodische Regelung der Forschung; die Wirkungsmacht der historiographischen Rede oder Schreibe auf die Herzen der Rezipienten gerät zunehmend außer Betracht. Rhetorik wird zum Abseits forschungsirrelevanter Sprachspiele, die den Ertrag der Verwissenschaftlichung des historischen Denkens gefährden. Mit dieser Verrückung des Schwerpunkts im Selbstverständnis und in der Selbstreflexion der professionellen Historiker gerät die Geschichtsschreibung als eine

von der Forschung durchaus unterscheidbare Tätigkeit der Historiker in den Hintergrund. Deutlich wird dieser Reflexionsverlust in der für die sich verwissenschaftlichende Geschichtsschreibung programmatischen Schrift Rankes „Zur Kritik neuerer Geschichtsschreiber“[3]. Hier polemisiert Ranke gegen den rhetorischen Usus berühmter Geschichtsschreiber, handelnden Personen Reden in den Mund zu legen, die ihre Handlungen erklären können, aber urkundlich nicht belegt sind. Gegen diese rhetorische Einfügung fiktionaler Elemente in die Historiographie setzt Ranke eine andere Auffassung von dem, was Historiker zu tun haben: „Wir unsers Orts haben einen andern Begriff von Geschichte. Nackte Wahrheit ohne allen Schmuck; gründliche Erforschung des Einzelnen: das übrige Gott befohlen; nur kein Erdichten, auch nicht im Kleinsten, nur kein Hirngespinst“[4].

Diese Auffassung des Rhetorischen als wahrheitsgefährdende und methodisch unzulässige Einfügung fiktionaler Elemente in historische Darstellungen des tatsächlich Geschehenen hat Schule gemacht. Bis heute gilt in der Geschichtswissenschaft das Schreiben von Geschichte als Angelegenheit persönlicher Qualifikationen von Historikern und nicht als Inhalt und Gesichtspunkt ihrer professionellen Ausbildung und Praxis.

In der gegenwärtigen Geschichtstheorie ist es zu einer überraschenden Wendung gegen diese antirhetorische Tradition in der Selbstverständigung der Geschichtswissenschaft gekommen. Die Rhetorik wird als eine Denkweise wiederentdeckt, mit der wesentliche Züge dessen, was Historiker tun, klargemacht werden können[5]. Diese neue Wendung zur Rhetorik beruht auf der von der analytischen Geschichtsphilosophie erarbeiteten Einsicht in die narrative Struktur historischen Wissens[6]. „Erzählen“ wurde als Basisoperation des Geschichtsbewußtseins deutlich, und von dieser Einsicht her liegt es nahe, die Sprachhandlungen des historischen Erzählens als wesentliche Vorgänge der historischen Erkenntnis anzusprechen und zu untersuchen. Mit dieser Rückwendung zur Rhetorik ist der bislang in der Geschichtstheorie und im Selbstverständnis der professionellen Historiker unterbelichtete oder gar ausgeblendete Formungsaspekt des historischen Wissens in den Mittelpunkt des Interesses gerückt. Jetzt drohen sich die Fronten zu verkehren: Was bisher im Vordergrund stand, die historische Forschung und ihre methodische Regelung, wird ortlos in der neuen Rhetorik der Geschichtsschreibung, wenn sie nicht gar als eine besonders perfide rhetorische Veranstaltung denunziert wird, nämlich eine Rhetorik, die von sich selbst behauptet, sie sei keine, um mit dieser Behauptung nur um so wirkungsvoller die Adressaten historischen Wissens zu beeinflussen.

Forschung und Geschichtsschreibung stehen als zwei wesentliche Vorgänge der Praxis der Historiker also in einem ungeklärten Verhältnis zueinander. Die Fachleute der Geschichtswissenschaft tendieren dazu, den Formungsaspekt dem Forschungsaspekt völlig unterzuordnen, ihn als bloße Funktion des methodisch geregelten Umgangs mit den Quellen anzusehen, und die sprachwissenschaftlich geschulten Theoretiker der Geschichtsschreibung neigen dazu, die Forschung als einen untergeordneten Akt rhetorischer Vorgänge anzusehen, in denen die Vergangenheit zur Orientierung der gegenwärtigen Lebenspraxis erinnert wird. Wie sieht es mit diesem Verhältnis zwischen kognitiv-rationalen und poetisch-rhetorischen Faktoren und Elementen im Geschäft der Historiker aus?

2. Erzählen als Basisoperation des Geschichtsbewußtseins

Um diese Frage beantworten zu können, möchte ich zunächst auf die These vom narrativen Charakter des historischen Wissens zurückkommen. Da ganz unvermeidlich mit der Verwendung der Begriffe „narrativ" und „erzählen" Assoziationen zu einer bestimmten Darstellungsart der Geschichtsschreibung aufkommen, wird diese These leicht mißverstanden: Es scheint so, als beraube sie die Geschichtswissenschaft ihrer fachlichen Tradition, in der es ihr gelungen ist, beachtliche Standards methodischer Rationalität zu entwickeln und zu behaupten[7]. „Erzählen" scheint alles andere als ein wissenschaftsnahes oder gar selber wissenschaftsspezifisches kognitives Unternehmen zu sein, sondern eben im Kern poetisch oder rhetorisch, also wissenschaftsfern.
Diese naheliegende Schlußfolgerung führt jedoch in die Irre. Die These vom narrativen Charakter des historischen Wissens versucht nur, die Eigentümlichkeit des historischen Denkens gegenüber anderen Denkformen in anderen Wissenschaften logisch präzise darzulegen. „Erzählen" wurde zunächst als Denk- und Wissensform expliziert, die dem von der Geschichtswissenschaft produzierten Wissen eigentümlich ist und es letztlich verbietet, dieses Wissen umstandlos mit dem Wissen anderer Wissenschaften, vor allem der Gesetzes- oder Naturwissenschaften in seiner logischen Struktur in eins zu setzen. Die Narrativitätsthese war positivismuskritisch, aber damit noch nicht rationalitätsfeindlich. Dies wurde sie erst, als hinter die Denk- und Wissensform des Narrativen zurückgefragt wurde nach den Prozeduren des Geschichtsbewußtseins, die als Umgang mit der menschlichen Vergangenheit so etwas wie „Geschichte" als kulturelles Sinngebilde konstituieren. Jetzt ging es um Sprachhandlungen der Sinnbildung, und von Wissenschaftlichkeit, methodischen Regelungen, Rationalität und Vernunftsanspruch war weniger die Rede.
Ich möchte gerne diese Wissenschaftsvergessenheit der Narrativitätsthese aufheben, ohne hinter deren Errungenschaften zurückzufallen, also ohne die narrative Eigenart historischen Denkens und Wissens zugunsten eines Wissenschaftsideals zu übersehen, das an anderen als historisch arbeitenden Wissenschaften entwickelt wurde und dazu

angetan ist, die Spezifik des Historischen in der Erkenntnisarbeit der Geschichtswissenschaft zu übersehen.

Was heißt Erzählen als Fundamentaloperation des Geschichtsbewußtseins[8]? Gemeint ist etwas sehr Elementares und Grundsätzliches: ein sinnbildender Umgang mit der Erfahrung von Zeit, der notwendig ist, um die Zeitlichkeit des eigenen Lebens deutend verarbeiten und handelnd bewältigen zu können. Erzählen ist Sinnbildung über Zeiterfahrung; es macht aus Zeit Sinn. Spezifisch historisch ist eine solche Sinnbildung dann, wenn sie im Medium der Erinnerung erfolgt, also spezifisch auf die Erfahrung der Vergangenheit bezogen ist. Dabei bedient sich das Erzählen einer seine Deutungsleistungen organisierenden Zeitverlaufsvorstellung, die Vergangenheit, Gegenwart und Zukunft in die Einheit einer Zeit-Bedeutung umgreift, die sagt, worauf es im zeitlichen Wandel des Menschen und seiner Welt grundsätzlich ankommt. Dieses Bedeutungskriterium einer umfassenden Zeitverlaufsvorstellung ist so geartet, daß es die Subjekte des Erzählens (genauer: seine Adressaten) als Subjekte zentral betrifft: Es organisiert die Deutung der historischen Erfahrung so, daß die Betroffenen mit der gedeuteten Erfahrung ihre eigene Lebenspraxis zeitlich orientieren und dabei sich selbst, ihre Identität, im Zeitbezug ihrer Lebenspraxis zum Ausdruck und zur Geltung bringen können.

Historisches Erzählen als handlungsorientierende und identitätsbildende Deutung von Zeiterfahrung kann in ganz unterschiedlicher Weise erfolgen. Die Fülle seiner Artikulationen läßt sich typologisch auf vier Grundformen hin durchsichtig machen: Es gibt eine traditionale, eine exemplarische, eine kritische und eine genetische Form der Sinnbildung über Zeiterfahrung durch historisches Erzählen. Im traditional angelegten historischen Erzählen kommt es darauf an, im zeitlichen Wandel einen sich durchhaltenden Sinn aufzuweisen: Zeit wird als Sinn innerzeitlich verewigt. Im exemplarisch angelegten historischen Erzählen kommt es darauf an, im zeitlichen Wandel von Mensch und Welt überzeitlich geltende Regeln der menschlichen Lebensführung aufzuweisen: Zeit wird als Sinn gleichsam verräumlicht in eine Fülle konkreter Fälle für abstrakte Regeln. Wir kennen diesen Modus des exemplarischen historischen Erzählens aus der historiographischen Tradition, die der Devise „historia vitae magistra“ verpflichtet ist. Im kritisch angelegten historischen Erzählen kommt es darauf an, kulturell wirksame historische Deutungsmuster der eigenen Lebenspraxis und eigenen Identität zu negieren, um sich gegen sie behaupten und neue und andere Geltungsansprüche durchsetzen zu können: Zeit wird als Sinn negierbar. Im genetisch angelegten historischen Erzählen kommt es darauf an, den zeitlichen Wandel selber als das eigentlich Sinnhafte und Bedeutungsvolle für die menschliche Lebenspraxis auszulegen: Zeit wird als Sinn verzeitlicht.

Diese Grundmodi historischer Sinnbildung treten in unterschiedlichen und komplexen Konstellationen auf. Sie sind in allen historischen Darstellungen präsent; ihr komplexer Zusammenhang macht die spezifisch historische Signatur einer Darstellung der Vergangenheit aus.

3. Kognitive Prägnanz des historischen Erzählens durch Forschung

Die Wissenschaftlichkeit der Geschichtswissenschaft ist in den Operationen des Geschichtsbewußtseins, in denen über Zeiterfahrung Sinn gebildet wird, angelegt, und zwar dort, wo sich das historische Erzählen auf Erfahrung bezieht. Historische Methode, die die Geschichte als Wissenschaft konstituiert, ist ein systematischer Zusammenhang von Verfahrensregeln, die die Erschließung und Ausschöpfung des Erfahrungsgehaltes der Quellen bestimmen, in denen die Vergangenheit empirisch gegenwärtig ist. Solange lediglich die Quellenkritik als maßgebendes methodisches Verfahren der Geschichtswissenschaft gilt, ist die eigentlich historische Sinnbildung noch kein Problem der historischen Methode; denn die Quellenkritik ermittelt ja lediglich aus dem, was von der Vergangenheit noch gegenwärtig da ist, Informationen darüber, was wann wo wie und warum der Fall war. Solche Informationen oder „Tatsachen“ sind noch nicht spezifisch historisch. Das werden sie erst durch Interpretation, – dadurch, daß sie in einen zeitlichen Zusammenhang gebracht werden, in dem sich die erwähnte übergreifende Zeitverlaufsvorstellung sinnbildend auswirkt. Erst dann, wenn diese Interpretation als ein kognitiver Vorgang verstanden wird, der methodisch geregelt werden kann und – um der Wahrheitssicherung willen – auch geregelt werden muß, erst dann wird Wissenschaftlichkeit auf der Ebene der fundamentalen Sinnbildungsoperation des historischen Erzählens thematisch.

Die moderne Geschichtswissenschaft hat Verfahren entwickelt, mit Hilfe ausgesprochen kognitiver Konstrukte die spezifisch historische Verknüpfung der quellenkritisch ermittelten Tatsachen zu sinn- und bedeutungsvollen Geschichten zu vollziehen: Es handelt sich um historische Theorien, die die jeweils in Frage stehenden übergreifenden zeitlichen Zusammenhänge in einer wissenschaftsspezifischen Wissensform (und mit der damit verbundenen ebenfalls wissenschaftsspezifischen Denkform begrifflicher Verallgemeinerung) zum Ausdruck bringen. Eigenart und Rolle solchen theorieförmigen historischen Wissens in den Sinnbildungsoperationen des Geschichtsbewußtseins und auch in den methodischen Operationen der historischen Forschung sind umstritten. Der narrativen Form des historischen Wissens entsprechend, lassen sie sich am ehesten als narrative Konstrukte beschreiben[9]. Sie stellen zentrale begriffliche Elemente der historischen Sinnbildung dar. Sie stehen also dafür, daß die narrative Sinnbildung des Geschichtsbewußtseins im Kern wissenschaftsfähig ist, sich mit der Kraft rationalen Erkennens aufladen läßt und aus ihm eine besondere Qualität gewinnt, die sich in einem bestimmten Wahrheitsanspruch der Sinngebilde des Geschichtsbewußtseins, der historischen Darstellungen, ausdrückt. Forschung verleiht dem historischen Erzählen kognitive Prägnanz.

4. Kommunikative Prägnanz des historischen Erzählens durch Geschichtsschreibung

Die Forschung beruht auf dem Erfahrungsbezug des historischen Erzählens. Sie ist nur ein Faktor moderner Geschichtsdarstellung. Die Geschichtsschreibung ist demgegenüber ein anderer Faktor von mindestens gleicher Bedeutung. Sie holt die im forschenden Erfahrungsbezug aus den Quellen erarbeiteten Wissensbestände zurück in die kommunikativen Prozesse, in denen Geschichtsbewußtsein lebt und in denen Geschichtskultur sich vollzieht. Maßgebend für diesen Vorgang ist ein ganz anderes Prinzip der narrativen Sinnbildung als der Erfahrungsbezug: der Adressatenbezug, den jede historische Darstellung aufweist. Für den Erfahrungsbezug ist der Gesichtspunkt kognitiver Prägnanz maßgebend. Der entsprechende Gesichtspunkt für den Adressatenbezug ist die kommunikative Prägnanz historischer Darstellungen. Sie besteht darin, daß die Rezeption des historiographisch präsentierten historischen Wissens in praktischen Lebenszusammenhängen wohlbegründet erfolgen kann.

Die historische Darstellung ist in ihrem von der Forschung unterschiedenen Eigensinn bestimmt durch eine kommunikative Dimension des historischen Wissens. In dieser Dimension entfaltet sich der innere Bezug, in dem historisches Wissen zu Belangen der menschlichen Daseinsorientierung steht. In ihr wird es fähig, Individuen und Gruppen in der zeitlichen Veränderung ihrer selbst und ihrer Welt zu situieren, das Verhältnis von Selbst- und Fremdzuschreibung zu bestimmten Standpunkten im gesellschaftlichen Leben zu artikulieren. Macht- und Herrschaftsverhältnisse zu legitimieren und zu kritisieren, Lebenschancen einzuschätzen und ähnliches.

Dieser „Sitz im Leben“, den alles historische Wissen – wie vermittelt auch immer – einnimmt, wird heutzutage mit der Kategorie des „Diskurses“ angesprochen. Historischer Diskurs ist die Art der Rede, in der historisches Wissen „lebt“, d. h. als integraler Teil einer wirksamen Daseinsorientierung auftritt, also ein wesentliches Moment sozialer Beziehung in der menschlichen Lebenspraxis ausmacht. Im historischen Diskurs wird historisches Wissen zu einem Faktor von Deutungskultur, zu einem Medium von Sozialisation und Individuierung. Als Diskurs wirkt es in der Art und Weise mit, wie gegenwärtige Lebensverhältnisse in ihrer zeitlichen Erstreckung erfahren, gedeutet und im Lichte von Deutungen praktisch bewältigt werden.

Kommunikative Prägnanz heißt, daß historisches Wissen durch die Art seiner Darstellung diese Funktionen erfüllen kann, und zwar auf besonders gelingende, auf lebendig eingängige Weise. Die „nackte Wahrheit", die Ranke am historischen Wissen als Forschungsprodukt hervorgehoben hatte[10], muß so eingekleidet werden, daß dieses Wissen in die kulturellen Vorgänge der menschlichen Lebenspraxis eingehen kann, in denen es um Erfahrung, Deutung und Behandlung zeitlicher Veränderung geht. Die Geschichtsschreibung muß die (durch Forschung) gedeutete Zeit so präsentieren, daß sie zum Element des Lebens wird, das mit ihr (in den handlungsleitenden Intentionen seiner Subjekte) eine wirksame zeitliche Richtungsbestimmung erfährt. Diese Lebendigkeit, diese Partizipation des historischen Wissens an der kulturellen Bewegtheit der menschlichen Praxis, tritt in der Historiographie als ästhetische und rhetorische Kohärenz der historischen Darstellung auf.

5. Die Funktion des Ästhetischen

Mit *„ästhetisch"* möchte ich zweierlei bezeichnen: eine Ebene und eine Intention der Ansprache von Rezipienten historischer Darstellungen. Ästhetisch ist eine prä-kognitive *Ebene* symbolischer Kommunikation, auf der kognitive Gebilde wie Wissensbestände oder Erkenntnisse aufruhen müssen, wenn sie im Leben einer Gesellschaft oder eines Individuums kulturell wirksam sein sollen. Durch das ästhetische Element der historiographischen Gestaltung wird historisches Wissen sinnlich anschaubar, nimmt es teil an der Eindrücklichkeit und Überzeugungskraft sinnlicher Anschauung.

Die ästhetische Dimension der Geschichtsschreibung besteht darin, daß in die formale Gestaltung historischen Wissens die sprachlichen Elemente eingehen, die die prä- und außerkognitiven Dimensionen des historischen Diskurses betreffen. Mit diesen Elementen wird die Subjektivität der Rezipienten auf der Ebene angesprochen, auf der sie sich mit der Kraft bildhaft-symbolisierender und sinnlich aufgeladener Weltbewältigung, Selbstexpression und Selbstverständigung bewegt. Es geht also um mehr als bloß die literarische Qualität historiographischer Texte. Es geht um die Kraft sprachlicher Anrede, auf der letztlich auch die literarische Qualität eines Textes beruht: um die Fähigkeit, Sinnbildungen so zu präsentieren, daß sie beim Rezipienten eine Bewegung seiner eigenen Sinnbildungskräfte hervorrufen, die seine eigene Sinnbildungskompetenz erweitert und vertieft.

Damit ist bereits die zweite Bedeutung von „ästhetisch" angesprochen. Es meint eine bestimmte Absicht der historiographischen Gestaltung auf der vor- und außerkognitiven Ebene. Sie bezieht die sinnliche Anschauung und die Kraft bildlicher Vorstellungen als Quellen der praktischen Lebendigkeit historischen Wissens auf die kognitiven Inhalte der historischen Darstellung, und zwar so, daß die historische Einsicht in den Triebkräften der Lebenspraxis, dort, wo handlungsleitende Interessen sich formieren, *befreiend* wirken kann. Mit ihren ästhetischen Qualitäten wurzelt die Geschichtsschreibung nicht nur historisches Wissen in die intentionale Tiefendimension der menschlichen Lebenspraxis ein, sondern bringt dort zugleich historische Einsicht als Entlastung von Handlungszwängen ein, die zu einem freien, ungezwungenen Selbstverhältnis der Rezipienten in ihrer historischen Erinnerung führen kann. Diese Absicht des Ästhetischen auf Freiheit wurde von der klassischen Philosophie der Kunst (Kant, Schiller, Hegel) herausgearbeitet[11]. Sie läßt sich auch in der Geschichtsschreibung als gestaltendes Element nachweisen. Sie ist dann wirksam, wenn das historische Wissen so in den intentionalen Triebkräften der Lebenspraxis verwurzelt wird, daß es die historische Erinnerung auf ungezwungene Einstellungen zur Vergangenheit hin öffnet.

Mit ihren ästhetischen Elementen führt die Geschichtsschreibung historisches Wissen als Faktor der Befreiung in die Handlungsmotivation ein, die von historischen Erinnerungen abhängt. Zwänge werden so durchschaubar, daß sie aufgebrochen werden können. Die Subjektivität der Angesprochenen wird in die Bewegung einer aktiven Anteilnahme am Erinnerten gebracht, aus der sie die Kraft zu einer schöpferischen Zukunftsperspektive gewinnen kann. Es gibt so etwas wie eine Katharsis der Erinnerung durch Historiographie. Durch sie gewinnen die Rezipienten eine vertiefte Einsicht in sich selbst, in ihre eigene Geschichtlichkeit, und zugleich eine Handlungsmotivation, in die hinein sich ihr eigenes Selbst freisetzt von den Zwängen unbegriffen gegenwärtiger, „lastender“ Vergangenheit. Eine solche befreiende und stimulierende Katharsis beruht auf der ästhetischen Kohärenz der historiographischen Gestaltung.

In der klassischen Ästhetik[12] wird die prä-kognitive Bewegung der menschlichen Subjektivität, die durch den Eindruck von Sinnbildern erzeugt wird, als freies Spiel der Einbildungskraft charakterisiert, das sich durchaus nicht im Gegensatz zu den für die gedanklich-begriffliche Erkenntnisarbeit maßgeblichen Bewußtseinsoperationen vollzieht. Im Gegenteil: Das Spiel der Imaginationen gilt als notwendige Ergänzung, wenn nicht gar als Voraussetzung für das Gelingen kognitiver Leistungen. An dieser Ergänzungs- und Begründungsfunktion ästhetisch angeregter Bewußtseinsoperationen gilt es festzuhalten, wenn das ästhetische Eigengewicht der historiographischen Gestaltung in derem Verhältnis zur historischen Forschung zur Geltung gebracht werden soll. Allerdings wird die sinnbildende Imaginationskraft im Felde des Geschichtsbewußtseins durch den Erfahrungsbezug der Forschung systematisch begrenzt, – und das heißt immer auch: eingegrenzt.

Diese Grenze läßt sich nicht mit der Unterscheidung von Faktizität und Fiktionalität bezeichnen, da der Sinn- und Bedeutungszusammenhang faktischer Geschehnisse in der Vergangenheit deren Faktizität überschreitet. Wenn man nur die pure Tatsächlichkeit, daß etwas

zu einer bestimmten Zeit an einem bestimmten Ort auf eine bestimmte Weise aus bestimmten Gründen der Fall war, als Inbegriff historischer Faktizität nimmt, dann ist das spezifisch Historische an dieser Faktizität gerade nicht faktisch, sondern fiktional. Wenn aber „fiktional" heißen soll, daß dem historischen Zusammenhang von Tatsachen keine Tatsächlichkeit zukommt, dann ist der utopieträchtigen Kraft des Imaginierens im historischen Denken keine Grenze mehr gesetzt. Dann macht es keinen Sinn mehr, historische Interpretationen unter dem Gesichtspunkt zu diskutieren und zu kritisieren, in welchem Ausmaß sie historische Erfahrung verarbeiten oder nicht.
Nun wird aber eine Geschichte ja durchaus nicht in der Schizophrenie einer puren Faktizität von Quelleninformationen auf der einen und einer fiktionalen Imagination ihres spezifisch historischen Charakters auf der anderen Seite erzählt. Ihre gegenüber der Tatsächlichkeit von Quelleninformationen viel wirklichere Tatsächlichkeit hat sie in der Form, in der Vergangenheit immer ein wirksames Element gegenwärtiger menschlicher Lebensführung ist. Die historische Erinnerung zaubert keine imaginären Sinngebilde aus der Ferne tatsächlicher Vergangenheit in die Nähe menschlicher Handlungsorientierung, sondern sie stellt eine (manchmal geradezu verzweifelte) Anstrengung dar, den Determinationsdruck der Vergangenheit auf das gegenwärtige Leben und seine Zukunftschancen durch die Deutungsarbeit des Geschichtsbewußtseins zu mildern. Das Geschichtsbewußtsein bemüht sich darum, der Last der Vergangenheit Gesichtspunkte und Perspektiven einer Handlungsorientierung abzugewinnen, in denen die Subjektivität der Handelnden, ihr Streben nach einem freien Verhältnis zu sich selbst und zu ihrer Welt, zur Geltung gebracht wird. Diese Freiheit ist mit der oben erwähnten Qualität des Ästhetischen als Absicht der historischen Darstellung[13] gemeint.

6. Die Funktion des Rhetorischen

Reicht die Kategorie des Ästhetischen aus, um die kommunikative Prägnanz der Historiographie, die Einwurzelung historischen Wissens in den kulturellen Orientierungsrahmen der aktuellen Lebenspraxis hinreichend zu beschreiben? Ich glaube: nein; denn die eigentliche Stärke ästhetischer Sinnbildungen, die die Kunst als Kunst definiert, führt über die Gestaltungsgrenzen der Historiographie hinaus. Ästhetische Sinnbildungen haben eine utopische Essenz; sie überschreiten Wirklichkeitsgrenzen mit der Kraft der Imagination. Herder hat dies zum Ausdruck gebracht, als er die Faktizitätsgrenzen der Geschichtsschreibung mit der Faktizitätsüberschreitung der Poesie verglich: „Der Dichter selbst wird erwürgt, wenn man ihn als Geschichtsschreiber betrachtet"[14].
Mit der Kategorie des Ästhetischen läßt sich die Wirkungsmächtigkeit historischer Darstellungen also nicht hinreichend bezeichnen. Daher

möchte ich auf eine andere Kategorie der praktischen Verwurzelung und intentionalen Ausrichtung von Wissen zurückgreifen, die diesen Überschritt ins Imaginäre nicht anspricht, sondern den Wirklichkeitsbezug historiographischer Ansprache von Lebenspraxis markiert: die Kategorie des Rhetorischen.

Diese Kategorie bezeichnet den pragmatischen Wirklichkeitsbezug, mit dem sich das Sinnbildungspotential der Historiographie nicht negativ, sondern eher positiv von demjenigen „rein" ästhetischer Sinnbildungen (im Sinne eines prinzipiellen Wirklichkeitsüberschusses der Einbildungskraft) in der Kunst unterscheidet. Obwohl die rhetorische und die ästhetische Dimension narrativer Sinnbildungen sich überschneiden, also analytisch nicht streng voneinander unterschieden werden können, läßt sich mit der Kategorie des Rhetorischen die Wirkungsabsicht auf den Adressaten, die in jeder sprachlichen Gestaltung historischen Wissens grundsätzlich steckt, schärfer fassen als mit der Kategorie des Ästhetischen. Die Kategorie des Ästhetischen thematisiert weniger die Wirkungsabsicht der Historiographie als vielmehr ihre Wirksamkeit oder Wirkungsmächtigkeit, die sie mit der Kraft der in ihr enthaltenen imaginativen Komponenten entfalten kann. Die rhetorische Qualität eines historiographischen Textes liegt demgegenüber in seiner Appellstruktur, in der Art und Weise, wie er den Adressaten in eine intentionale Bewegung bringt, die sich auf seine Dispositionen zu Handlungen (in bezug auf andere und in bezug auf sich selbst) erstreckt.

Dieser Bezug auf Handlungsdispositionen und praktisch wirksames Selbstverständnis wird dadurch gewährleistet, daß die Sinngestalt einer gedeuteten Zeiterfahrung in sprachlichen Modi präsentiert wird, die zugleich Modi praktisch wirksamer Handlungsorientierungen und Identitätsbildungen sind. Die Rhetorik der Historiographie verbindet die Sprache des historischen Wissens mit derjenigen Sprache, die die Adressaten des Wissens selber sprechen oder besser: immer schon gesprochen haben, insofern ihr Selbst- und Weltverhältnis fundamental bestimmt ist, durch Einstellungen zu Zeiterfahrungen, durch Muster von Zeitdeutungen. „Historische Topoi" ist die terminologische Bezeichnung für solche die Geschichtsschreiber und ihre Adressaten verbindenden Arten von Rede oder Sprache, in denen Handeln und Identitätsbildung zeitlich orientiert werden[15].

Alle Historiographie ist rhetorisch, da sie stets durch Absichten ihrer Autoren bestimmt ist, die sich an potentielle Rezipienten richten. Diese Zielrichtung läßt sich genauer bestimmen: Sie geht (natürlich in unterschiedlichen Graden der Vermitteltheit) auf den Ort der menschlichen Lebenspraxis, wo Sinngebilde gedeuteter Zeit eine Orientierungsfunktion im praktischen Selbst- und Weltverhältnis von Subjekten spielen. Die oben kurz angesprochenen vier Typen des historischen Erzählens stellen demgemäß die vier Fundamentaltopoi des historischen Diskurses dar.

7. Zum Verhältnis von Ästhetik und Rhetorik

In welchem Verhältnis stehen Ästhetik und Rhetorik der Geschichtsschreibung? Bislang ist diese Frage dadurch beantwortet worden, daß jeweils die eine Dimension unter die andere subsumiert wurde. Dies hängt mit der gegenläufigen Entwicklung beider Reflexionsarten über menschliche Kommunikation zusammen. Die Ästhetik entwikkelte sich als eine philosophische Disziplin, deren Betrachtung der Kunst einen ausgesprochen antirhetorischen Effekt hatte: Schönheit als eine besondere kognitive Qualität sinnlicher Wahrnehmung wurde streng von praktischer Wirksamkeit getrennt, ja in Gegensatz zu ihr gesetzt, so daß die ästhetische Qualität einer Sinngestalt sich geradezu daran bemessen ließ, inwieweit sie davon Abstand nimmt, sich wirksam in handlungsleitende Absichten einzumischen. Interesselosigkeit galt als wesentliche Qualität des Ästhetischen; die ästhetische Kohärenz eines Sinngebildes ließ sich daran festmachen, daß es beim Adressaten ein freies Verhältnis zu den Handlungszwängen seiner Lebenssituation bewirkt, ihn also nicht zu bestimmten Handlungen drängt, sondern ihn vom Drang zum Handeln befreit und zu Einsichten in seinen Lebenszusammenhang befähigt, die ihm im interessegeleiteten Handlungsvollzug verborgen bleiben.
Demgegenüber neigt die Rhetorik dazu, ästhetische Kohärenz selber nur als einen rhetorischen Topos zu begreifen, der bestimmte Handlungsdispositionen bezweckt. Dies ist insofern nicht unrichtig, als ja die durch ästhetische Kohärenz angesprochene Freiheitsqualität menschlichen Handelns selber ein Bestimmungsgrund von Handeln ist, – freilich nicht einer neben anderen, sondern derjenige mit der höchsten Qualität, der eigentliche, der spezifisch menschliche Handlungsgrund. Er setzt ein Handeln in Kraft, in dem Menschen sich wechselseitig als Zwecke anerkennen und nicht als Mittel zur Verwirklichung eigener Zwecke gebrauchen.
Ästhetik und Rhetorik müssen sich nicht gegenseitig widersprechen und auch nicht untereinander subsumieren. Ihr Verhältnis läßt sich vielmehr so bestimmen, daß sich die Rhetorik in der Ästhetik auf eine Wirkungsabsicht sprachlicher Sinngestalt konzentriert, die die Adressaten vorgegebener Handlungszwänge enthebt, zu Reflexionen ihrer Freiheitschancen befähigt und damit qualitativ anderem und neuem Handeln disponiert. In der Ästhetik wird die Rhetorik meta-pragmatisch: Sie setzt eine Behandlung des Handelns in Gang; sie provoziert eine Einstellung der Subjekte im Handeln zum Handeln, durch die es an Triebkraft der Freiheit gewinnt.

8. Rückwirkungen der kognitiven Prägnanz im historiographischen Diskurs

Wie bringen sich die kognitiven Errungenschaften der Forschung zur Geltung, wenn die historische Erkenntnis in der historiographischen

Gestaltung zu ihren lebensweltlichen Kontexten und Ursprüngen zurückkehrt?
Forschungsorientierung läßt sich als Richtungsbestimmung des ästhetischen und rhetorischen Adressatenbezuges der Historiographie charakterisieren: Die ästhetische Bewegung der Einbildungskraft richtet sich auf eine Belebung der Erkenntniskräfte aus, und die rhetorische Ansprache topischer Strategien der Handlungsorientierung und Identitätsbildung richtet sich auf eine Besonnenheit aus, die die Durchsetzung von Interessen und Geltungsansprüchen in den Modus einer Argumentation einbindet: Die Stärke der Einbildungskraft wird an Erkenntnis und die Überzeugungskraft historischer Topoi wird an Erfahrung und Verständigung ausgerichtet.
Erkenntniskräfte und Elemente des Argumentierens sind in der menschlichen Lebenspraxis immer wirksam und tätig, also auch dort, wo Handeln an Zeitorientierungen seiner Subjekte gebunden ist. Diese Faktoren der Lebenspraxis – sie bilden das Fundament für jede Art praktischer Vernunft – werden durch den Forschungsbezug der Geschichtsschreibung als Modus der Ansprache von Adressaten verstärkt. Die Geschichtsschreibung übersetzt die Rationalität des Erfahrungsbezuges und der theoretischen Durchdringung, die das historische Wissen durch die Forschung gewinnt, in die praktische Vernunft, die es im ästhetischen Subjekt- und rhetorischen Praxisbezug gewinnen kann. Sie transformiert die methodische Rationalität der Forschung in ein Vernunftpotential von Lebensformen. Die im menschlichen Praxisvollzug immer wirksamen Elemente der Zeitorientierung werden durch eine forschungsbezogene Geschichtsschreibung *aufgeklärt.* Die im menschlichen Selbstverständnis und in der sinnhaften Deutung und absichtsvollen Lenkung seiner Lebenspraxis wirksamen Elemente von Zeitsinn werden mit den Kräften begründenden Denkens und denkend verarbeiteter Erfahrung aufgeladen. Sinn wird an Vernunft gebunden: Dabei wird der Sinn 'aufgeklärt', d. h. an die Verstandesleistung der historischen Erkenntnisse gebunden, und umgekehrt werden diese Verstandesleistungen auf praxisbestimmenden Sinn bezogen, also selber praktisch.
Diese Aufklärungsleistung, zu der die Geschichtsschreibung durch ihre systematische Rückbindung an die historische Forschung befähigt wird, spezifiziert die ästhetischen und rhetorischen Faktoren der Geschichtsschreibung. Sie formen sich in historischen Darstellungen aus, die als wissenschaftsspezifisch oder zumindest wissenschaftsnah oder -affin gelten können. Für die ästhetische Ansprache prä- und außerkognitiver Sinnpotenzen der Lebenspraxis bedeutet Wissenschaftlichkeit: Die imaginativen Kräfte der narrativen Sinnbildung werden auf die kognitiven Kompetenzen der angesprochenen Subjekte ausgerichtet. Die Blässe historischer Gedanken wird mit der Lebensglut emotionaler Einstellungen und Motivationen vertrieben, und umgekehrt werden die dionysischen Mächte des Schönen in die

Klarheit apollinisch-rationaler Sinn-Gebilde transformiert. Für die rhetorische Ansprache praxisleitender Absichten bedeutet Wissenschaftlichkeit: Der Wille zur Macht, mit dem die Subjekte ihre praktischen Absichten stets aufladen, wird durch einen Willen zur Wahrheit zivilisiert, der den Geltungstrieb der Handlungssubjekte in Prozeduren von Verständigung einbindet, die ihr soziales Leben erträglich machen.

---

[1] J. C. Gatterer: Vom historischen Plan und der darauf sich gründenden Zusammenfügung der Erzählung, in: Allgemeine historische Bibliothek 1 (1767), S. 15–89, zit. S. 27.

[2] Vgl. dazu J. Rüsen: Von der Aufklärung zum Historismus. Idealtypische Perspektiven eines Strukturwandels, in: H.-W. Blanke / J. Rüsen (Hg.): Von der Aufklärung zum Historismus. Zum Strukturwandel des historischen Denkens. Paderborn 1984. S. 15–58.

[3] [1]1824, [2]Sämtliche Werke Bd. 33/34 1874.

[4] Sämtliche Werke, Bd. 33/34, S. 24.

[5] H. White: Metahistory. The Historical Imagination in Nineteenth Century Europe. Baltimore 1973; ders.: The Content of the Form. Narrative Discourse and Historical Representation. Baltimore 1987; D. LaCapra: Rhetorik und Geschichte, in: ders.: Geschichte und Kritik. Frankfurt/M. 1987; J. Rüsen: Geschichtsschreibung als Theorieproblem der Geschichtswissenschaft. Skizze zum historischen Hintergrund der gegenwärtigen Diskussion, in: R. Koselleck / H. Lutz / J. Rüsen (Hg.): Formen der Geschichtsschreibung (Theorie der Geschichte, Beiträge zur Historik, Bd. 4). München 1982. S. 14–35.

[6] A. C. Danto: Analytische Philosophie der Geschichte. Frankfurt/M. 1974; S. Quandt / H. Süssmuth (Hg.): Historisches Erzählen. Formen und Funktionen. Göttingen 1982.

[7] Vgl. J. Kocka: Zurück zur Erzählung? Plädoyer für die historische Argumentation, in: Geschichte und Gesellschaft 10 (1984), S. 395–408.

[8] Dazu ausführlicher J. Rüsen: Die vier Typen des historischen Erzählens, in: Koselleck / Lutz / Rüsen (Hg.): Formen der Geschichtsschreibung, S. 514–605; Ders.: Historische Vernunft. Grundzüge einer Historik I: Die Grundzüge der Geschichtswissenschaft. Göttingen 1983.

[9] Vgl. J. Rüsen: Wie kann man Geschichte vernünftig schreiben? Über das Verhältnis von Narrativität und Theoriegebrauch in der Geschichtswissenschaft, in: J. Kocka / T. Nipperdey (Hg.): Theorie und Erzählung in der Geschichte (Theorie der Geschichte, Beiträge zur Historik, Bd. 3). München 1979, S. 300–333; ders.: Rekonstruktion der Vergangenheit. Grundzüge einer Historik II: Die Prinzipien der historischen Forschung. Göttingen 1986.

[10] Siehe oben S. 114 und Anm. 4.

[11] Zu Hegels Ästhetik vgl. meine Interpretation in J. Rüsen: Ästhetik und Geschichte. Geschichtstheoretische Untersuchungen zum Begründungszusammenhang von Kunst, Gesellschaft und Wissenschaft. Stuttgart 1976, S. 41 ff.

[12] Ich denke vor allem an Kants „Kritik der Urteilskraft" (1790) und Schillers „Über die ästhetische Erziehung des Menschen, in einer Reihe von Briefen" (1795).

[13] Siehe oben S. 119.

[14] J. G. Herder: Werke, hg. v. B. Suphan. Bd. 11, S. 76.

[15] Zur Topik und Rhetorik allgemein vgl. den instruktiven Überblick von L. Fischer: Topik, Rhetorik, in: H. L. Arnold / V. Sinemus (Hg.): Grundzüge der Literatur- und Sprachwissenschaft. Bd. 1: Literaturwissenschaft. München 1973, S. 134–156, 157–164. Ferner grundlegend: L. Bornscheuer: Topik. Zur Struktur der gesellschaftlichen Einbildungskraft. Frankfurt 1976. Einen Überblick über die neuere (westdeutsche) Diskussion geben D. Breuer / H. Schanze (Hg.): Topik. Beiträge zur interdisziplinären Diskussion. München 1981.

Werner Busch

Das Ende der klassischen Bilderzählung

In einer berühmten Passage seines Tagebuches berichtet der Herr von Chantelou von der Einführung der Karikatur am Hofe Ludwig XIV. durch Lorenzo Bernini[1]. Ludwig befindet sich mit Gefolge auf einer Portraitsitzung für seine Büste. Bernini, gestört durch ständig zu Ludwig tretende Mitglieder des Hofes, droht, er werde von einem von ihnen eine Karikatur machen. Auf Ludwigs Nachfrage, was das denn sei, schickt man sich an, es ihm zu erklären und sucht als Beleg die Karikatur, die Bernini vom Abbé Buti gemacht hat. Als man sie nicht finden kann, wiederholt Bernini sie vor den Augen der Staunenden mit wenigen Strichen. Man amüsiert sich königlich, besonders aber, berichtet Chantelou, lachten die Höflinge unter der Türe.

In zweierlei Hinsicht ist diese Episode interessant. Uns werden zwei Formen des Portraits vorgeführt, die beide die Dargestellten unverwechselbar charakterisieren. Bei der Büste ist Bernini – in Zusammenhang mit dem, was es zu berichten gilt, bezeichnenderweise – mit der Nase beschäftigt. Die Umstehenden sind etwas verunsichert und fragen Bernini, ob Ludwigs Nase denn wirklich so schief sei. Bernini bestätigt dies, weiß sie aber mit der Bemerkung zu beruhigen, dies werde im weiteren Arbeitsprozeß gemäßigt werden. Er geht also bei der Büste von der realen Erscheinung Ludwigs aus und idealisiert sie im Werkprozeß nach einer ihm innewohnenden und zugleich vom Hof akzeptierten Schönheitsnorm. Die Karikatur geht ebenfalls von der realen Erscheinung aus, übertreibt aber deren Defizienzmomente. Beide Formen, so lernen wir vielleicht mit einiger Verblüffung, haben am Hof ihren Ort. Während die Büste jedoch die engere Hofsphäre verlassen kann, um ihr Ideal der Welt vorzustellen, ist für die Karikatur die Grenze mit den Höflingen an der Türe markiert. Sie, auf der untersten Stufe der höfischen Machtpyramide angesiedelt, lachten am lautesten, sie beschleicht offenbar eine Ahnung von der subversiven Kraft der Karikatur, die ihr zuwüchse, wenn sie jenseits der Hoftüre zur Wirksamkeit käme.

Nicht Ludwig ist karikiert, nur der Abbé Buti, aber immerhin kann Bernini es sich später leisten, den Papst zu karikieren[2]; an dessen nicht weniger durchstrukturiertem Hof wurde die Karikatur am Anfang des 17. Jahrhunderts durch päpstliche Hofmaler zuerst zu einem höfischen Amüsement. Die Karikatur war so ein Spiel mit den geltenden Normen, ohne sie wirklich zu verletzen, nicht anders als die Antikenparodie, die, von Paul Scarron in der Mitte des 17. Jahrhun-

Abb. 31a+b: Daniel Chodowiecki, Natürliche und affektierte Handlungen des Lebens, Blatt 7 und 8, Kunstkenntnis, 1779 (E. 319 II)

Abb. 31b

Abb. 32: Peter Paul Rubens, Ankunft Heinrichs IV. in Lyon und Vollzug der Hochzeit mit Maria de' Medici, Paris, Louvre, 1622–25

derts an der französischen Akademie kreiert, mit den literarischen Normen dieser höfischen Institution spielt. Ja, das Spiel mit den Normen sensibilisiert erst für deren feine Grenzen. Ihre Kenntnis ist für eine ungezwungene Bewegung bei Hofe unerläßlich[3]. Die individuellen Defekte etwa des Abbé Buti konnten in seinem angemessenen Verhalten, wie in seinem offiziellen Bilde zum Verschwinden gebracht

Abb. 33: Giovanni Antonio Pellegrini, Allegorie auf die Vermählung des Kurfürsten Johann Wilhelm von der Pfalz, München, Bayerische Staatsgemäldesammlungen (Schleißheim, Neues Schloß), 1713/14

werden. Die Karikatur sensibilisierte indirekt also auch dafür, wie das offizielle Bild zu verfahren hatte. Noch Winckelmann wußte das, der Berninis Karikaturen dafür lobt, daß sie entsprechend verhäßlichten, wie das offizielle Portrait verschönt[4]. Keine Frage, Normeinübung ist eine Funktion höfischer Kunst.

Am knappsten hat dies Daniel Chodowiecki formuliert, allerdings bereits von einer Position aus, die diese Form der Kunstnutzung kritisiert. In seiner Serie „Natürliche und affektierte Handlungen des Lebens" von 1779 demonstriert er an einem Gegensatzpaar zwei Formen der Kunsterkenntnis (Abb. 31 a + b). Während zwei affektierte Höflinge vor einer Statue der Flora ohne Blick auf das Kunstwerk sich beredt Normenkompetenz im Kunstdiskurs beweisen, haben die natürlichen Bürger sich demütig mit den Blicken in das Kunstwerk vertieft, als Individuen erhebt sie das Kunstwerk – auf Kosten ihrer Diskursfähigkeit über das Empfundene. Die Statue dankt ihnen die Hingabe mit einem Lächeln. Wir scheinen im Zeitalter des interesselosen Wohlgefallens angelangt, wo vorderhand die rationale Objektivität der klassischen Kunsttheorie durch eine Ästhetik abgelöst werden soll, die den Vorgang der subjektiven Empfindung vor dem Kunstwerk zu rationalisieren sucht. Für die Sprachfähigkeit der Kunst hat dieser Prozeß weitreichende Folgen. Denn die Destruktion höfischer

Sprachcodes in der Kunst erwies sich als ausgesprochen schwierig. Zu entwickelt und allumfassend war die klassisch allegorische Bildersprache. Ihrem Apparat stand der ganze Schatz christlicher und mythologischer Bilder zur Verfügung, abrufbar in gehöriger Ordnung, zu jedem Anlaß höfischer Existenz.

Wählen wir einen solchen Anlaß und zeigen wir, wie eine Karikatur, die durch die höfische Pforte in die Öffentlichkeit geschlüpft ist, ihn zu destruieren sucht: Hochzeit. In Rubens' Medici-Zyklus finden sich zwei Hochzeitsszenen, eine vor Priester und Altar, eine in stärker klassisch allegorischer Verbrämung. Betrachten wir nur die zweite (Abb. 32). Maria von Medici und Heinrich IV. erscheinen in den Wolken, einander zugeneigt mit ineinandergelegten Händen als Juno und Jupiter; sie mit dem Pfauenwagen gekommen, er mit seinem Adler, die Gestirne über ihnen fixieren das Datum bis in alle Ewigkeit, Putten leuchten mit Hochzeitsfackeln, zu ihren Füßen auf Erden erscheint die Stadtgöttin von Lyon, wo das Ereignis sich zutrug, auf einem Löwenwagen und steht ihnen zu Diensten. Mag auch die besondere Formulierung den historischen Umständen durchaus Rechnung tragen, so hebt die mythologisch-allegorische Einkleidung diese doch auf Dauer auf.

Ebenfalls aus einem Geschichtszyklus von vierzehn allegorischen Darstellungen aus dem Leben des Kurfürsten Johann Wilhelm von der Pfalz und seiner Gemahlin Anna Maria Luisa de'Medici stammt Pellegrinis Hochzeitsszene (Abb. 33). Der Zyklus entstand 1713/14; der pathetische Ernst des Rubensschen Zyklus ist einer leichten, eleganten Behandlungsweise gewichen, doch der allegorische Apparat steht nach wie vor in vollem Umfang zur Verfügung. Die Braut wird dem Bräutigam zugeführt, die Götter und die Elemente legen Zeugnis von der Vereinigung ab, betten das Ereignis in kosmische Zusammenhänge ein. Juno in den Wolken läßt dem Paar ihren Schutz angedeihen, Hymen unter ihr entzündet auf einem Altar die Hochzeitsfackel und weist den Bräutigam auf die Ankunft der Braut hin, diese wird vom Brautführer mit klassischem Handgestus zum erwartungsvoll vorm Brautlager posierenden Bräutigam geleitet, Venus ist mit von Schwänen gezogenem Muschelwagen den Rhein heruntergekommen und gibt der Vereinigung ihren Segen. Der Flußgott am Ufer antwortet dem über ihm erscheinenden Hymen in der Bewegung. Der ankommenden Braut gebührt die Naturseite, dem Bräutigam die Kulturseite, in Form der würdevollen Architekturversatzstücke in seinem Rücken veranschaulicht. Reisebegleiter, der Rubenssche Löwenwagen mit Putten, runden das Geschehen ab, das sich somit in einer Sphäre präsentiert, die eine Sprache aufruft, die dem exklusiven Anspruch der Dargestellten und dem Vorgang rational nachvollziehbaren Ausdruck verleiht. Zweifel an der Berechtigung dieses Anspruches kommen nicht auf, er ist selbstverständlich. Die Kunst hat zu diesem Zeitpunkt noch keinen mit dieser Sprachebene offiziell

Abb. 34: James Gillray, Wife & no Wife -or- A Trip to the Continent, 27. März 1786 (BM 6932)

konkurrierenden Diskurs anzubieten. Im fortgeschrittenen 18. Jahrhundert ist das anders.
James Gillray radiert 1786 eine Karikatur auf die Heirat des Prinzen von Wales mit Mrs. Fitzherbert, einer jungen, schönen, noch dazu katholischen Witwe (Abb. 34). Diese Mesalliance war für ein Mitglied der anglikanischen Königsfamilie ein unerhörter Vorgang, die Hochzeit hatte von daher auch heimlich stattgefunden. Gillray malt sich den Vorgang nun öffentlich aus, verlegt das Ereignis in eine nordfranzösische katholische Kirche, läßt den Führer der Whigs Fox Brautführer spielen und Edmund Burke, ihren Cheftheoretiker, den jesuitischen Priester, der die Hochzeitszeremonie vornimmt. Das folgte einem geläufigen Muster der öffentlichen Kritik, Burke wurde auf Grund seiner spitzfindigen Argumentationsweise gern mit den Jesuiten verglichen. Lord North schließlich, um nur noch ihn zu nennen, fällt die Rolle des Kutschers zu. Er ist zu Füßen des Altares schlicht eingeschlafen, er hat seine Vermittlungsdienste geleistet.
Wie in der frühen Karikatur noch gerade üblich, sind die Mitglieder der königlichen Familie nicht karikiert, nur ihre adligen und politischen Begleiter[5]. Ein sehr bezeichnender Vorgang: die königliche Familie ist noch nicht gänzlich Gegenstand öffentlicher Diskursverfügung, ein Rest Referenz wird ihrer Sonderrolle noch erwiesen. Das sollte sich in allerkürzester Zeit ändern, und die Karikatur traute sich dann auch an das Bild des Herrschers.

Abb. 35: Sir Peter Lely, Barbara Villiers, Duchess of Cleveland and Countess of Castlemaine als Minerva, H. M. the Queen, um 1665

Doch in anderer Hinsicht hat sich die Bildersprache bereits gewandelt. Die allegorische Argumentationsweise verschwindet zwar ganz und gar nicht aus der Karikatur, aber sie ist anders instrumentalisiert. Dient sie zuvor dem unmittelbaren Transfer des Zeitbedingten auf die Ebene des Zeitlosen, der Einbettung des Irdischen in einen kosmischen Zusammenhang, der Aufhebung des Individuellen im paradigmatisch Typischen, so dient sie nun umgekehrt der Hervorhebung der individuellen Defizienz angesichts des allgemeinen Anspruchs oder der Illustration des punktuellen Verhaltens durch ein Moralexempel. Die Moral des Individuums wird offengelegt, nicht das Individuum im

Abb. 36: William Dickinson nach Sir Joshua Reynolds, Mrs. Sheridan in der Rolle der Hl. Cäcilia, 1775

Tugendkodex aufgehoben. Die Allegorisierung verwandelt also nicht, sie verliert damit ihre prägende Kraft, reduziert auf die bloße Anspielung, sie verkörpert keine Ansprüche mehr, sondern illustriert bloß noch.
Bei unserem Beispiel illustriert sie mit Hilfe der Bilder in der Kirche. Wenn deren Verwendung hier natürlich auch auf die unterschiedliche Auffassung von katholischer und anglikanischer Kirche in der Bilderfrage hinweist, so ist doch die Verwendung des Bildes im Bilde ein Verfahren, das offenbar aus der oberitalienischen populären Graphik des späten 17. und frühen 18. Jahrhunderts stammt[6]. Die Bilder geben

einen direkten Kommentar zu Personen und Szene ab. Auf dem Bilde über dem Prinzen von Wales schaut König David der schönen Bathseba, der Frau seines Feldhauptmannes, beim Bade zu, seine Lust ist geweckt. Zwischen dem Brautpaar über den zusammengelegten Händen ist der Sündenfall dargestellt, darüber die Versuchung des Heiligen Antonius, und Fox, der Kuppler, bekommt einen 'Judaskuß' zugesellt. Der Betrachter soll Bilder, Personen und Szenen aneinander messen, er leistet den seine Erkenntnis befördernden Transfer. Er ist die zwischengeschaltete Instanz im Allegorisierungsprozeß. Zuvor kam das Bild im Grunde genommen ohne ihn aus, die Allegorisierung wurde innerbildlich vollzogen, da sie sich auf scheinbar objektive Bedeutungen beziehen konnte.

Doch nicht nur die Form der Allegorisierung änderte sich. Wenn die Karikatur am Hofe Ludwigs mit dem Gegenbild zum Ideal spielen konnte, sich keiner Grenzverletzung schuldig machte, da sie nicht veröffentlicht, bezeichnenderweise auch nicht reproduziert wurde, sondern in der intimen Zeichnung verblieb, so konnte sie nun als veröffentlichte und vervielfältigte Karikatur im Gegenbild das Idealbild destruieren. Ein kleines Beispiel.

In der Stuartrestauration erfreute sich am Hof Charles II. ein Bildtypus besonderer Beliebtheit, da er der extremen Frivolität dieses Hofes adäquaten Ausdruck verlieh: das Rollenportrait der Mätresse. Graham Greene hat das Mätressenwesen, in das Charles selbst heftig involviert war, in seinem berühmten und lange indizierten Buch „Lord Rochester's Monkey" im Detail beschrieben[7]. Einer der geläufigsten Wege im Mätressenleben führte über das Theater, insofern schien das Rollenportrait eine geeignete Bildform. Ohnehin hatten die Mätressen, nicht selten von niederer Herkunft, ihr Leben als Rolle zu begreifen. Ihr Ziel mußte es sein, in den wenigen Jahren, die ihnen zur Verfügung standen, die höfische Rolle zu verinnerlichen, im Idealfall konnten sie zu höchstem Adel aufsteigen. Dazu war äußerste Rationalität im Verteilen der Gunst erforderlich. Einseitige Bindungen waren zu vermeiden, politische Spannungen zu nutzen; Absturz drohte beständig. Für den Hof bestand der Reiz der Rollenportraits darin, daß mit der Diskrepanz zwischen Rolle und höfischer Existenzform gespielt werden konnte, die Schönheit der Dargestellten und deren Darstellungskunst hatten die Spannung auszuhalten. Sie waren Göttinnen (Abb. 35), literarische Hirtinnen, aber auch christliche Figuren, wenn die Rolle nur die Freilegung ihrer Schönheit anbot[8]. Die büßende Magdalena erfreute sich von daher besonderer Beliebtheit. Lord Rochester und andere verfaßten dazu höchst frivole Gedichte, die, da sie von Charles ausgesprochen goutiert wurden, die höchstadlige Klientel der jeweiligen Mätresse durchaus erkennbar charakterisieren konnten.

Und dennoch: diese „portraits historiés" verstoßen nicht gegen das Dekorum klassischer Kunst, denn sie verletzen letztlich nicht die

Regeln des höfischen Spiels, selbst wenn sie diese weit auslegen, die Portraits bleiben exklusiv. Die Kritik an diesem Bildtypus meldet sich erst am Beginn des 18. Jahrhunderts. Die Moral der Augustäer, etwa die Alexander Popes, kann sie nicht mehr akzeptieren. Horace Walpole in der Mitte des Jahrhunderts zeigt sich empört, daß ein Bildnis einer Mätresse Karls mit königlichem Bastard auf dem Arm sich jahrelang unbemerkt als Altarbild gehalten habe, in der Rolle von Maria mit dem Christuskind[9]. Und die Karikatur der zweiten Hälfte des 18. Jahrhunderts legt die Inadäquanz der Rollenzuschreibungen bildlich offen, macht sie für die Öffentlichkeit kritisierbar. Wir wollen hier nicht auf die historischen Voraussetzungen für die Existenz dieses neuen Öffentlichkeitscharakters eingehen, der sich im Gefolge der Glorious Revolution ausbildete. Der Hinweis auf konstitutionelle Monarchie, Legislative und Exekutive, politische Parteien, Parlament, Wahlen, Aufhebung der Pressezensur, fortschreitende Arbeitsteilung oder den dynamischen Kapitalumverteilungsprozeß mag genügen. Wichtig in unserem Zusammenhang ist es festzuhalten, daß die Gegenbilder, die die Hofsphäre verlassen haben, deren Normsystem durch die Aufrichtung von Gegennormen, denen sich der Hof auf Dauer nicht entziehen kann, untergraben.

Beliebt war im Restaurationsportrait auch die Rolle der Heiligen Cäcilie. Nicht wenige Mätressen machten ihr Glück mit ein oder zwei frivolen Liedern, die sie gekonnt auf der Bühne vortrugen und die allein mit ihrer Person identifiziert wurden; eine neue Stimme mit einem neuen Lied auf der Bühne konnte eine Sensation werden, der Einstieg in die gehobene Mätressenlaufbahn schlagartig gelingen. Der Typus hielt sich lange, indirekt auch noch im offiziellen Portrait des späteren 18. Jahrhunderts.

Als Elisabeth Anne Linley 1773 den Dichter Richard Sheridan heiratete, hieß es von ihr, sie habe eine der schönsten Stimmen Englands. Sheridan erlaubte es ihr bezeichnenderweise nicht, öffentlich aufzutreten, das Theater galt immer noch als Mätressenumschlagplatz, und so wurde es 1775 die Aufgabe von Reynolds' Portrait, Mrs. Sheridans besondere Gabe zu verewigen, in der Rolle der Heiligen Cäcilie am Harmonium (Abb. 36). Reynolds selbst schätzte sein Portrait besonders, offenbar sah er sich mit der berühmtesten aller Cäciliendarstellungen, mit der Raffaels, in Konkurrenz treten. Engel verkörpern ihre überirdische Stimme, der Himmel öffnet sich und zeigt durch Strahlen die Korrespondenz zur sphärischen Harmonie auf. Der klassische Apparat zur allegorischen Idealisierung scheint ungebrochen wirksam.

1782 jedoch nutzte James Gillray die komplette Reynoldssche Figuration für eine Satire auf Lady Cecilia Johnston (Abb. 37), die Tochter von Lord Delawarr, von der die Zeitgenossen nur Unfreundliches überlieferten[10]. Sie war ein beliebtes Objekt der Satire und wurde nicht selten als göttliche Cäcilie verspottet. Hier macht sie mit all

Abb. 37: James Gillray, Die Hl. Cäcilia, 24. April 1782 (BM 6104)

ihrem garstigen Charme Katzenkonzert. Damit ist nun nicht notwendig die Reynoldssche Formulierung diskreditiert, im Falle von Mrs. Sheridan mochte die allegorische Einkleidung den Zeitgenossen als durchaus adäquat erscheinen, aber, und darauf soll es uns ankommen, die Figuration wird als Figuration erkennbar, als Formhülse mit Eigenleben unabhängig vom Verwendungszusammenhang, der damit tendenziell beliebig wird. Die Rollenträger haben keinen objektiven Anspruch mehr auf die Rolle, und wieder ist es am individuellen Betrachter, über Adäquanz oder Inadäquanz der Rollenzuteilung zu entscheiden.

Daß die Öffentlichkeit Formen sehen lernt, mit Hilfe des Formsehens ihre Normen bilden kann, ist ein in seinen Konsequenzen gar nicht zu überschätzender Vorgang. Er treibt einerseits das reine Formsehen als ästhetische Prozedur hervor, andererseits die historische Betrachtungsweise von Kunst, indem sie den Formvergleich ausbildet. Dieser Ästhetisierung und Historisierung fällt die bruchlose Allegorisierung, die Allegorisierung in kodifizierten Formen, zum Opfer und damit letztlich die gesamte, mehrhundertjährige konventionelle Bildersprache.

Ein letzter Vergleich von alter und neuer Form der Bewältigung eines klassischen Themas mag dies zeigen. Beide Male handelt es sich um einen Introitus Ferdinandi, einen feierlichen Einzug des Herrschers nach der siegreichen Schlacht, zu dem die besten Künstler aufgefordert sind, ihn mit Triumphbildern auszustatten. Die erste Pompa Introitus Ferdinandi war dem Kardinal-Infanten Ferdinand von Spanien, dem Bruder Philipps IV. und Generalgouverneur der Niederlande bei seinem Einzug in Antwerpen am 17. April 1635 gewidmet. Die Leitung der Dekorationsarbeiten hatte Rubens, der auf dem Weg durch die Stadt mehrere Triumphbögen vorsah, reich geschmückt mit großen eingelassenen Bildern auf Vorder- und Rückseiten[11]. Sie zeigen etwa die siegreiche Schlacht bei Nördlingen, einen antikischen Triumphzug Ferdinands, drängten aber auch das direkt Historische in rein allegorischen Darstellungen zurück. Ferdinand konnte als Herkules am Scheidewege die Versuchungen von Venus und Bacchus zurückweisen und sich der Kriegstugend in der Gestalt der Minerva zuwenden (Abb. 38).

Es wäre Rubens nicht in den Sinn gekommen, dies lächerlich zu finden, obwohl er, wie jeder andere, wußte, daß Ferdinands Beitrag zur Schlacht bei Nördlingen darin bestanden hatte, daß er am Abend der Schlacht zum Heer gestoßen war, und vor allem, daß er entschieden mehr dem Laster in Gestalt der Venus zuneigte als der tugendsamen Minerva. Ein ganzer Troß von Konkubinen begleitete ihn, den Kardinal. Spottgedichte seiner Feinde in den Nordniederlanden hielten diese Kardinalsschwäche durchaus fest. Der offiziellen Sprachregelung beim Triumph tat dies absolut keinen Abbruch. Rubens' grandiose Entwürfe gehören zu den gerühmtesten Höhepunkten barocker allegorischer Bildersprache.

Der zweite Introitus Ferdinandi galt Ferdinand VII., dem König von Spanien bei seinem Einzug in Madrid 1814 nach dem Kriege gegen die Napoleonische Fremdherrschaft. Zwei der Triumphbogenbilder stammten von Goya, dem Hofmaler, in denen er, wie er dem Regentschaftsrat schrieb, die glorreiche Erhebung gegen den Tyrannen von Europa malen wollte[12]. Die Bilder stellen präzise fixierbare historische Ereignisse dar. Der Aufstand des Volkes am 2. Mai 1808 und die Exekution der Aufständischen am 3. Mai. Es ist kaum denkbar, daß diese Bilder bei Hofe ein Erfolg waren, sie sprengten alle Normen,

Abb. 38: Peter Paul Rubens, Entwurfsskizze zur Vorderfront des Triumphbogens an der Sint-Michiels-Abtei, im Giebelfeld „Ferdinand als Herkules am Scheidewege“, Leningrad, Eremitage

Abb. 39: Francisco Goya, Der 2. Mai 1808 auf der Puerta del Sol, Madrid, Prado, 1814

verschwanden in den königlichen Depots und tauchten erst spät wieder auf. Die Bilder sahen die Ereignisse aus der Perspektive der aufständischen Madrider Volksmassen, rechtfertigten ihr Vorgehen mit der Moral des liberalen Bürgertums, das bald nach der Niederschlagung des Aufstandes allerdings begreifen mußte, daß seine Interessen weder von den Invasoren, die sie ursprünglich begrüßt hatten, noch vom eigenen Königtum wahrgenommen wurden.

Goyas Position ist zwiespältig, mit den Bildern gibt er, der Hofmaler, eine Loyalitätsadresse an den zurückkehrenden Herrscher ab, doch die Bildauffassung verleugnet mehr oder weniger direkt diese Loyalität, die Funktionseinbindung der Kunst in die höfische Kultur funktioniert nicht mehr. Hier geht es nicht mehr um einen letztlich gottgewollten Sieg, sondern um die Schrecken des Krieges.

Das erste Bild, der sogenannte „Zweite Mai auf der Puerta del Sol" (Abb. 39), zeigt den Aufstand des spanischen Volkes gegen Murats berittene Mamelucken, einen Ausbruch entsetzlicher hemmungsloser Gewalt von beiden Seiten, der Kampf wütete über Stunden, am Abend hatten die französischen Mamelucken auf Grund ihrer erdrükkenden zahlenmäßigen Überlegenheit die Oberhand gewonnen. Thema ist nicht also ein spanischer Sieg, sondern der Selbstbehauptungswille des spanischen Volkes, das sich für seine Freiheit selbst aufop-

fert. Von Schlachtordnung, oder überlegtem, kontrolliertem Angriff zeigt das Bild nichts, nur den gänzlich unkontrollierten und unkontrollierbaren Ausbruch von Gewalt. Eine Guerillaattacke, bei der es keine Kampfregeln mehr gibt, wo verzweifelt geschlagen und gestochen wird auf alles, was sich bewegt. Selbst wenn an zentraler Stelle ein Mameluck hingeschlachtet und sein Pferd abgestochen wird, selbst wenn die berittenen Mamelucken sich eher zur Flucht wenden, ein Siegesbild ist dies nicht. Der Wahn leuchtet gleichermaßen aus dem Gesicht des zentralen Spaniers, wie aus dem Gesicht des zentralen Mamelucken. Leichen gibt es auf beiden Seiten, Hierarchien existieren nicht mehr, deswegen gibt es auch keinen eigentlichen Helden, auf den das Geschehen ausgerichtet wäre.
So gesehen, ist es ein Bild ohne Zentrum, die Bildordnung ist abstrakt, und auch der Raum, die Architektur, verliert ihre Ordnungsfunktion. Die stark fluchtende Häuserzeile des Platzes der Puerta del Sol löst sich nach vorn hin in Nichts auf, der Gegenstand verweigert also auch den Dokumentcharakter. Die Häuserzeile ist optisch wirksam nur als schräge Fläche, als Keil, der die Flucht der Mamelucken durch die Explosion des Volkes aus der Tiefe veranschaulicht. Er ist Bewegungsimpuls, nicht mehr Gegenstandsbezeichnung.

Abb. 40: Francisco Goya, Die Erschießung der Aufständischen am 3. Mai 1808 auf der Moncloa, Madrid, Prado, 1814

Das berühmtere zweite Bild „Die Erschießung der Aufständischen am 3. Mai auf der Moncloa“ (Abb. 40) hat einen Helden, aber einen namenlosen und einen, der dies nur als Opfer anonymer Exekution ist. Dieses Bild, das einerseits zu den Inkunabeln der modernen Kunst gehört, andererseits zu den wenigen Bildern zählt, die dem europäischen Kulturbewußtsein zur Definition seines Selbstverständnisses dienen, ist alles andere als schön gemalt oder raffiniert komponiert, dafür aber ist es in jeder Hinsicht eindringlich. Der Aufbau ist zwar nicht logisch, aber unausweichlich. Eine abfallende Linie – was bezeichnet sie, eine Mauer, einen Hügelrücken? – umfaßt die aus dem Mittelgrund herantrottenden Opfer. Das Ende dieser Linie wird nach den Regeln des goldenen Schnittes von einem Kirchturm im Hintergrund bezeichnet. Er bildet den Beginn einer senkrechten Achse, die Opfer und Henker deutlich scheidet, sie markiert den Beginn der auf die Opfer gerichteten Gewehre und endet in der schmalen Vorderfront der riesigen grellen auf die Opfer gerichteten Laterne. Von ihrem Fußpunkt geht eine schräge Schattenlinie in den Vordergrund, die so den einen Schenkel eines Lichtkeils für die Gruppe der Opfer bildet. Zugleich bezeichnet sie die paradoxerweise ansteigende Fluchtlinie der französischen Henker, die, völlig gesichtslos, auf die vordere Gruppe der Opfer angelegt haben. Ihrer Gesichtslosigkeit entsprechen ihre Reihung und die Dunkelheit ihrer Seite.
Man hat zu Recht darauf hingewiesen, daß die entsetzliche Wirkung des Bildes unter anderem darauf beruht, daß der Betrachter sich unausweichlich auf Seiten der Henker befindet. Die Opfer werden alle sterben, die Überlebenden sind notwendig schuldig, Ausführungsgehilfen des Entsetzlichen. Die Opfer werden dem Betrachter aus der Tiefe vor den Blick geführt, und es wird ihm gezeigt, daß seine Blicke mittöten. Die „Erschießung“ ist das letzte Bild Goyas, das an den Betrachter appelliert, den Teufelskreis zu durchbrechen, sich aus der zwingenden Perspektive herauszureißen.
Das Seltsame dieses Bildes nun ist es, daß es einerseits jenseits aller Tradition steht, andererseits diese Tradition noch einmal vollständig aufruft und damit zur Disposition stellt. Weder kompositorisch, noch malerisch bietet Goyas Bild ästhetischen Genuß, jedes klassische Drama und sei es noch so grauenvoll, legt es darauf an, daß Grausige in der Darstellung ästhetisch aufzuheben. Goyas Bild ist in diesem Sinne kunstlos. Und dennoch steht es in der Tradition der Märtyrerbilder und in der Tradition heilsgeschichtlicher Szenen. Märtyrerbilder, besonders seit der Gegenreformation, können grausig genug sein, da gibt es Blut und Leichen, das Martyrium wird bewußt rhetorisch eindringlich vorgeführt. Aber das Martyrium ist immer auch zugleich Erlösung, unmittelbarer Weg zu Gott. Entweder spiegelt sich die Verklärung bereits im Gesicht des Opfers oder aber ein Heilszeichen ist so angebracht, auch kompositorisch so angebracht, daß die Heilsgewißheit des Opfers nicht ausbleiben kann, entweder also wird das

Abb. 41: Claude Vignon, Martyrium des Hl. Matthäus, Arras, Musée d'Arras, 1617

Abb. 42: Francisco Goya, Christus am Ölberg, Madrid, Escuelas Pías de San Antón, 1819

Heil unmittelbar anschaulich oder symbolisch-liturgisch gestiftet (Abb. 41). So konnte auch etwa beim Bekehrungsvorgang des Verlorenen Sohnes der Kirchturm Heilszeichen sein, angesichts dessen sich die Katharsis ereignet.

Bei Goya wenden alle Opfer dem Kirchturm den Rücken zu, ja der Strom der Opfer bewegt sich vom Kirchturm weg. Primär ist er in der Tat nicht mehr Heilszeichen, sondern bildimmanentes Ordnungszeichen, dessen inhaltliche Bedeutung in Frage gestellt ist.

Man hat immer darauf hingewiesen, daß das zentrale hell erleuchtete Opfer mit weißem Hemd und gelber Hose, im übrigen den Farben der Kirche, eine christliche Pose einnimmt; man hat allgemein von einem Pietà-Motiv gesprochen, oder spezifischer, von der Pose Christi auf dem Ölberg im Garten Gethsemane, und man hat dies zweifellos auch zu Recht getan[13]. Nicht nur weisen die Hände des mit weit ausgebreiteten Armen knienden Opfers die Wundmale auf, sondern Goya selbst hat sich mit dem Thema von Christi Gebet im Garten Gethsemane in ganz ähnlicher Form auseinandergesetzt, in einem Ölgemälde von 1819 (Abb. 42). Christus empfängt in seiner Verzweiflung mit ausgebreiteten Armen, als er Gott bittet, den Kelch an ihm vorübergehen zu lassen, im göttlichen Strahl, in dem der Engel mit dem Kelch erscheint, zugleich die Heilsgewißheit. Das Bild ist kirchlicher Auftrag für ein Altarbild, und es erfüllt ihn auch. Es mag auch zu Zeiten finsterster Reaktion und vergeblicher Aufstände von Goya durchaus ernst gemeint gewesen sein, der Kelch schien in der Tat unausweichlich, und Hoffnung auf Erlösung auf Erden nicht mehr zu erwarten zu sein.

Ein halbes Jahr später, nach dem erfolgreichen Aufstand vom 1. Januar 1820, benutzt Goya dieselbe Figuration in ganz anderen Zusammenhängen. Eine Zeichnung zeigt einen Schreiber, Tintenfaß und Papier vor sich, kniend und voller Freude, erhellende Strahlen empfangend. Das Blatt ist beschriftet „Divina Libertad“ – Göttliche Freiheit (Abb. 43). Aus der Finsternis ist der Strahl der Freiheit gedrungen. Nicht jenseitige Tröstung wird angeboten, sondern diesseitige Hoffnung ist ausgesprochen, an deren Verwirklichung der Schreiber mit Feder und Tinte mitarbeiten will. Ganz ostentativ steht das Tintenfaß an der Stelle, an der in einer breiten ikonographischen Tradition auch der Kelch stehen kann, wenn der Engel ihn nicht reicht. Diese Inversion verkehrt die Bedeutung des Motives in der Tat in ihr Gegenteil. Aus dem passiv zu erleidenden Kelch wird ein Instrument aktiver Selbstbefreiung.

Noch einmal hat Goya den Gethsemanetypus aufgegriffen, und zwar auf dem Titelblatt der „Desastres“ (Abb. 44), entstanden zwischen 1814 und 1820. Hier nun ist der Kniende dem Betrachter frontal gegenübergestellt, vor einem undefinierbaren ängstigenden Dunkel, das in seiner ungegenständlichen Strukturiertheit das irritierende Bemühen beim Betrachter weckt, in diesem Dunkel etwas zu erken-

Abb. 43: Francisco Goya, Divina Libertad, Album C 115, Madrid, Prado, 1820

Abb. 44: Francisco Goya, Desastres 1, Trübe Vorahnungen dessen, was geschehen wird, 1814–20

nen. Dieser Kniende mit den ausgebreiteten Armen hat keine Attribute, ihn trifft kein Strahl, er kann weder auf das Jenseits, noch auf das Diesseits hoffen. Der Titel des Blattes lautet: Trübe Vorahnungen dessen, was geschehen wird – und das die „Desastres"-Folge dann in immer neuen Varianten ausbreitet: Krieg, Verwüstung, Vergewaltigung, Entartung. Das Gethsemanemotiv scheint also für Goya eine geeignete Chiffre für alle nur möglichen Bedeutungsinversionen zu sein, primär aber bezeichnet es das namenlose individuelle Opfer[14].
Wie nun hat man, vor dieser Folie, die Verwendung des Motives in der „Erschießung der Aufständischen vom 3. Mai" zu verstehen? Leiht der Typus dem Opfer nicht doch besondere Würde, verspricht ihm Erlösung, zumal die helle Zentralfigur von innen heraus zu leuchten scheint? Wohl nicht. Denn Goya scheint den Übertragungsvorgang vom ikonographischen Typus Gethsemane auf die Erschießungsszene genau bedacht, auch in seinen Konsequenzen genau bedacht zu haben. Es scheint sich nicht nur, wie die Literatur meint, um eine allgemeine Anspielung auf Gethsemane oder Pietà-Ikonographie zu handeln. Denn das christliche Schema meint ja mehr als Verhängnis- und Erlösungsankündigung.
Machen wir uns die Gethsemane-Ikonographie am Beispiel aus Dürers Kupferstichpassion klar, das Blatt ist 1508 datiert und liefert

Abb. 45: Albrecht Dürer, Kupferstichpassion, Christus am Ölberg, 1508 (B. 4)

die Ikonographie wegen des kleinen Formats in verknappter Form auf den Punkt gebracht (Abb. 45). Christus kniet mit hoch erhobenen Händen, sein Blick ist dem in einer Wolkenglorie erscheinenden Engel zugewendet, der ihm das Kreuz weist, seine Lieblingsjünger Petrus, Paulus und Johannes bekommen nichts davon mit, sie schlafen in sehr unterschiedlichen Posen im Vordergrund; im Hintergrund, rechts hinter Christus, hat Judas die Pforte zum Garten Gethsemane geöffnet und führt die Schächer zu Christus.
Zur darauffolgenden Szene des Passionszyklus, die zumeist vier Momente – Judaskuß, Gefangennahme Christi, Petrus und Malchus und die Flucht der Jünger – zusammenfaßt, gehört grundsätzlich im Bildvordergrund die große Lampe, die Malchus trägt oder – häufiger – getragen hat, auch sie kann die Szene grell erleuchten, wie ein Beispiel des niederländischen Manierismus zeigt (Abb. 46).
Goya scheint also die Ikonographie der beiden Gethsemaneszenen zu nutzen.
Auf ein kleines, und wie mir scheint, im Zusammenhang mit Goya wichtiges und offenbar bisher übersehenes Detail der Passionsikonographie sei noch verwiesen. Die Wundmale in Goyas Bild scheinen der Literatur aus der Kreuzigungs- oder Pietà-Ikonographie zu stammen. Wäre dem so, dann wäre Goya mit den Stigmata wie mit einem frei verfügbaren Zeichen, das allgemein auf Passion verweist, umgegangen. Doch das ist nicht der Fall, Goya ist hier ikonographisch sehr viel genauer. Christus kann in Passionszyklen durchaus schon bei der Ölbergszene gezeichnet sein. Ein Blick auf Dürers zitierte Kupferstichpassion genügt, sein Christus in Gethsemane hat offenbar bereits die Nagelwunden. Man muß sich klarmachen: viele Passionszyklen beginnen mit der Ölbergszene und enden mit der Auferstehung. Sie beginnen also mit der Ankündigung der Passion und der Erhöhung und lösen in der letzten Szene dieses Versprechen ein. Bei Goya liefert, so gesehen, die Ölbergszene gleich die Passion mit, aber die Auferstehung bleibt aus, und es gibt auch nichts, was auf sie verwiese.
Verdeutlichen wir uns noch einmal die Inversion der Geschichte. In der Ölbergszene wird Christus allein der göttlichen Offenbarung teilhaftig, Dürer hat das 1515 in seinem Ölbergkupferstich etwa dadurch veranschaulicht, daß er zwischen Christus auf der einen und die Jünger und Häscher auf der anderen Seite einen deutlich trennenden Baum schiebt; Christus wird Passion und Erlösung verkündet, seine schlafenden Jünger begreifen dies nicht. Judas und die Häscher dienen nur der Erfüllung des Heilsplanes. Goyas namenloser Held ist nur einer von vielen, wenige sind ihm vorangegangen und liegen erschossen am Boden, viele werden ihm folgen, dem gleichen sinnlosen Tod zugeführt. Sie sind nicht Opfer nach einem Heilsplan, sondern Opfer despotischer Willkür. Sie erleiden keinen Tod für die Menschheit, sondern ihren Tod und der wird mechanisch vollzogen, ihre Passion bereitet sie nicht vor auf die Erlösung, sondern ist ihr

Abb. 46: Dolendo nach Karel van Mander, Gefangennahme Christi (Hollstein VII, de Gheyn 384)

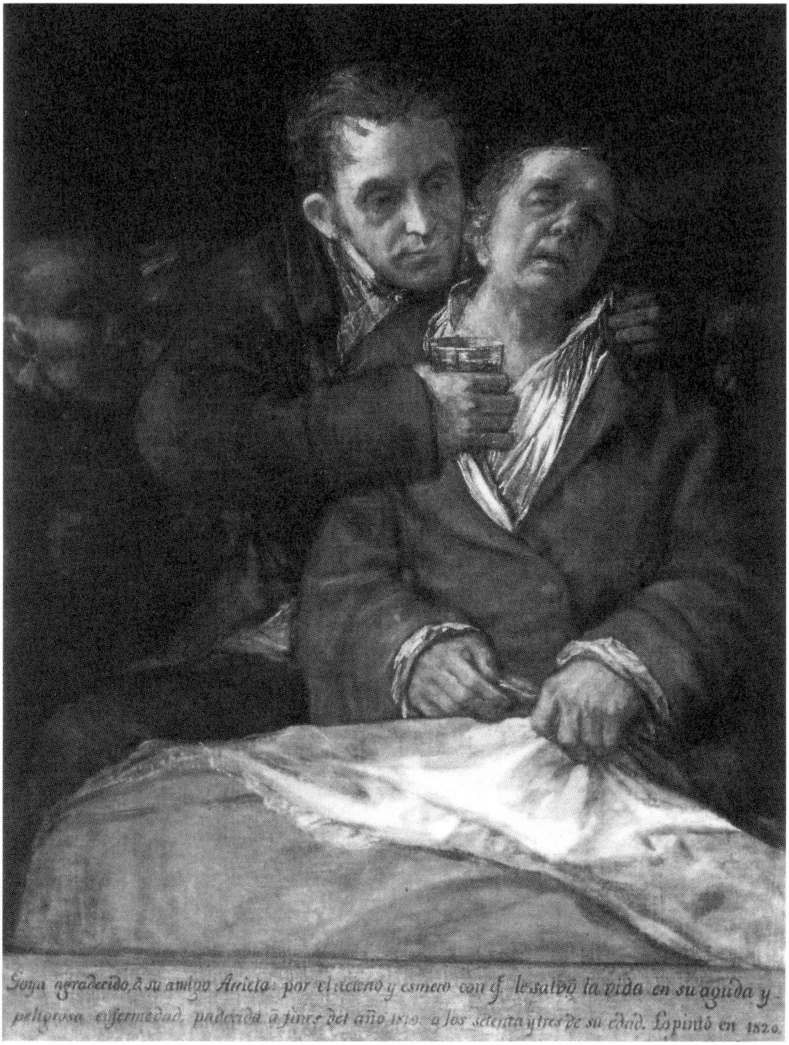

Abb. 47: Francisco Goya, Selbstbildnis mit seinem Arzt Arrieta, Minneapolis Institute of Arts, 1820

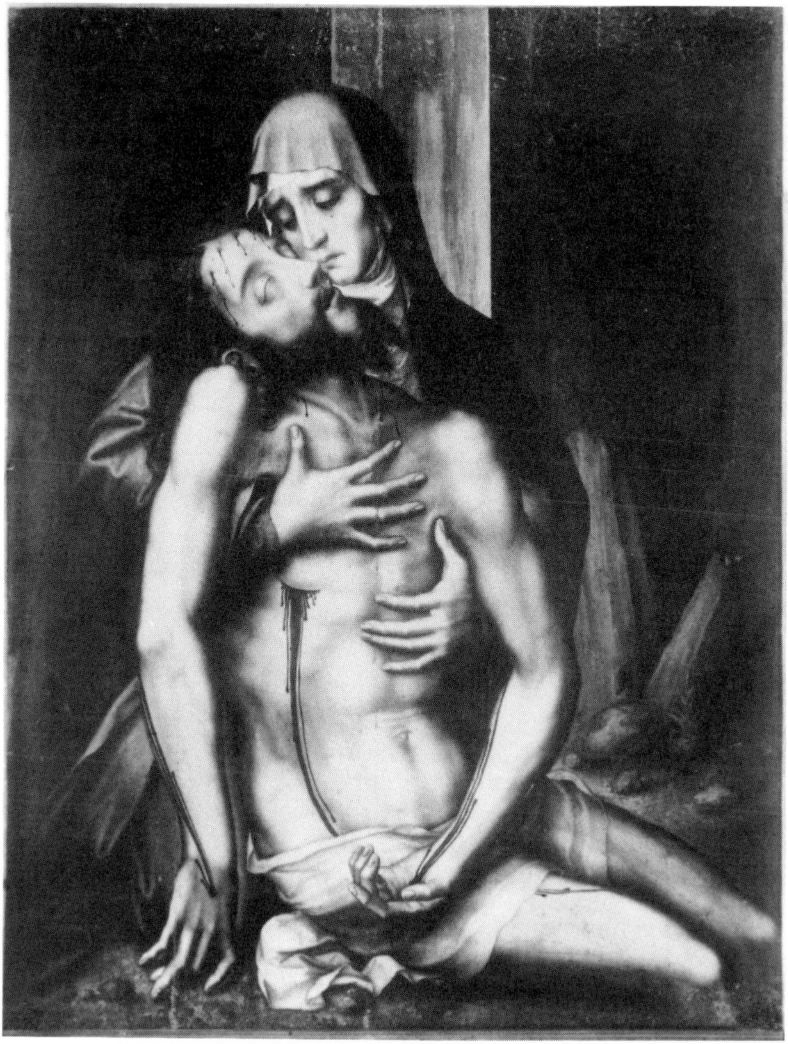

Abb. 48: Luis de Morales, Pietà, Madrid, Academia de San Fernando, um 1560

Schicksal. Auch die Kirche im Hintergrund vermag ihrem Sterben keinen Sinn mehr zu geben. Dort, wo in der christlichen Tradition das Tor zum Garten mit Judas und den Häschern sich findet, ist hier nur ein Blick auf die unendliche, aus dem Stadttor sich ergießende Schlange der Opfer gegeben. Statt Malchus, dem Christus das von Petrus abgeschlagene Ohr wieder ansetzt, Leichen im Vordergrund, an denen es nichts mehr zu heilen gibt, in Blut getaucht mit zerfetztem Gesicht oder Körper. Es ist Tötung im modernen Sinn dargestellt, als vollständige Auslöschung durch anonyme Kommandos. Angesichts des zerfetzten Gesichts des Toten im Vordergrund, das zudem mit groben Pinselstrichen gemalt ist, ist in der Tat der Glaube an Auferstehung nur noch schwer aufrecht zu erhalten. Für diese Auffassung, daß Tod entweder Zerstörung oder Verfall ist, gibt Goya einen sehr persönlichen Beleg.

Und auch bei diesem Beleg ist die neuere Forschung dahintergekommen, daß seine tiefere Dimension nur vor der Folie christlicher Tradition und, wie hinzuzufügen ist, vor ihrer anschaulichen Verneinung zu verstehen ist. Gemeint ist Goyas Selbstbildnis mit seinem Arzt Arrieta von 1820 (Abb. 47)[15]. Auf dem Schriftstreifen hat Goya, wie bei einem Votivbild, den Bildanlaß festgehalten: „Goya in Dankbarkeit seinem Freund Arrieta: Für die Geschicklichkeit und Sorgfalt, durch die er ihm das Leben bei seiner akuten und gefährlichen Krankheit rettete, die er Ende 1819 erlitt, mit 73 Jahren. Er malte es 1820."

Der Aufbau des Bildes ist höchst irritierend. Der leidende Goya wird von seinem Freund und Arzt Arrieta, der seitlich hinter ihm sitzt, auf dem Bett aufgerichtet. Beider Köpfe erscheinen frontal zum Betrachter, Verkürzungen, etwa bei Arrietas Sitzmotiv oder noch augenfälliger bei Goyas Bett interessieren offenbar nicht. Arrieta, der sich über Goyas Schulter beugt und ihm Medizin reicht, sagt kein Wort; er handelt, schützt und stützt Goya, dessen Kopf leicht zur Seite sinkt, dessen Mund im Leiden ein wenig geöffnet ist und dessen Linke verkrampft, aber doch kraftlos greift. In der Frontalität und Nähe der beiden hat das Bild etwas Ikonisches an sich. Im Hintergrund links und rechts sind undeutlich, geradezu verschwommen drei Personen zu erkennen, aber irritierenderweise nicht in ihrer Funktion zu begreifen. Bei diesem Bild mit seinem Dokumentcharakter wird man nicht an ängstigende geisterhafte Erscheinungen denken können, sondern eher an Klageweiber, die sich bei Goyas zu erwartendem Tod bereits eingefunden haben. Insofern vertreibt Arrieta in der Tat die Vertreter der Geisterwelt und den Todesspuk.

So verblüffend der Gedanke im ersten Moment zu sein scheint, der Eindruck der ikonischen Bildform scheint nicht zu trügen: Goyas Figuration scheint von einem bestimmten, aus der Ikonentradition hervorgehenden Pietà-Typus herzurühren, selbst die Existenz der Unterschrift findet in dieser Tradition ihre Erklärung, wenn sie auch ihrem Text nach direkt wohl dem Votivbildtypus entstammt. Die in

Italien im späteren 15. Jahrhundert herausgebildete Bildform einer ikonischen Pietà, bei der Maria mit dem toten Christus in Halbfigur erscheint, häufig gedacht als im Sarkophag stehend, ist offenbar für oberitalienische Künstler von besonderem Reiz gewesen, sie variieren den Grundtypus immer aufs Neue, gewinnen ihm immer neue Ausdrucksdimensionen ab[16]. An die Stelle von Maria kann auch ein Engel treten, der Christus präsentiert, und in seinem Schmerz unmittelbar an den Betrachter appelliert. Nun ist dieser Typus auch in Spanien besonders beliebt, es sei nur auf eines der zahlreichen Beispiele von Morales (Abb. 48) verwiesen, die ebenfalls das Grundmotiv umspielen. Maria stützt und präsentiert hier den Leib Christi.
Das Schema behält auch Goya bei, selbst die eine verkrampfte und die andere entspannte Hand mag man vergleichen, auch den kraftlos leicht nach hinten und zur Seite kippenden Kopf, doch eine bloße Präsentation des Leibes des Kranken wird nicht daraus, kraftvoll, wie ein Riegel ist der Arm des Arztes vor den Leib geschoben und hebt die Ikonenhaftigkeit letztlich wieder auf. In extremem, auch formalem Maße ist Arrieta mit Goya verschränkt. Hingewiesen sei nur auf das große „V", das von Arrietas Ohr über sein weißes Hemd, seine leicht verschattete Hand bis zu dem Punkt führt, in dem sich die Jackenrevers Goyas treffen, um von da wieder bis zu Arrietas linker Hand hinaufzuführen. Arrietas rechter Arm und vor allem das zentrale, gänzlich gerade gehaltene Glas, verdeutlichen das Energiezentrum, das den kranken Goya hält und wieder aufrichten wird.
Die christliche Ikone in der Weiterentwicklung seit dem 15. Jahrhundert konfrontiert den Gläubigen mit dem Elend des geschundenen Leibes Christi und fordert sein Mitleid ein. Im Mitleid erfährt er Tröstung für das Leben im irdischen Jammertal, denn er weiß um Christi Auferstehung. Die Pein im Leben und der Tod sollen ihren Schrecken verlieren. Die Pein in Goyas Leben wird als individuelle Pein vorgeführt, für die es in ihrer existentiellen Bedrohung keine jenseitige Tröstung gibt, allein der innerweltliche Eingriff seines Freundes und Arztes Arrieta kann ihn retten. Es ist diese gänzliche Individualisierung des Schmerzes, die die Vorstellung des paradigmatischen Leidens Christis verunmöglicht. Die Ikone hat ihre religiöse Kraft verloren, das Ikonische an Goyas Bild ist allein künstlerische Stiftung. Die ikonische Form trägt das Bild, macht es zur säkularen Ikone, deren Pathos allein innerweltliches Ethos zuläßt und nicht mehr auf jenseitige Gewißheit verweisen kann. Die ikonische Formel wird zudem als aus der Geschichte der Kunst herrührende Formel erkennbar.
Ein so eingefordertes kunsthistorisches Sehen ist aber auch Anzeichen dafür, daß Form und Inhalt getrennt erfahren werden können, daß eigentlich ästhetisch gesehen werden kann. Wir sollten das nicht nur als einen Gewinn verbuchen, sondern auch als ein Anzeichen für den Verlust ganzheitlicher, verbindlicher Welterklärungsmodelle. Die schrittweise Herausbildung autonom ästhetischer Sichtweise kann

man auch sehen als das Resultat des Bedürfnisses, den Ganzheitsverlust künstlich zu kompensieren. Wir treten in das Zeitalter ein, in dem das Gebrochene, Fragmenthafte, Vereinzelte, Unvollständige erfahren wird und nach seiner ästhetischen Aufhebung drängt. Gerade in der Umbruchphase des späteren 18. Jahrhunderts erweist sich die Tragfähigkeit eines ästhetischen Konzeptes darin, ob es ihm gelingt, die Auseinandersetzung mit der überlieferten und als nicht mehr sinnstiftend erkannten Bildersprache unmittelbar im künstlerischen Werk anschaulich werden zu lassen. Wohl kein Künstler hat wie Goya die neuen Welterfahrungen im Bilde thematisiert.

Ein letztes Beispiel dafür sei angeführt, wie Goya auf subtile Art und Weise die neuen Erfahrungen notwendig formal wendet, mit freiem Raum, mit Leere, mit Beziehungslosigkeit, mit der Konfrontation von unruhiger Bewegung und starrer Ruhe, mit ganz asymmetrisch angebrachten Kraftfeldern spielt.

„Die königliche Kompagnie der Philippinen" (Abb. 49) ist ein riesiges Bild von 3,30 × 4,20 m, zu dem es erstaunlicherweise keinerlei dokumentarischen Beleg gibt[17]. Es erscheint undenkbar, daß es ohne Auftrag entstanden ist, ebenso scheint es nicht vorstellbar, daß der Auftrag nicht ein Gruppenbild gefordert hat, in der Tradition der holländischen Gruppenportraits des 17. Jahrhunderts. Ferner ist davon auszugehen, daß das Bild ein ganz bestimmtes Meeting der bedeutendsten spanischen Kolonialhandelsgesellschaft unter dem Vorsitz des Königs Ferdinand VII. festhält. Der König hatte ein ganz besonderes Interesse daran, als Präside der Handelsgesellschaft zu erscheinen, so daß man durchaus davon ausgehen kann, daß der Auftrag von ihm kam, schließlich war Goya sein Hofmaler. Und es lassen sich auch Gründe denken, warum dokumentarische Hinweise fehlen, das Bild offenbar nie in öffentlichen Funktionszusammenhängen gestanden hat.

Nach seiner Rückkehr 1814 nutzte Ferdinand die Philippinische Handelsgesellschaft, um die immensen Staatsschulden abzubauen. Noch und noch forderte er riesige Beträge unter Androhung von Repressionen. Oktober 1818 verlangte er 20 Millionen Real von den Madrider Händlern. Proteste beantwortete er mit massiven Drohungen. Kurz danach weigerte sich die Philippinische Kompanie, noch einmal 8 Millionen Real Kontributionen zu zahlen, mit dem Hinweis, sie hätte bereits 145 Millionen zur Verfügung gestellt. Im Frühjahr 1820 ließ Ferdinand die Bücher der Kompanie überprüfen, in der Folge konnten sich die Kompanie und ihre Bank nur vor weiteren Zugriffen sichern, indem sie das eingehende Geld täglich an ihre Mitglieder verteilten. Das Verhältnis von Kompanie und König war vollkommen zerrüttet. Von daher kann das Bild nur in der ersten Phase loyaler Bekundungen, also um 1815 entstanden sein. So wäre der offizielle Sinn des Bildes nicht bloß ein bestimmtes Meeting, sondern den Anspruch des Königs auf Präsidentschaft der Kompanie zu dokumen-

Abb. 49: Francisco Goya, Die königliche Kompagnie der Philippinen, Castres, Musée Goya, um 1815

tieren, es wäre das Dokument eines Abhängigkeitsverhältnisses. Schon kurz nach Vollendung mochte es dem König selbst nicht mehr opportun erschienen sein, dieses Verhältnis auch noch öffentlich im Bilde festgehalten zu sehen. Sollte das Bild jedoch von der Kompanie in Auftrag gegeben worden sein, wie es in der Tradition der holländischen Gruppenportraits der Gilden selbstverständlich wäre, so bestünde noch mehr Grund, das Bild sang- und klanglos verschwinden zu lassen.
Hat man diese historischen Umstände im Auge, so mag es noch verständlicher werden, warum Goya nicht mehr in der Lage war, der traditionellen Gattung gerecht zu werden, das heißt, das Selbstverständnis einer machtvollen Wirtschaftsvereinigung mit königlicher Protektion repräsentativ im Bilde festzuhalten.
Bei aller individuellen Verlebendigung und Aufhebung der tradierten statischen Grundstruktur: Rembrandts Gruppenportrait der Vorsteher der Tuchhändlergilde von 1662, die berühmten „Staalmeesters" etwa, erfüllen ihre Gattungsfunktion durchaus. Goyas Bild wird dieser Funktionsbestimmung schon deswegen nicht mehr gerecht, weil, trotz der Größe des Bildes, die Portraits insbesondere der Junta am langen Vorstandstisch kaum in der Erinnerung verbleiben können, zu verwischt und ferngerückt erscheinen sie. Die Physiognomie von Fer-

Abb. 50: Francisco Goya, Skizze zur „Königlichen Kompagnie der Philippinen", Berlin, Staatliche Museen Preussischer Kulturbesitz, um 1815

dinand mag man erkennen, wie erstarrt, wie eine Spinne im Netz, besetzt er das absolute Zentrum des Bildes, seine Beisitzer, von ihren Stuhlrücklehnen wie Medaillons gerahmt, wirken nicht belebter.
Dieser rigiden Reihe kontrastieren die beiden seitlich rahmenden Zuschauergruppen der normalen Mitglieder, hier herrscht schlicht Unordnung. Zum Vorstandstisch schaut so gut wie niemand, die Gruppen wirken wie in einer kurzen Pause nach drei Stunden Sitzung, etwas angestrengt oder gelangweilt macht sich jeder für sich auf seinem Stuhl Bewegung. Die Unruhe als Gegenpol zum starren Vorstandstisch ist geradezu körperlich greifbar.
Aber sie ist nicht nur Gegenpol zum Vorstandstisch. Wenn man Goyas in Berlin aufbewahrte Ölskizze (Abb. 50) mit dem fertigen Bild vergleicht, stellt man schnell fest, daß Goya die Konstruktion des Raumes noch entschieden zugespitzt hat. Im fertigen Bild erkennt man kaum noch, daß der Vorstandstisch „L"-Form hat, daß rechts drei Personen an der Schmalseite des Tisches sitzen. Es kommt Goya darauf an, den Vorstandstisch wie eine durchgehende hohe Barriere erscheinen zu lassen, in der Skizze fällt nicht nur durch das riesige seitliche Fenster rechts vom Ende des Vorstandstisches klares Licht, sondern durch ein zweites, im fertigen Bild verdunkeltes, weiter zurückliegendes Fenster von derselben Seite, es wirft einen starken Schatten auf

die Vorderfront des Vorstandstisches, ein Unruhemoment, das Vorstandstisch und vorderes Publikum ebenso verbindet, wie die deutliche „L"-Form des Tisches. Vorstand und Publikum sind in der Skizze gleichermaßen abhängig vom Lichteinfall, im fertigen Bild fällt das Licht nur auf die unruhigen gewöhnlichen Mitglieder, der Vorstand bleibt unnahbar in gedämpftem Licht. Doch all dieses macht noch nicht den hochgradig irritierenden Eindruck des Bildes aus, er resultiert aus dem Zusammenspiel von rigider Kastenraumkonstruktion und Leere.

Die Fluchtlinien sind streng konstruiert, sie treffen sich genau auf halber Höhe des Vorstandstisches unterhalb von Ferdinand, der nicht nur die Mittelachse des Bildes markiert, sondern auch mit seiner Brust den absoluten Bildmittelpunkt. Dadurch, daß der Fluchtpunkt quasi zu seinen Füßen liegt, wirkt er zentriert und herausgehoben zugleich. Alles Publikum ist unterhalb der von den Fluchtlinien markierten Horizontalen angeordnet, es unterliegt ihr im wörtlichen Sinne – mit Ausnahme der beiden links in der Nische Stehenden. Der Kastenraum fluchtet stark, er ist kahl und riesig und wirkt dennoch flach. Flächen- und Raumwirkung durchdringen sich auf seltsame Weise. Da die Flächenwirkung die Höhenwirkung nicht beeinflußt, wirkt der Raum besonders riesig und kahl. Der wie Ferdinand auf der Mittelachse angeordnete Kronleuchter vor dem, wie man annehmen kann, Staatsportrait an der Wand nimmt sich so eher winzig und verloren aus. Die Seitenwände, trotz der Fenster- und Wandnischeneinschnitte, wirken besonders auf der linken Seite wie parallele flächige Streifen, den Eindruck identifizierbarer Materie lassen sie nicht zu. Der Leerraum, den sie markieren, ist in der Wirkung vorherrschend und läßt selbst den posierenden Herrscher im Bildganzen unbedeutend erscheinen. Die Krönung findet die Irritation jedoch in dem stark fluchtenden Teppich des Vordergrundes, der die Publikumsgruppen scheidet und den Blick auf den Vorstandstisch mehr oder weniger unverstellt sein läßt. Dieser Teppich wirkt trotz des klaren Grobstrukturmusters hochgradig unruhig. Er ist Blickschneise und Tabuzone zugleich.

Von den zwei in der linken Seitennische Stehenden ist der vordere direkt zu erkennen, sein Gesicht ist hell beleuchtet, er schaut als einziger aus dem Bilde heraus, sein Auge liegt haargenau auf der horizontalen Mittelachse, das macht ihn zum Stellvertreter des Betrachters im Bilde.

Äußerst kühl und neutral, auch als Stellvertreter des Malers, konfrontiert er uns mit der von diesem Bild ausgelösten Verunsicherung. Wir verstehen nicht, was hier wirklich passiert, wie wir das Bild lesen sollen, unsere Konventionen helfen vor diesem Bilde nicht, es zu verstehen. Es scheint uns sinnlos, zusammenhanglos, nicht stimmig, auch ängstigend – und das bei einem Gruppenportrait. Das Verhältnis von Staat und Gesellschaft, Institution und Individuum scheint aus der

Ordnung, sich nicht mehr zu einer selbstverständlichen Figur zu fügen. Die umfassende Figur wird im Kunstwerk abstrakt, rigide, nur für sich logisch gestiftet, die Teile der Figur stoßen sich im Raum, haben ihre Harmonie, ihre Form-Inhalt-Korrespondenz verloren. Goya begehrt dagegen auf, indem er die Brüche zeigt, als Wunde erfahren läßt und der Form neue, bis dahin nicht gesehene Ausdrucksdimensionen abgewinnt.
Es ist an der Zeit, die Ergebnisse unserer Überlegungen zu resümieren und in Anwendung zu bringen auf unsere Schlußfrage nach der Präsentation von Geschichte im Bilde.
Jedes Bild konnte seit dem 18. Jahrhundert tendenziell sein Gegenbild, etwa in der Karikatur finden. Das hebt die selbstverständliche Historie auf. Zumindest hat bei jedem Bild das Gegenbild mitgedacht zu werden. Das führt zu einer Bewußtheit des Bildens mit doppelter Konsequenz. Zu einer Bewußtheit von der Sinnstiftung durch Form oder Formrelation und zu einer Bewußtheit von der Historizität der Form; die Nazarener etwa wissen die vor- oder frühraffaelische Form genau von spätraffaelischer zu scheiden und messen der einen Ursprünglichkeit und der anderen geradezu Degeneration zu[18]. Die Bewertung der Formen führt zu einer bewußten, d. h. aber auch historistischen Form- und Stilwahl. Dieser reflektive Umgang mit der Geschichte der Kunst sensibilisiert wiederum für den Umgang mit den tradierten Formen, für ihre Instrumentalisierung womöglich gegen ihren ursprünglichen Verwendungszusammenhang. Die Kunst experimentiert mit der ausdruckshaltigen Form und Formabweichung; man kann zugespitzt sagen, jedes Bild trägt nun sein Gegenbild schon in sich. Es entwirft nicht mehr mit Hilfe konventioneller Allegorie Idealbilder, sondern hebt die in der Realität erfahrenen Brüche im autonomen Formentwurf sichtbar auf. Insofern folgt die Moderne dem Prinzip Karikatur.
Die erfahrene Form-Inhalt-Diskrepanz führt zu einer Dominanz der Form. Man kann sie auch als Antwort auf den Verlust der Darstellungsmöglichkeit inhaltlicher Eindeutigkeit verstehen. Damit wird die Diskrepanz zum Thema, und der Betrachter ist in nie gekanntem Maße aufgerufen, sie zu ertragen. Er hat das Kunstzitat zu sehen, die Formabweichung als sinnhaltig zu erfahren, er hat sich auf das womöglich gar hermetische, abweisende Bild einzulassen, das ihn nicht mehr mit einer ganzen Palette rhetorischer Formeln einlädt, ihm Übersetzungshilfe anbietet, ihn Schritt für Schritt durchs Bild führt und ihm am Ende die Geschichte mit seinen Sprachmöglichkeiten vorgeführt hat. Dennoch kann das Bild gerade jetzt von besonderer Eindringlichkeit sein – für den, der sich ihm stellt, weil es mit nicht gegenstandsgebundenen, bildimmanenten Zeichen zu wirken weiß, sie in Konkurrenz zu konventionellen, von den Gegenständen getragenen Zeichen treten lassen und so deren Transformation oder Potenzierung erreichen kann. Diese Freilegung der bildnerischen Möglich-

keiten geht auf Kosten folgerichtigen Erzählens, statt dessen kann über das Erzählen reflektiert werden, oder der Vorgang des Erzählens selbst anschaulich werden. Nur unter dieser Prämisse wird überhaupt noch erzählt.

Die Frage, die sich jetzt stellt, lautet weniger, wie können Bilder nun noch Geschichte, Ereignisse, Vorgänge illustrieren, sondern vielmehr, wie kann die jetzt erworbene Potenz der Kunst zum Verständnis der Geschichte fruchtbar gemacht werden.

Auf die Feststellung hin, daß die Historie am Ende des 18. Jahrhunderts tot sei, könnte man mit dem Hinweis antworten, es gäbe doch eine Flut von Historienbildern des 19. Jahrhunderts, in Deutschland wiederbelebt von der Cornelius-Schule und gipfelnd in Kaulbachs riesigem Weltgeschichtszyklus im Neuen Museum in Berlin; in Frankreich erst zur Verherrlichung der Napoleonischen Ära herangezogen, dann unter deutschem Einfluß fungierend als weltgeschichtliche Reflexion etwa bei Chenavard, in Belgien schließlich als Erneuerungsversuch in venezianischen Bahnen. Das ist richtig, und dennoch sind all diese Bilder, obwohl ihre Maße gelegentlich ins Megalomane gehen, nicht nur ohne die Kraft traditioneller Historie, sondern letztlich ohne Adressaten und damit funktionslos; sie füllen eine Leerstelle, aber erfüllen sie nicht. Sie kitten den Bruch zwischen Individuum und Gesellschaft nicht, sie übertünchen ihn nur. Sie können Bildungswissen und Bildungsbewußtsein aufrufen, aber keine Identität bestätigen oder gar stiften.

Pilotys „Seni an der Leiche Wallensteins" (Abb. 51) etwa kann ein riesiger Publikumserfolg sein, aber es setzen auch sofort drei Diskurse ein[19]. Der erste widmet sich der dargestellten Geschichte selbst, den Rollen ihrer Protagonisten, er ist literarischer Natur. Folgt Piloty Schiller genau oder nicht, ist Seni der trauernde Weise, der über das Schicksal der Mächtigen nachsinnt, oder ein Halunke? Wie wird diese Frage im Bild beantwortet? Im Endeffekt muß man irritiert feststellen, das Bild gibt keine Antwort.

Der zweite Diskurs ist kunstkritischer Natur, er widmet sich der Farb- und Lichtbehandlung, preist den Fortschritt gegenüber der farblosen Cornelius-Tradition, sieht die Parallelen zur gleichzeitigen belgischen Kunst und weiß die kunsthistorische Herkunft dieser Malkultur aus Venedig und den Niederlanden aufzuzeigen. Durch diese Zuordnung wird das moderne Werk gleich wieder der Geschichte zugeschlagen.

Der dritte Diskurs ist historischer Natur. Wie war das mit Wallenstein wirklich, geben die Quellen genügend her zur Erhellung der Rolle des Seni? Die Diskrepanz von literarischer und historischer Behandlungsweise, bei aller möglichen Detailgenauigkeit in der Ausstattung, wird schnell deutlich. Die verschiedenen Diskurse finden sich vor dem Bilde nicht zu einem zusammen. Allenfalls sind sie nachträglich in der kulturhistorischen Reflexion über den Bildungsbegriff zu synthetisieren.

Abb. 51: Karl von Piloty, Seni an der Leiche Wallensteins, München, Bayerische Staatsgemäldesammlungen (Neue Pinakothek), 1855

Was aber leistet das Bild selbst, abgesehen davon, daß sich an ihm die besagten Diskurse entzünden, die sich dann aber doch weitgehend ohne es entwickeln? Ich fürchte, es leistet nicht viel. Es bietet ein gewisses Pathos an, in dessen Hohlkörper sich das synthetische Bildungsideal einnisten kann. Es macht dagegen die erfahrenen Brüche zwischen Form und Inhalt, zwischen Ästhetik und Geschichte, Individuum und Gesellschaft nicht zu seinem Thema, antwortet damit auf die historische Fragestellung nur ausweichend. Dieses Ausweichende macht seine Unwahrheit aus. Im Rahmen eines historischen Museums wäre es nur ideologiekritisch zu nutzen.
Ein Werk von Goya, Caspar David Friedrich, Courbet, Delacroix oder Manet dagegen wäre nach der präzisen historischen Verankerung seines jeweiligen individuellen und thematischen Anlasses auf die Form der Veranschaulichung der historischen Erfahrung im Medium des Bildes hin zu befragen. Das würde auch für ein historisches Museum die Konzentration auf das individuelle Werk verlangen.

Abb. 52: Adolph Menzel, Das Flötenkonzert, Berlin, Staatliche Museen Preussischer Kulturbesitz, 1852

Dabei wäre zu versuchen, den Zusammenhang von Geschichte und Ästhetik, gerade weil er als historische Erfahrung problematisch geworden ist, interpretativ zu veranschaulichen. Die Diskurse wären auszubreiten, ihre Zusammenhanglosigkeit wäre verständlich zu machen, dann wäre ihre Aufhebung durch Aufweisung und ästhetische Überbietung im individuellen Bild zu zeigen. Keine Frage, das zu leisten, fordert viel.
Mit der Ausstellung der Tabakdosen von Friedrich dem Großen ist es nicht getan, auch nicht mit dem Aufweis von Theodor Fontanes oder Adolph Menzels Diskursen über diese Tabakdosen. Das verbliebe im Illustrativen. Auch eine ideologiekritische Behandlung von Menzels Friedrichbildern, wie sie gerade Jost Hermand in der Reihe „Kunst-Stück" vorgelegt hat[20], reicht nicht aus, wenn nicht zugleich etwa im „Flötenkonzert" (Abb. 52) Menzels Veranschaulichung des Form-Inhalt-Problems vorgeführt würde, seine Form der Aufhebung der Diskrepanz von Geschichte, Geschichtsinterpretation und Wirklichkeitsaneignung. Nur vor der Folie von Menzels besonderer Weise der Rekonstruktion der Wirklichkeit aus ihren studierten Partikeln wäre sein Ausspruch verständlich zu machen, er habe das „Flötenkonzert" nur wegen des Kronleuchters und seiner Lichteffekte gemalt. Für die Ideologiekritik ist eine solche Bemerkung nur ein Zeichen dafür, daß Menzel die direkte politische Inanspruchnahme seiner Friedrichbilder peinlich war, obwohl er dieser doch vorgearbeitet habe. Nun zie-

he er sich auf eine vermeintlich rein künstlerische Position zurück[21]. Für die hier vorgeschlagene Betrachtungsweise dagegen wäre eine derartige Bemerkung ein deutliches Zeichen dafür, daß die historisch gegebene und erfahrene Diskrepanz von Form und Inhalt nur in der künstlerischen Setzung, die zugleich die künstlerische Veranschaulichung des historischen Bruches ist, bewältigt werden kann.
Eine Inanspruchnahme der Kunst im Historischen Museum hätte von dieser historischen Grunderfahrung der Moderne auszugehen und Konzepte zu ihrer Veranschaulichung zu entwickeln. Ja, es wäre sogar denkbar, daß das Historische Museum diese Veranschaulichungskraft der Kunst nutzt, um die auseinanderfallende Fülle der Gegenstände und Ereignisse unserer Geschichte auf ein immer wieder anders ästhetisch zur Anschauung gebrachtes Grundmodul zurückzuführen; denn auch ein Historisches Museum, wenn es denn ein Museum sein soll, müßte von der Anschauung und nicht vom Gedanken ausgehen, es müßte von den Geschichtsbildern zum Geschichtsbild kommen und nicht umgekehrt.

[1] Tagebuch des Herrn von Chantelou über die Reise des Cavaliere Bernini nach Frankreich, dt. Bearbeitung von H. Rose, München 1919, S. 122, 189.

[2] Zuletzt zu dieser Karikatur: Mittel und Motive der Karikatur in fünf Jahrhunderten, Bild als Waffe, hrsg. v. G. Langemeyer, G. Unverfehrt, H. Guratzsch und Ch. Stölzl, München 1984, S. 93.

[3] N. Elias, Die höfische Gesellschaft, ed. Neuwied und Berlin 1969, S. 120–177.

[4] J. J. Winckelmann, Kunsttheoretische Schriften, Bd. 1 (= Studien zur deutschen Kunstgeschichte, Bd. 330), Baden-Baden, Straßburg 1962, S. 73 (Sendschreiben, 1756).

[5] Zur Entwicklung der englischen Karikatur im 18. Jahrhundert: W. Busch, Die englische Karikatur in der zweiten Hälfte des 18. Jahrhunderts, Ansätze zu einer Entwicklungsgeschichte, in: Zeitschrift für Kunstgeschichte 40, 1977, S. 227–244.

[6] H. Kurz, Italian Models of Hogarth's Picture Stories, in: Journal of the Warburg and Courtauld Institutes 15, 1952, S. 136–168.

[7] G. Greene, Lord Rochester's Monkey, being the Life of John Wilmot, Second Earl of Rochester, ed. New York-Baltimore 1976, s. besonders S. 38–41, 96–103, 119–141.

[8] Zur literarischen Reflexion des Bildtypus s. J.H. Hagstrum, The Sister Arts, Chicago 1958, S. 146 ff. Beispiele außer bei Greene, op. cit. (Anm. 7) etwa bei: Lord Killanin, Sir Godfrey Kneller and his Time, 1646–1723, London 1948, Pl. 16, 28, 61 und R. B. Beckett, Lely, London 1951, Pl. 101, 102, 104, 114.

[9] Hagstrum, op. cit. (Anm. 8), S. 236 ff.

[10] Zu Reynolds Portrait und Gillrays Satire s. Kat. Ausst. Reynolds, Royal Academy of Arts, London 1986, Kat. Nr. 94 resp. 204.

[11] J.R. Martin, The Decorations for the Pompa Introitus Ferdinandi (= Corpus Rubenianum Ludwig Burchard, Bd. 16), Brüssel 1972.

[12] V. de Sambricio, Tapices de Goya, Madrid 1946, Dokument 225; am wichtigsten für die folgende Interpretation: F. Licht, Goya, Beginn der modernen Malerei, dt. Ausgabe Düsseldorf 1985, S. 108–132.

[13] S. etwa J. Held, Francisco de Goya (= rowohlts monographien, Bd. 284), Reinbek bei Hamburg 1980, S. 102 f.

[14] Es ist mehrfach auf diese Motivreihe hingewiesen worden: F. D. Klingender, Goya and the Democratic Tradition, ed. New York 1968, S. 186–195, dort auch eine religionsgeschichtliche und politische Einordnung; etwa auch G. A. Williams, Goya (= das neue buch, Bd. 92), dt. Ausgabe Reinbek bei Hamburg 1978, S. 151.

[15] Auch zu diesem Bild finden sich die besten Bemerkungen bei: Licht, op. cit. (Anm. 12), S. 166–170.

[16] Dazu ausführlich: H. Belting, Giovanni Bellini, Pietà, Ikone und Bilderzählung in der venezianischen Malerei, Frankfurt 1985.

[17] Siehe auch wieder Licht, op. cit. (Anm. 12), S. 215–221; zu den historischen Zusammenhängen: Klingender, op. cit. (Anm. 14), S. 165 f.

[18] Zuletzt hierzu: Kat. Ausst. Die Nazarener in Rom, Ein deutscher Künstlerbund der Romantik, dt. Ausgabe, hsrg. v. K. Gallwitz, München 1981, bes. S. 23–25.

[19] Zu Pilotys Bild hat Michael Bringmann auf dem Kolloquium zur Kölner Ausstellung „Triumph und Tod des Helden“ 1988 eine detaillierte Untersuchung vorgelegt, sie wird im Kolloquiumsband erscheinen.
[20] J. Hermand, Adolph Menzel, Das Flötenkonzert in Sanssouci, Ein realistisch geträumtes Preußenbild, Frankfurt a. M. 1985.
[21] Zu Menzels Ausspruch und seiner Bewertung, s. ebenda, S. 12, 23–26, 55–63.

Max Imdahl

Die Zeitstruktur in Poussins „Mannalese"
Fiktion und Referenz

Nicolas Poussin hat das Bild der Mannalese wahrscheinlich im Zeitraum von 1637 bis 1639 in Rom gemalt (Abb. 53). Im Jahre 1639 jedenfalls ist das Gemälde vollendet. Gemalt ist das Bild für Paul Fréart de Chantelou. Das Bild ist in der heutigen, wohl nicht ursprünglichen Höhe 149 und in der Breite 200 cm groß und befindet sich im Louvre. Im Jahre 1667 gelangte es in die Sammlung von Ludwig XIV.

Poussins Gemälde der Mannalese ist ein zu seiner Zeit hochgerühmtes Ereignisbild, ein Paradigma desjenigen szenischen Darstellungsvermögens, dessen die französische Malerei des siebzehnten Jahrhunderts fähig war. Vor allem das szenische Darstellungsvermögen des Bildes ist auch das Thema der hier vorgelegten Bildbeschreibung. Die folgenden Ausführungen sind, in gewiß einseitiger Fragestellung und gewiß nur partieller Berücksichtigung der überaus umfänglichen Poussin-Literatur, bezogen auf die komplexe Zeitstruktur der verbildlichten Szene. Vieles sonst Wichtige bleibt außer Betracht. Auf die sehr eindringlichen und zuweilen auch kontroversen Bildinterpretationen anläßlich einer Conférence in der Académie royale im Jahre 1667 wird nur gelegentlich hingewiesen. In Briefen an Jacques Stella und Chantelou hat sich Poussin selbst zur psychischen Differenziertheit der Bildfiguren geäußert[1].

Poussins Bild nimmt Bezug auf das Zweite Buch Mose, 16, 1–17. Aus dieser Textvorlage sind die folgenden, für das Bild wichtigen Verse zu zitieren:

2. Und es murrte die ganze Gemeinde der Kinder Israel wider Mose und Aaron in der Wüste.

3. Und sprachen: Wollte Gott, wir wären in Ägypten gestorben durch des Herrn Hand, da wir bei den Fleischtöpfen saßen und hatten die Fülle Brot zu essen; denn ihr habt uns darum ausgeführt in diese Wüste, daß ihr diese ganze Gemeinde Hungers sterben lasset.

6. Mose und Aaron sprachen zu allen Kindern Israel: Am Abend sollt ihr innewerden, daß euch der Herr aus Ägyptenland geführt hat.

8. Weiter sprach Mose: Der Herr wird euch am Abend Fleisch zu essen geben und am Morgen Brots die Fülle, darum daß der Herr euer Murren gehört hat, daß ihr wider ihn gemurrt habt. Denn was sind wir? Euer Murren ist nicht wider uns, sondern wider den Herrn.

10. Und da Aaron also redete zu der ganzen Gemeinde der Kinder

Israel, wandten sie sich gegen die Wüste; und siehe, die Herrlichkeit des Herrn erschien in einer Wolke.
11. Und der Herr sprach zu Mose:
12. Ich habe der Kinder Israel Murren gehört. Sage ihnen: Gegen Abend sollt ihr Fleisch zu essen haben und am Morgen von Brot satt werden und innewerden, daß ich der Herr euer Gott bin.
13. Und am Abend kamen Wachteln herauf und bedeckten das Heer. Und am Morgen lag der Tau um das Heer her.
15. Und da es die Kinder Israel sahen, sprachen sie untereinander: Man hu (d. h. was ist das?); denn sie wußten nicht, was es war. Mose aber sprach zu ihnen: Es ist das Brot, das euch der Herr zu essen gegeben hat.
Was die räumliche Disposition der Bildszene betrifft, so ist der Hintergrund – ohne nähere Anzeichen einer ungewöhnlichen Handlung – besetzt von einigen Zelten der Israeliten. Davor, im Mittelgrund, erkennt man Moses und Aaron dicht benachbart und aufrecht stehend, Moses mit erhobenem Arm auf den Himmel weisend und Aaron mit gefalteten Händen zum Himmel aufblickend. Am Himmel selbst eine vor allem die Sphären der Ferne und des Mittelgrundes verdüsternde dunkle Wolke: „Und siehe, die Herrlichkeit des Herrn erschien in einer Wolke“. Wiederum im Mittelgrund, und zwar zur Linken wie auch zur Rechten von Moses, je eine Gruppe zumeist kniender Israeliten. Die meisten Personen der linken Gruppe erheben die Arme zum Himmel. Auffallend ist der zum Himmel gerichtete Adorationsgestus des Anführers der linken Gruppe, denn offensichtlich besteht zwischen dessen Armhaltung und der Aufwärtsgebärde des Moses eine formale, nahezu spiegelsymmetrische Korrespondenz. Zweifellos sind dadurch die Mosesfigur und die Gruppe zur Linken miteinander verbunden. Die meisten Personen der rechten Gruppe dagegen verneigen sich vor Moses selbst.
Bezieht man den bildlichen Sachverhalt auf den vorgegebenen biblischen Text und zumal auf dessen narrativen Verlauf, so kann sich keine detailgenaue Übereinstimmung ergeben. Vieles von dem, was das Bild zeigt, ist im Text nicht erwähnt, und anderes Textgegebenes läßt das Bild aus. Unberücksichtigt bleibt der Bericht, daß am Abend Wachteln heraufkamen und das Heer bedeckten. Das Bild bildet den Text nicht ab, es transformiert ihn vielmehr in bildliche und nur bildmögliche Konstellationen. Solche bildgestifteten Konstellationen bestehen in den Gruppen links und rechts von Moses. Es liegt nahe, zwischen den Handlungen dieser Gruppen in dem Sinne zu unterscheiden, daß die linke Gruppe– noch vor dem Wunder – die Wolke gewahrt, dagegen die rechte – schon nach dem Wunder – Moses in Respekt und Ehrerbietung huldigt, was dieser jedoch verbietet durch einen Hinweis auf den Himmel. Im Kontext mit den Gruppen beiderseits gewinnt die Mosesgebärde höchste szenische Relevanz, indem sie – in identischer Gestalt sowohl auf die linke als auch auf die rechte

Abb. 53: Nicolas Poussin, Mannalese, 1637/39, Paris, Louvre

Gruppe beziehbar – ihrerseits das zeitlich getrennte auf sich bezieht. Auf die linke Gruppe bezogen verweist die Mosesgebärde auf die Wolke, das heißt auf die Präsenz Gottes noch vor dem Wunder, wie sie zugleich, in Reaktion auf die Huldigungen der rechten Gruppe, auf Gott als den Bewirker des schon geschehenen Wunders hindeutet: „Es ist das Brot, das der Herr euch zu essen gegeben hat“. Auf Gott als den Bewirker des Wunders ist dann auch der Gestus Aarons gerichtet. Allein in der Aufwärtsgebärde des Moses aber sind – wie in einem Scharnier – Handlungen bezüglich der Wunderverheißung und Handlungen bezüglich der Wundererfüllung ineinander vermittelt. Dazu behelfsweise das folgende Schema. Die Figur des Moses ist bezeichnet mit C, die Gruppe links von Moses ist bezeichnet mit B, die Gruppe rechts von Moses ist bezeichnet mit D.

$$B \rightarrow C \leftarrow D$$
$$B \leftarrow C \rightarrow D$$
$$B \rightarrow C \rightarrow D$$

Die obere Zeile des Schemas zeigt die seitlichen Gruppen (B, D) auf Moses (C) hin orientiert.
Die mittlere Zeile des Schemas zeigt in der Mosesfigur (C) einen normativen zeitlichen Jetztwert, von dem aus die Aktionen von B und D als Vorher und Nachher divergieren.
Die untere Zeile des Schemas zeigt eine phasenlogische Zeitabfolge als bloße Sukzession von B zu C zu D.

Abb. 54: Nicolas Poussin, Mannalese, (Ausschnitt: Caritas-Romana-Gruppe)

Bildbeherrschend sind die Konstellationen des Vordergrunds. Man-sieht zur Linken im wesentlichen die Hungernden (Abb. 54). Man sieht, am nächsten im Vordergrund, eine sehr besondere Figurengruppe, in der eine junge Frau vor den Augen ihres Kindes ihrer alten verhungernden Mutter die Brust reicht und zugleich das Kind schmerzlich tröstet. Diese Figurengruppe ist ein Ausdruck des Elends wie ebenso ein Ausdruck des Erbarmens. Die Szene ist in ihrem Kern aus der Antike bekannt, und zwar aus der Naturgeschichte des Plinius (7. Buch, Abschn. 36) als eine Version der sogenannten Caritas Romana. Bei Plinius wird bekanntlich erzählt, daß eine zum Hungertode im Gefängnis verurteilte Alte von ihrer Tochter heimlich genährt wurde. „In der ganzen Welt" – so leitet Plinius seine Erzählung ein – „findet man unzählige Beispiele liebender Hingebung, zu Rom aber eines, zu dem alle übrigen keinen Vergleich aushalten". In Poussins Bild ist die Caritas-Romana-Gruppe das Paradigma für eine äußerste Handlung menschlicher Hilfeleistung, und sie ist aus anderem historischen Zusammenhang in die biblische Szene übertragen. Sie fungiert in Poussins Bild als Inbegriff menschlicher Caritas im Kontext der Antike, außerhalb des Alten Testaments. Von großer Bedeutung ist es indessen, daß Poussin der Caritas-Romana-Gruppe ein Kind beigesellt hat – zu welchem Sinn, wird später noch zu erörtern sein.
In Poussins Bild sieht man links neben der Caritas-Romana-Gruppe einen Mann, der den unerhörten Vorgang in Bewunderung und betroffenem Staunen betrachtet. Der Mann macht dem Bildbeschau-

er gleichsam vor, wie er selbst den unerhörten Vorgang zu betrachten habe. Rechts neben der Caritas-Romana-Gruppe sieht man einen dahinsiechenden Greis. Dem Greis steht ein Jüngling bei, der ihm die Rettung zeigt. Der Greis erhebt die Hände weit geöffnet, sei es in anbetender, sei es in flehender Gebärde oder in einem Ausdruck von beidem in einem.

Den Vordergrund der rechten Bildseite nehmen, abermals in differenziertesten Aktionen, Szenen nach dem Wunder ein (Abb. 55). Man erkennt, unmittelbar rechts von der Bildmitte, die Gruppe zweier Knaben, die sich um das Manna schlagen, man erkennt Personen, die das Manna sammeln und essen, und man erkennt, wiederum am nächsten im Vordergrund, eine andere, zweite junge Mutter mit Kind, die einen Jüngling mit schon gefülltem Korb nach links auf die Hungernden hinweist. Die Mutter hält das Kind, von dem nur, wenngleich hellbeleuchtet, Kopf und Hand zu sehen sind, in ihrem rechten, gewinkelten Arm. Der Jüngling mit dem Korb ist, unmittelbar hinter der jungen Mutter, schon auf dem Wege zu den Hungernden. Die junge Mutter und der Jüngling bilden eine Gruppe. Diese ist – eben als Gruppe – aber auch durch ihre räumliche Lokalisation im nächsten Vordergrund – der Caritas-Romana-Gruppe vergleichbar. Zudem zeigen die beiden Gruppen den eklatantesten Lichteinfall – in der Akademiekonferenz von 1667 ist von einer lumière souveraine die Rede. Das alles legt die Annahme nahe, daß die junge Mutter den Jüngling mit

Abb. 55: Nicolas Poussin, Mannalese, (Ausschnitt: nach dem Wunder)

dem mannagefüllten Korb zu der Caritas-Romana-Gruppe schickt. Auch gemäß dem antiken Bericht von der Caritas Romana erhielten in Würdigung des „unerhörten Falles“ menschlicher Pietas Mutter und Tochter „lebenslänglich ihren Unterhalt“.
In einem weiteren Schema sind die Positionen der Hungernden links im Vordergrund mit A und die Positionen derer, die rechts im Vordergrund über das Manna verfügen, mit E bezeichnet.

$$A \rightarrow B \rightarrow C \leftarrow D \leftarrow E$$
$$A \leftarrow B \leftarrow C \rightarrow D \rightarrow E$$
$$A \rightarrow B \rightarrow C \rightarrow D \rightarrow E$$

Grundsätzlich bleiben die vielfachen Relationen des Bildpersonals (A, B, D, E) zu Moses (C) unverändert.
Die obere Zeile zeigt die seitlichen Positionen von A und B sowie von D und E auf C hin orientiert.
Die mittlere Zeile zeigt in C einen normativen zeitlichen Jetztwert, von dem aus A und B sowie D und E als Vorher und Nachher divergieren.
Die untere Zeile zeigt eine phasenlogische Zeitabfolge als bloße Sukzession von A zu B zu C zu D zu E.
Aber in diesem erweiterten Schema nimmt die Mosesfigur eine exzentrische, nach links verschobene Position ein. Die Aktionsräume vor dem Wunder (A, B) und nach dem Wunder (D, E) sind voneinander verschieden zugunsten der Handlungen nach dem Wunder. Sogar wenden sich einige Figuren am rechten Bildrand nach rechts aus dem Bilde hinaus. Bildbeherrschend und zudem auch zeitlich weitgespannt ist indessen die Distanz zwischen der Caritas-Romana-Gruppe links und der Gruppe der jungen Mutter mit dem Korbträger rechts. In der phasenlogischen Zeitabfolge von A zu B zu C zu D zu E nehmen diese Gruppen besonders markante Positionen ein. Ebendiese Zeitabfolge wurde schon in der Akademiekonferenz von 1667 bemerkt, und sie ist – obwohl sie den drei Einheiten und zumal der Einheit der Zeit widerspricht – gerechtfertigt worden. Der Maler müsse eine Phasenfolge von den Hungernden zu denen, die sich sättigen – dazwischen sogar die Phase, in der die Israeliten Moses danken – zeigen, er müsse das Geschehen gleichsam entwickeln, um überhaupt die szenische Wende des Wunders und damit das Wunder selbst hervorzuheben.
Doch so offenkundig im Vordergrund die Handlungen links (A) und rechts (E) zeitlich weit voneinander entfernt sind (Abb. 53), so sieht man gerade auch links und rechts im Vordergrund in der Caritas-Romana-Gruppe und in jener jungen Mutter, die dieser das Manna schickt, eine augenblickliche, aktuell jetzthafte szenische Relation. In jetzthaft augenblicklicher Direktbeziehung sind die Positionen beider Gruppen aufeinander bezogen, und zwar in einem Impuls von

Abb. 56: Nicolas Poussin, Durchzug durch das Rote Meer, Melbourne, National Gallery of Victoria, um 1633/37

rechts nach links, der alle möglichen Relationen zwischen A, B, C, D und E zweifellos einschließt und zugleich überspringt:

A→B→C←D←E
A←B←C→D→E
A→B→C→D→E
A ←———— E

Die in kühner Imaginationskraft gegründete Vielfalt szenischer Relationen steht außer Frage.
Womöglich ist das Problem der Zeitdarstellung in der Malerei von Nicolas Poussin noch nicht genügend untersucht, gerade auch in Hinsicht auf die Kühnheit der Imagination. Diese besteht – um hier mit Poussins Bild des Durchzugs durch das Rote Meer nur ein einziges Beispiel zu geben (Abb. 56) – auch sonst. In Exodus 14, 26–30, heißt es:
26. Aber der Herr sprach zu Mose: Strecke deine Hand aus über das Meer, daß das Wasser wieder herfalle über die Ägypter, über ihre Wagen und Reiter.
27. Da reckte Mose seine Hand aus über das Meer, und das Meer kam wieder vor morgens in seinen Strom, und die Ägypter flohen ihm entgegen. Also stürzte sie der Herr mitten ins Meer,
28. daß das Wasser wiederkam und bedeckte Wagen und Reiter und alle Macht des Pharao, die ihnen nachgefolgt waren ins Meer, daß nicht einer aus ihnen übrig blieb.

29. Aber die Kinder Israel gingen trocken mitten durchs Meer; und das Wasser war ihnen für Mauern zur Rechten und zur Linken.
30. Also half der Herr Israel an dem Tage von der Ägypter Hand. Und sie sahen die Ägypter tot am Ufer des Meeres.
In Poussins Bild des Durchzugs durch das Rote Meer besteht in den äußersten Bildpositionen links und rechts eine die Gesamtszene überspannende Gleichzeitigkeit. Man sieht rechts am Bildrand Moses, wie dieser nach außen gewendet die Hand über das Meer erhebt, man sieht die Wasser auf die Ägypter, ihre Wagen und Reiter zurückfluten. Und man sieht links am Bildrand eine junge Frau mit Kind, die gerade jetzt auf den so handelnden Moses hinweist. In diese bildüberspannende Gleichzeitigkeit ist – inmitten des Bildes – eingeordnet, was erst als eine Folge der Mosesgebärde in dieser bedingt ist. Man sieht eine Gruppe von Israeliten, welche am Ufer des Meeres die Waffen der schon ertrunkenen Ägypter sammeln. Durch den bildüberspannenden Hinweis der jungen Frau auf Moses und seine dem Meer gebietende Gebärde bleibt als Gegenwart festgehalten, was den Aktionen der Waffensammler zeitlich vorausliegt. Wie sollte man die Kühnheit dieser szenischen Vergegenwärtigung bestreiten, die aller temporalen und auch narrativen Logik widerspricht.
Doch wiederum zum Bild der Mannalese (Abb. 53): Es enthält – was gerade die letzten und wohl auch wichtigsten Positionen

$$\begin{array}{l} A \rightarrow B \rightarrow C \rightarrow D \rightarrow E \\ A \longleftarrow\!\!\!\longrightarrow\!\!\!\!\!\!\!\!\!\!\;\; \end{array}$$

verdeutlichen sollen – zum einen eine wirkliche, phasenlogisch durchgeführte Entwicklung von links nach rechts. Sie beginnt, vor dem Wunder, bei den Hungernden und dort allererst in der Handlung der Caritas-Romana-Gruppe, und sie endet, nach dem Wunder, in den Handlungen derer, die über das Manna verfügen.
Zum anderen enthält das Bild eine mögliche, in einem jetzthaften Augenblick schon angelegte und gleichsam vorweggenommene Entwicklung von rechts nach links. Denn indem die junge Mutter rechts im Bilde wie jetzt augenblicklich den Jüngling mit dem Korb voller Manna auf die Caritas-Romana-Gruppe hinweist und indem der Jüngling selbst schon wie auf dem Wege dorthin erscheint, wird nunmehr – in eben demselben Augenblick – zu einem Ziel, was vorher der Anfang der Entwicklung war. Die Zeitstruktur der von Poussin verbildlichten Szene ist komplex, aber doch evident (wenn auch gewiß nicht einfach zu beschreiben): Was im Kontext der einen, phasenlogischen Entwicklung von links nach rechts dem Wunder als Vergangenheit vorausliegt, ist im Kontext jener anderen, augenblicklichen und alle Phasen des Geschehens überspringenden Orientierung von rechts nach links zukunftsoffene Gegenwart nach dem Wunder. Zweifellos bedeutet diese komplexe Zeitstruktur eine entschiedene Hervorhebung der Caritas-Romana-Gruppe, denn gerade sie ist Anfang

und Ziel der verbildlichten Szene. Sie ist vor dem Wunder das Subjekt, und sie ist nach dem Wunder das Objekt menschlicher Caritas. Sie ist vor dem Wunder eine caritative Handlung, die von dem Wunder noch nichts weiß – die Haltungen der nährenden und der genährten Mutter sind von der Bildmitte abgewandt –, und sie ist nach dem Wunder eine caritative Handlung, auf die eine andere caritative Handlung augenblicklich jetzt wie auf ein eben jetzt gegenwärtiges Ziel sich richtet.
Es ist aber noch zu sprechen von der Landschaft. Sie wird in der Akademiekonferenz von 1667 bezeichnet als eine sterile Wüste, als ein unkultiviertes Land, wiewohl sie offensichtlich von großen Bäumen bewachsen ist. Jedoch seien diese ohne Frische, wie auch die Erde weder Pflanzen noch Gräser trage. Es gebe auch keine Wege. Zweifellos bedeutet die Landschaft eine Wüste. Insgesamt sieht man, auf beide Bildhälften verteilt, deutliche Oppositionen: Dunkelheit und Licht, Felsgestein und belaubte Bäume, anorganische und organische Natur. Man sieht links auf der Seite der Hungernden einen großen, dunklen und nur spärlich bewachsenen Felsen, durch dessen Spalt das Licht hindurchbricht – dieses Felsentor ist einem antiken Vorbild entnommen –, und man sieht rechts auf der Seite derer, die das Manna sammeln oder schon gesammelt haben, dichtbelaubte Bäume und wiederum ein freilich nur kleines, gänzlich kahles Felsgestein, das gegensätzlich zum dunklen Felsen links Licht nicht durchläßt, sondern belichtet ist, also Licht empfängt und reflektiert. So lassen sich, in Hinsicht auf die landschaftlichen Situationen, die linke und die rechte Bildhälfte differenzieren, und zwar in gewiß nicht zufälligem Bezug auf die Handlungen der Figuren zur Linken noch vor und zur Rechten schon nach dem Wunder – allerdings mit dem sehr entscheidenden Unterschied, daß die oppositionellen Gegebenheiten links und rechts in der Landschaft in gewisser Zuständlichkeit erscheinen, dagegen die Handlungen der Hungernden noch vor dem Wunder und der sich Sättigenden nach dem Wunder Transitorik ausdrücken, wenngleich in verschiedenen Graden.
Eben diese größere Zuständlichkeit der landschaftlichen Gegebenheiten aber ist zusammenzusehen mit den vielfältigen und jeweils in sich selbst sinnvollen Lesarten, welche die figurale Szene zuläßt und die sich schließlich mit Hilfe eines letzten Schemas in der folgenden, prinzipiell aber auch in jeder anderen Reihung aufzählen lassen:

$$B \rightarrow C \leftarrow D$$
$$B \leftarrow C \rightarrow D$$
$$B \rightarrow C \rightarrow D$$
$$A \rightarrow B \rightarrow C \leftarrow D \leftarrow E$$
$$A \leftarrow B \leftarrow C \rightarrow D \rightarrow E$$
$$A \rightarrow B \rightarrow C \rightarrow D \rightarrow E$$
$$A \longleftarrow\!\!\!\longleftarrow\!\!\!\longleftarrow E$$

Es ist sinnvoll, die Figuren und Figurengruppen links und rechts sowohl im Mittelgrund als auch im Vordergrund auf die Mosesgebärde wie auf einen Gipfel zu beziehen, es ist sinnvoll, die Figuren und Figurengruppen links und rechts in ihren zeitlichen Positionen als von Moses aus nach links und rechts hin divergierend aufzufassen, es ist sinnvoll, eine phasenlogische Geschehensentwicklung von links nach rechts, also von den Hungernden zu denen, die sich sättigen, wahrzunehmen, es ist sinnvoll, in der momentanen Relation zwischen der Caritas-Romana-Gruppe und der ihr die Hilfe schickenden jungen Mutter eine dynamische, von rechts nach links wie auf ein Zukünftiges hin orientierte Gleichzeitigkeit zu gewahren und mithin in der Caritas-Romana-Gruppe sowohl den Anfang als auch das Ziel der verbildlichten Szene zu erkennen, und es ist sinnvoll, diese sämtlichen und jeweils in sich selbst sinnvollen Strukturierungsmöglichkeiten des Szenischen mit den vergleichsweise zuständlichen Oppositionen zu korrelieren, die links und rechts die Landschaft kennzeichnen und die – wie auch die Szene selbst – wiederum sinnvoll übergriffen werden von der weit ausgedehnten Wolke als dem Zeichen der Gegenwart Gottes. Der Beschauer ist in der Anschauung des Bildes von Poussin in die Lage versetzt, unaufhörlich und unabschließbar diese verschiedenen Betrachtungsweisen ineinander zu vermitteln, sie sind sämtlich – alle außerbildliche visuelle Erfahrung offensichtlich übersteigend – in der Anschauung des Bildes möglich. Jede Betrachtungsweise ist sinnvoll als sie selbst wie auch in ihrer Aufgehobenheit in der Gesamtheit des Bildes als eines Sinnganzen. Die empirische, außerbildliche Erfahrungswirklichkeit bietet eine solche ereignisdichte Sinnkomplexität gewiß nicht.

Jacques Thuillier hat darauf hingewiesen, daß Poussin im Bilde der Mannalese die Einheit der Zeit und der Handlung zerbricht. Ganz anders ist das im Falle des Bildes der Familie des Darius, das Charles Le Brun in den Jahren 1660–61 im Auftrage Ludwig XIV. und zuweilen auch in dessen Gegenwart gemalt hat (Abb. 57). Dargestellt ist, als Anspielung auf die hochherzige Gesinnung Ludwigs, jene Episode, in welcher Alexander nach dem Sieg bei Issus gemeinsam mit seinem Freunde Hephaistion das Zelt der persischen Königinnen und ihres Gefolges betritt und Sysigambis, die Mutter des Darius, irrigerweise dem Hephaistion huldigt; während dieser aber zurückweicht, erklärt Alexander beschwichtigend, die Königin habe sich nicht geirrt, denn auch Hephaistion sei Alexander. Dieses komplexe Geschehen ist mitsamt den vielfältigen Gemütsbewegungen der einzelnen Personen zu einem einzigen Augenblick konzentriert oder doch jedenfalls auf eine äußerst kurze Zeitspanne zusammengezogen, wobei die vielfältigen Reaktionen der Begleitpersonen der Sysigambis sowohl den Schrecken über deren Irrtum als auch die Befreiung bekunden, welche das Verhalten Alexanders hervorruft. Für das späte siebzehnte Jahrhundert war diese Vielfalt in der Einheit der

Abb. 57: Charles Le Brun, Alexander im Zelt der Familie des Darius, 1660/61, Versailles, Musée national

Zeit bewunderungswürdig. So hat sich Charles Perrault folgendermaßen geäußert: "Nichts ist dichter verbunden, stärker vereint, ja mehr eins – wenn man so sagen darf – als die Repräsentation dieser Geschichte. Nichts ist zur gleichen Zeit – en même temps – stärker differenzert und variiert, wenn man die verschiedenen expressions oder auch passions der Personen betrachtet". Demgegenüber ist, dem Urteil Thuilliers zufolge, im Bilde der Mannalese (Abb. 53) die Einheit der Zeit zerbrochen, insofern vom Text her nicht zeitlogisch gedacht werden kann, daß die Personen rechts im Bilde schon über das Manna verfügen, während die links im Bilde noch hungern. Diese verbildlichte Gleichzeitigkeit widerspreche der szenischen Entwicklung, und dennoch herrscht – darauf sollte hier hingewiesen werden – auch sinnvolle szenische Gleichzeitigkeit, sozusagen ein entschiedenes Eben-Jetzt, denn offensichtlich ist die Caritas-Romana-Gruppe jetzt augenblicklich der Adressat jener anderen jetzt augenblicklichen Aktion der jungen Mutter rechts, welche die Hilfe schickt. Man kann diese direkte und Augenblicklichkeit ausdrückende Orientierung der jungen Mutter rechts auf die Caritas-Romana-Gruppe links nicht übersehen, sie ist eine höchst wichtige Pointe der verbildlichten Szene.
Einer grundsätzlichen Deutung Thuilliers zufolge ist das religiöse Werk Poussins gekennzeichnet durch die „doppelte Art der Meditation über die göttliche Gnade und die freie Willensentscheidung des Menschen". Ebenso ist von einem „gläubigen Humanismus" die Rede oder vom „Ideal" eines „'hochherzigen' Christen". Und Thuil-

lier schlägt – wenn auch in Form einer Frage – vor, die religiöse Kunst Poussins mit gewissen Lebensregeln der Jesuiten zu verknüpfen, zumal der Maler im Jahre 1622 anläßlich der Kanonisierungsfeierlichkeiten der Heiligen Ignatius von Loyola und Franz Xaver für das Pariser Jesuitenkolleg tätig und dem Orden verbunden war. Noch im Jahre 1641 hat Poussin das Bild der Totenerweckung durch den Heiligen Franz Xaver gemalt. Zum Beleg seines Vorschlags zitiert Thuillier die „Formel", die „angeblich das gesamte Denken des Heiligen Ignatius bestimmte": „Vertraue auf Gott, aber handele so, als ob das Ergebnis deiner Unternehmungen nur von dir und nicht von Gott abhinge. Jedoch wenn du für deine Unternehmungen alle erforderliche Sorgfalt aufbringst, handele so, als ob deine Taten nichts seien und Gott alles tun müsse". Diese und andere jesuitische Maximen, welche das prinzipielle Verhältnis zwischen göttlicher Gnade und menschlicher Handlungsfreiheit betreffen, lassen sich – jedenfalls in ihrer Struktur, auch wenn in ihnen von menschlicher Caritas nicht die Rede ist – mit der vorstehenden Interpretation des Mannabildes vereinbaren.

Daß – um schon öfters Gesagtes zu wiederholen und nunmehr zusammenzufassen – Poussins Bild die menschliche Caritas in den Handlungen der Caritas-Romana-Gruppe und der jungen Frau, die dieser das Manna schickt, besonders hervorhebt, ist nicht zu bezweifeln. Und es kann auch kein Zweifel sein, daß gerade caritative Handlungen in der Freiwilligkeit und Selbstverantwortung der Handelnden gründen. Sogar ist im Bilde Poussins die Caritas-Romana-Gruppe ein Ausdruck höchster Humanität, zudem aber auch ein Extremfall menschlicher Hilfeleistung in ihrer Unzulänglichkeit, denn was der hungernden Alten zuteil wird, ist dem Kinde vorenthalten. Gerade der Ausdruck dieser Unzulänglichkeit kann erklären, weshalb Poussin der Caritas-Romana-Gruppe das Kind hinzugefügt hat. Wie daher die Handlung der Caritas-Romana-Gruppe ohne die göttliche Gnade des Mannawunders eine nur unvollkommene Hilfe bleibt, ist die Handlung der jungen Frau, die das Manna weitergibt, ohne die göttliche Gnade nicht möglich.

Der Sachverhalt ist nicht einfach zu beschreiben, wenngleich er als solcher doch evident ist: Die eine menschliche caritative Handlung, wie sie in der Caritas-Romana-Gruppe gegeben ist, ereignet sich vor dem Wunder, und sie bedarf zu ihrer Vervollkommnung der göttlichen Gnade im Mannawunder selbst. Aber das Mannawunder wirkt sich nicht unmittelbar auf die Caritas-Romana-Gruppe aus, es bedarf wiederum einer menschlichen caritativen Handlung, indem die junge Mutter rechts das Manna der Caritas-Romana-Gruppe schickt. Die caritative Handlung der jungen Mutter zur Rechten kann ohne das Wunder nicht sein, und folgerichtig geschieht sie erst nach dem Wunder, aber doch ist sie – wenngleich nach dem Wunder – auf die Notleidenden links gerichtet wie auf ein jetzt gegenwärtiges Ziel. Die caritative Handlung links noch vor dem Wunder ist indirekt auf das Manna, die caritative Handlung rechts und schon nach dem Wunder ist direkt auf das Manna angewiesen: Die komplexe Temporalität des Bildes erschafft für die Not vor dem Wunder, für die Errettung durch das Wunder und für die Errettung noch nicht Geretteter durch die Geretteten erst nach dem Wunder eine einzige, in sich geschlossene und nur bildmögliche Szene.

Dieser letzte Satz gilt allemal. Er gilt auch dann, wenn man – abweichend von unserer Interpretation und gemäß einer in der Akademiekonferenz von 1667 gemachten Äußerung – annimmt, daß die junge Mutter den Jüngling mit dem mannagefüllten Korb zu dem hungernden und seine Arme erhebenden Greis schickt, den ein anderer Helfer schon tröstend auf das göttliche Wunder hinweist. Daß dagegen die rettenden Aktionen der jungen Mutter und des Korbträgers auf die Caritas-Romana-Gruppe sich richten, läßt sich nicht nur mit dem entschiedenen clair-obscur und mit der exponierten Lokalisation, sondern auch mit der Farbähnlichkeit dieser beiden Gruppen begründen. Die Hauptfarben beider Gruppen sind Gelb und Blau. Entsprechend einer anderen in der Akademie von 1667 vorgetragenen Äußerung partizipieren im Bilde der Mannalese die Farben Gelb und Blau am meisten am Licht und an der Luft, und Poussin habe seine wichtigsten Figuren mit Kleidern in Gelb und Blau ausgestattet. Auch der Lichtspalt im Felsen enthält die Farben Gelb und Blau. Und wie sollte man verkennen, daß dieser Lichtspalt – was die planimetrische Komposition des Mannabildes betrifft – zu Häupten der Caritas-Romana-Gruppe sich befindet? Auch dadurch ist diese anschaulich hervorgehoben und wohl nicht vom Gnadenakt des Wunders ausgeschlossen. Wäre sie das, so müßte die verbildlichte Szene eine Bekundung jansenistischer und nicht jesuitischer Glaubenhaltung ein.

Unsere Bildanalyse ergibt, daß die besondere Zeitstruktur des Bildes außerhalb des Bildes selbst kein Vorkommen hat, daß sie alle empirisch bestimmte Schematisierung von Zeit überbietet, daß sie ein spezifisches Darstellungsvermögen der Malerei ist und daß sich in ihr auch die Malerei als sie selbst offenbart. Man kann eine solche nur bildmögliche, das Ungleichzeitige und das Gleichzeitige ineinander verschränkende Zeitstruktur weder angemessen erzählen noch auch – woran man heutzutage vielleicht denken möchte – filmen. Sie ist gebunden an die Dauerpräsenz des Bildes. Schon als dramaturgisches Konzept ist die Zeitstruktur auf die Anschauung eines Bildes angelegt, und zweifellos ist sie, indem sie keinerlei empirisches oder narrationsfähiges Korrelat hat, eine Fiktion. Einem Diktum von Wolfgang Iser zufolge muß – jedenfalls im Bereich wissenschaftslogischer Theoriebildung – die Fiktion ausgeschlossen bleiben, wo die Verpflichtung auf Referenz herrscht. Die Fiktion sei die Verletzung der Referenz schlechthin. Dagegen besteht in Poussins Bild ein unvergleichlich produktiver Zusammenhang zwischen Fiktion und Referenz, insofern die fiktionale Zeitstruktur Bezug hat auf die mehrfache Wirksamkeit des Wunders – darauf, daß das rettende Manna den Menschen gegeben wie ihnen auch aufgegeben ist zur Rettung anderer Menschen: Um diese mehrfache Wirksamkeit des Wunders in die Sichtbarkeit einer einzigen, alle Sukzession überspannenden Szene zu überführen, bedarf es einer fiktionalen und – wie man sagen muß – allein bildmöglichen Zeitstruktur.

Es wäre jetzt eigentlich noch zu reden über bestimmte formale Zusammenhänge und deren immanente Geregeltheit und spezifisch ästhetische Evidenz, welche selbst als bildgegebene Anschauungstatsache jene fiktionale Zeitstruktur in sich enthält. Gerade vermöge seiner ästhetischen Evidenz steht das Bild als eine Wirklichkeit oder Wahrheit sui generis vor Augen, und gerade die ästhetische Evidenz ist transfiktional, sie entzieht sich jeder Differenzierung nach Fiktion und Nichtfiktion. Zu erörtern wären also noch fiktionale und transfiktionale Sinnebenen des Bildes in ihrem Verhältnis zueinander. Unterschiedlich zu meinen (in Anm. 1 zitierten) Texten zu Poussins Bild sage ich in diesem Vortrag hierüber nichts. Die Interpretation des Bildes bleibt also unvollständig. Würde ich versuchen, sie zu vervollständigen, müßte der Vortrag sehr viel länger dauern. Es braucht sehr viel Zeit, sich dasjenige, was das Bild zeigt und was es ist, erst eigentlich bewußt zu machen, nämlich die hochkomplexe Sinnvermittlung des Bildes auch nur annäherungsweise zu ermessen und sie – auf der Grundlage einer reflexionsintensiven Anschauungsweise – vielleicht auch zu bestaunen.

Unter welchen Bedingungen ist aber eine reflexionsintensive Anschauungsweise überhaupt möglich, zum Beispiel eine solche, die jene in diesem Vortrag angedeutete Zeitstruktur des Bildes als eine Voraussetzung für die hochkomplexe Sinnvermittlung zu thematisieren und als einen Inhalt des Nachdenkens vorzustellen sucht? Auch unsere nur unvollständige Bildinterpretation berechtigt dazu, diese Frage zu stellen und mit den folgenden, freilich sehr knappen Bemerkungen auf sie einzugehen. Denn sie enthält die ganz andere Frage nach dem Verhältnis zwischen Bildoriginal und Bildreproduktion, und sie berührt zugleich die Funktion des Museums als Ort des Bildoriginals. Eine kultische Präsenz hatte Poussins Bild der Mannalese wohl nicht, denn vermutlich war es gemalt für den Speisesaal des Fréart de Chantelou. Wohl aber hat das Bild eine auratische Präsenz, insofern es heute im Louvre hängt – dort nämlich befindet sich das Original: Die Institution des Museums birgt und verbürgt das Original und auratisiert es zugleich. Müßten aber unsere Analysen der Zeitstruktur des Bildes – indem sie eben Analysen sind – die Aura des Bildes nicht zerstören? Wie ist überhaupt die Relation zwischen Aura und Aufklärung als einer Befreiung aus wie immer verschuldeter Unmündigkeit? Das Museum provoziert zu allererst sprachlose Bewunderung, und außerdem bietet es nicht die Möglichkeit, sich anschauend so auf das Bild einzulassen, wie das Bild dies eigentlich verdient. Es ist schon aus reinen Betriebsgründen des Museums ausgeschlossen, im Anblick des Originals einen Text über das Bild zu verfassen. Man kontrolliert am Original die an der Reproduktion gewonnenen Einsichten. Dann aber handelt es sich nicht um eine Art Kultivierung der museal bedingten Aura des Originals, wohl aber tritt die Anschauung des Originals in den Dienst der ganz anderen Absicht, mittels einer intellektuell gewonnenen Bilddeutung die eigentliche Bildleistung zu würdigen. Dabei mag wiederum gefragt werden, ob diese intellektuell bedingte Würdigung der Bildleistung dem Bilde selbst zugute kommen kann auch dann, wenn sie an einer Reproduktion sozusagen erarbeitet ist und gemäß ihrem gedanklichen Procedere die situationsbedingte Aura des Originals im Museum durchbricht. Nehmen wir an, die Reproduktion ist korrekt, so ist das, was sich an der Reproduktion als Bildleistung formulieren läßt, nicht mehr verschieden von dem, was am Original formuliert werden kann. Wohl ist das Bild über alles das hinaus, was sich an ihm formulieren läßt, aber erst eine prononcierte analytische Formulierung macht jene uneinholbare Überlegenheit des Bildes selbst faßbar. Die Aura des Originals ist dagegen das schlechthin Nichtformulierbare, Nichtanalysierbare. Ist also das Museum als der Ort des Originals eine Institution des Fetischismus, indem es – ganz unvermeidlicherweise – die Aura des physikalisch einmaligen Artefakts kultiviert und die Leistung des Bildes jeglichem intellektuellem Zugriff entzieht? Man kommt schwerlich umhin, diese Frage zu stellen.

---

[1] Siehe ergänzend meinen Aufsatz Caritas und Gnade. Zur ikonischen Zeitstruktur in Poussins Mannalese (mit ausführlichem Anmerkungsteil), in: Französische Klassik-Theorie, Literatur, Malerei, hg. v. Fritz Nies und Karlheinz Stierle, München 1985, sowie meinen Beitrag in: Kunstgeschichte – aber wie?, hg. v. der Fachschaft Kunstgeschichte München (Clemens Fruh, Raphael Rosenberg, Hans-Peter Rosinski), Berlin 1988

Michael Fehr

Müllhalde oder Museum: Endstationen in der Industriegesellschaft*

I

Max Weber zufolge ist die kulturelle Moderne dadurch charakterisiert, daß die religiösen und metaphysischen Weltbilder rationalisiert und überlieferte Probleme zunehmend unter spezifischen Gesichtspunkten: als Probleme der Wissenschaften, der Moral und der Kunst von spezialisierten Fachleuten bearbeitet werden. Diese professionelle Bearbeitung der kulturellen Überlieferung läßt die Eigengesetzlichkeit des kognitiv-instrumentellen, des moralisch-praktischen und des ästhetisch-expressiven Wissenskomplexes hervortreten und ermöglicht schließlich das Autonomwerden der entsprechenden kulturellen Praktiken. Zugleich führt die professionelle Bearbeitung der überlieferten Probleme jedoch zur Abspaltung unglaubwürdig gewordener Traditionen aus dem Kontext der Lebenswelt[1].
Bezogen auf Objekte führt dieser Prozeß zu einem paradoxen Phänomen: der Tatsache, daß Industriegesellschaften, also Gesellschaften, die durch raschen technischen Wandel, hohen Objektverschleiß und schwindendes Traditionsbewußtsein gekennzeichnet sind, historische Objekte dennoch überaus wichtig nehmen und in eigens dafür errichteten Institutionen, den Museen, zu erhalten versuchen[2]. Im Zuge dieser Entwicklung nähme, so Treinen, einerseits die traditionale Symbolbedeutung überlieferter Objekte ab, doch würden sie andererseits dennoch erhalten, da sie nun „einer universalistisch gesteuerten und objektbezogenen Bewertung unterliegen, die sie über den gegebenen Symbolgehalt oder Gebrauchswert hinaus empfangen"; und zwar seien für diesen Prozeß insbesondere solche Objekte bedeutungsvoll, die „für einen gegebenen kulturellen oder natürlichen Rahmen dysfunktional oder gar irrelevant geworden" seien[3].
Erlaubt dieser Ansatz eine generelle Eingrenzung der Objekte, die in Sammlungen und über diese in Museen eingehen können, so bleibt die allerdings wesentliche Frage offen, wie der Prozeß der Neubewertung unbrauchbar gewordener Objekte vonstatten geht. Denn daß Objekte für einen gegebenen Rahmen dysfunktional oder irrelevant geworden sein müssen, ist nur die notwendige, keineswegs aber eine hinreichende Bedingung dafür, daß sie gesammelt oder gar in Museen zur Schau gestellt werden können. Vielmehr wurde und wird der weitaus größte Teil obsolet gewordener Objekte nicht nur in Museen aufgehoben, sondern weggeworfen und auf Müllhalden gesammelt. So läßt sich behaupten, daß alle Objekte, die hier überhaupt in Betracht

kommen, dem Abfall zuzurechnen sind; doch ist dabei festzuhalten, daß dieser Abfall bzw. Müll offensichtlich differenziert bewertet wurde mit dem Ergebnis, daß wir heute nicht nur Museen oder Müllhalden, sondern Müllhalden und Museen haben.

Einen Schritt weitergehen kann man mit Hilfe der „Theorie des Abfalls" von Michael Thompson[4]. Denn Thompson begründet, daß Güter mit begrenzter Lebensdauer überhaupt nur dann in einen dauerhaften Status übergehen – also beispielsweise in ein Museum eingehen – können, wenn sie zuvor im Müllstatus gewesen sind.

Für ein Objekt läßt sich damit eine idealtypische Karriere entwickeln, die etwa folgenden Verlauf hat: Mit seinem Eintreten in den gesellschaftlichen Kontext, also beispielsweise in den Markt, hat das Objekt einen bestimmten Wert, also zum Beispiel einen bestimmten Verkaufspreis, und befindet es sich in der „Kategorie des Vergänglichen" (Thompson). In dieser Kategorie verbleibt es in der Regel solange, wie seine erwartete Lebensdauer reicht, und durchläuft es eine individuelle Karriere, während der es beispielsweise durch günstige Wiederverkäufe noch einmal hoch bewertet werden kann, generell aber stetig an Wert verliert – bis dieser Null erreicht. Abgesehen von Objekten, die zu diesem Zeitpunkt vollständig konsumiert sind, vollzieht sich der Übergang in die Müllkategorie zumeist unmerklich und über einen längeren Zeitraum; das Objekt wird erst nach und nach aus dem Gebrauch genommen, um dann verschenkt, vererbt oder irgendwo abgestellt zu werden: auf dem Dachboden, im Keller oder auf einem anderen der vielen Plätze, die dem Müll vorbehalten sind. Hier, als Müll, kann ein Objekt allerdings sehr lange Zeiträume unversehrt „überleben". Irgendwann wird es dann aber doch hervorgezogen und darauf befragt werden, ob es in irgendeiner Weise noch verwendbar ist. In diesem Moment wird das Objekt neu bewertet. Diese Neubewertung kann und wird in aller Regel relativ unabhängig von geltenden Normen, das heißt individuell erfolgen. Erfährt das Objekt dabei eine positive Neubewertung, so wird es erneut in einen neuen Gebrauch genommen; fällt die Neubewertung negativ aus, so bleibt es bestenfalls Müll.

Die positive Neubewertung führt nun nach Thompson zwingend zu seiner Übernahme in die „Kategorie des Dauerhaften", in der es in einer neuen Funktion zunehmend an Wert gewinnt. Auch dieser Prozeß kann als idealtypische Karriere beschrieben werden: Am Anfang steht die Neubewertung des Müllobjekts durch einzelne Individuen, die es bewußt aufheben oder aus dem Müll ziehen; als Konsequenz dieser Entscheidung fangen die Individuen an, ähnliche Objekte zu suchen und zu sammeln, denn erst anhand einer größeren Anzahl von Objekten läßt sich die Neubewertung objektivieren; durch ihre Sammeltätigkeit ziehen diese Individuen die Aufmerksamkeit anderer, vor allem professioneller Sammler und Händler auf sich; diese beginnen nun ebenfalls, die Objekte zu sammeln. Bereits jetzt steigt deren

Wert deutlich über Null. Insbesondere dann, wenn das Objekt nicht mehr hergestellt wird oder aus sonstigen Gründen erkennbar in einer nur begrenzten Menge vorhanden ist, steigt sein Wert weiter. Selten früher beginnen Wissenschaftler sich für die Objekte zu interessieren; deren Auseinandersetzung mit ihnen erhöht ihren Wert, ebenso wie die Publikation von Sammlungen, beispielsweise durch Ausstellungen. In der Regel erst dann beginnen sich Museen für die neubewerteten Objekte zu interessieren, widmen ihnen ihrerseits Ausstellungen und nehmen sie schließlich in ihre Sammlungen auf. Ist eine solche Übernahme erfolgt, so ist die neue Bewertung des Objekts endgültig fixiert, gehört es endgültig der Kategorie des Dauerhaften an – und ist zumeist unbezahlbar geworden.
Allerdings ist festzuhalten, daß durch seine Musealisierung ein Objekt in der Regel ein für alle Mal dem gesellschaftlichen Verkehr entzogen, also endgültig aus dem „ursprünglichen symbolischen Zusammenhang ausgegliedert und aus dem kulturellen Muster (vereinzelt wird), in dem (es) seinen symbolischen Platz besaß“[5].

II

Kann man mithin davon ausgehen, daß – abgesehen von bestimmten Ausnahmen: Objekten, die als materielle Unikate einen besonderen Symbolwert haben (z. B. die Reichsinsignien) – alle Objekte, die in Sammlungen und über sie in Museen eingehen können, sich irgendwann einmal im Müllstatus befunden haben, so bleibt weiterhin zu klären, nach welchen Kriterien innerhalb des Mülls differenziert werden kann.
Spricht man von Müll als einer Kategorie und von Objekten, die dieser Kategorie zugeordnet werden, so suggerieren solche Formulierungen, daß alle Objekte, denen dieser Status zugewiesen wird, nicht nur eine gleiche Qualität, sondern auch eine gleiche Geschichte haben. Tatsächlich befinden sich im Müll jedoch die unterschiedlichsten Objekte: Exkremente wie hochwertige Rohstoffe, Massenprodukte wie Einzelstücke, persönliche Relikte und anonyme Reste aus irgendwelchen Produktionsprozessen, Zerstörtes und Unversehrtes. Außerdem hat jedes Müllobjekt eine eigene Geschichte: nicht nur die seiner Karriere in der Kategorie des Vergänglichen, sondern auch der im Müll. Manche Objekte überdauern in diesem Status lange Zeiträume, andere kaum einen Tag. Es liegt daher nahe zu vermuten, daß die differenzierte Qualität des Mülls Auswirkungen hat auf die Art und Weise, wie er wahrgenommen und wie er bewertet wird.
Zunächst kann man festhalten, daß der Müll ein ungleichzeitiges Phänomen ist: Was sich im Müll befindet, befindet sich zwar im Hier und Jetzt, stammt aber aus einer früheren Zeit, und sei es erst von gestern. Andererseits ist der Müll ein ungleichzeitiges Phänomen, weil er in die Zukunft reicht, und zwar grundsätzlich, weil wir Müll aufheben

und damit unbewußt oder bewußt die Zukunft bestimmen. Weiterhin läßt sich der Müll danach unterscheiden, wie er zustande kam. Vereinfacht lassen sich vier Gründe benennen: Verschleiß, Innovation, struktureller Wandel und ästhetische Gründe. Schließlich lassen sich verschiedene Gesichtspunkte entwickeln, unter denen Müll wahrgenommen werden kann. Vereinfacht: als eben Weggeworfenes oder außer Gebrauch Genommenes, als Vergessenes, als Wiederverwendbares oder noch gebrauchsfähig Erscheinendes, schließlich als das, was von Interesse ist, ohne daß genau benannt werden könnte, warum. Diesen Gesichtspunkten entsprechen – ebenfalls vereinfacht – Handlungsformen: die des Konsumenten, die des Nostalgikers, die des Lumpensammlers, schließlich die des Wissenschaftlers oder Künstlers.

Neubewertungen, die auf die Kategorie des Dauerhaften zielen, können sich demnach im Grunde nur auf zwei Objektgruppen im Müll beziehen: auf die Objekte, die noch gebraucht oder in irgendeiner Weise wiederverwendet werden können, und auf die Objekte, die interessieren, ohne daß dieses Interesse genau benannt werden könnte. Denn für die Objekte, die – gleichwie aus welchen Gründen – eben ausrangiert wurden, gelten die Maßstäbe noch, nach denen sie funktions- oder wertlos erscheinen; zu ihnen besteht nicht genügend Distanz, als daß sie neu gesehen werden könnten. Und zuwenig Distanz besteht auch gegenüber solchen Objekten, die – aus welchen Gründen auch immer – vergessen wurden und jetzt im nostalgischen Sinn wahrgenommen werden: an ihnen realisiert sich subjektiv ungleichzeitiges Bewußtsein, überspringt also das Interesse die objektiv gegebene Distanz, die das Objekt repräsentiert.

Pointiert kann man von zwei Grundeinstellungen sprechen, die gegenüber dem Müll entwickelt werden: Einer normativen Haltung die – wie auch immer – mit aus den Kategorien „Vergänglich“ oder „Dauerhaft“ abgezogenen Wertvorstellungen operiert; und einer nicht-normativen Haltung, genauer Handlungsbereitschaft, die sich – wie auch immer – auf die Qualität des Mülls einläßt. Diese Unterscheidung beschreibt das Paradoxon, daß die normativ Orientierten – ihrem Selbstverständnis zum Trotz – Müll schaffen, die nicht-normativ Orientierten aber Werte.

III

Läßt sich mithin Müll – generell gesprochen – als ein Produkt der instrumentellen Vernunft verstehen, so liegt auf der Hand, daß die Neubewertung des Mülls nicht nach deren Maßstäben erfolgen kann. Diese gründet vielmehr auf einer anderen, der ästhetischen Rationalität.

Mit ästhetischer Rationalität wird hier der Kern eines Begriffs Ästhetik bezeichnet, der nicht bloß eine Kunstphilosophie, sondern eine

Theorie der Sinnlichkeit (Baumgarten [1750/58], 1983) bzw. eine Theorie der Erkenntnisvermögen (Kant, Kritik der Urteilskraft [1790], 1968) umfaßt. So geht Baumgarten davon aus, daß die ästhetische Rationalität insofern ein Korrektiv der diskursiven Logik sei, als sie auf eine Logik des Individuellen hinarbeite: die Fülle der Merkmale solle wiederherstellen, was den Dingen durch die Abstraktion der begrifflichen Vereinheitlichung verlorengehe. Indem die ästhetische Rationalität nicht der „Tyrannis" des Verstandes folge, sondern die Bedingtheit des Erkennens und Urteilens reflektiere, könne sie „das kategoriale Netz durchbrechen, das die wissenschaftliche Rationalität, die instrumentelle Vernunft, über die Dinge werfe"[6]. Die eigentümliche Leistungsfähigkeit der ästhetischen Rationalität besteht demnach Baumgarten (und in dessen Interpretation: Paetzold) zufolge darin, die Klarheit einer Erkenntnis zu steigern, ohne sie in die Eindeutigkeit des Begriffs zu transformieren. Sie ist damit in der Lage, „stets neu das eingespielte und im Alltagsleben auch faktisch normative Verhältnis zwischen Begriff und Sache, Erkenntnis und Welt, zu lockern"[7].

Was damit gemeint ist, mag womöglich am besten an einem Beispiel deutlich werden, das Baumgarten selbst entwickelt hat: Formt man aus einem unregelmäßigen Marmorblock eine Kugel, so ist das nur möglich, wenn man das dieser Form nicht angemessene Material beseitigt. Das heißt: Um den Marmorblock in eine eindeutige Form (Begriff) zu bringen, muß ein Verlust an dessen materialer Substanz hingenommen werden – und es bleibt offen, ob dieser Verlust an materialer Substanz durch den Wert der regelmäßig runden Gestalt aufgewogen wird.

In Kants Kritik der Urteilskraft wird Baumgartens Ansatz aufgenommen und systematisch weiterentwickelt. Kant definiert die ästhetische Rationalität als eine Reflexionsstruktur, die sich als solche von der wissenschaftlichen Rationalität unterscheide. Fixiert diese das Verhältnis von „Verstand" und „Sinnlichkeit" in der Weise, daß das sinnlich gegebene Mannigfaltige der Einheit des Verstandesbegriffes (Kategorie) untergeordnet bleibt, so wird diese Fixierung durch die ästhetische Rationalität reflexiv gebrochen. Die (ästhetische) Reflexion erlaubt zum einen, die „gegebenen Vorstellungen gegen das ganze Vermögen der Vorstellungen"[8] zu halten, und zum zweiten, das „Verhältnis der Vorstellungskräfte untereinander"[9] zu bestimmen. Mit anderen Worten: „In der ästhetischen Erfahrung versichert sich der Mensch seines Erkenntnisvermögens. Die ästhetische Anschauung ist genau darin bezeichnet, daß sie eine singuläre Anschauung vollzieht und ihr dabei noch Einsichten in die Struktur von Erkenntnis überhaupt zufallen"[10]. Des weiteren präzisiert Kant die ästhetische Rationalität als ästhetische Idee, die er faßt als „diejenige Vorstellung der Einbildungskraft, die viel zu denken veranlaßt, ohne daß ihr doch irgend ein bestimmter Gedanke, d.i. Begriff adäquat sein kann, die folglich keine Sprache völlig erreicht und verständlich machen kann". „Die Einbildungskraft (als produktives Erkenntnisvermögen) ist nämlich sehr mächtig in Schaffung gleichsam einer anderen Natur, aus dem Stoffe, den ihr die wirkliche gibt. ...wobei wir unsere Freiheit vom Gesetze der Assoziation (welches dem empirischen Gebrauch jenes Vermögens anhängt) fühlen, nach welchem uns von der Natur zwar Stoff geliehen, dieser von uns zu etwas ganz anderem, nämlich dem, was die Natur betrifft, verarbeitet werden kann"[11]. Wenn mithin die ästhetische Rationalität als produktives Erkenntnisvermögen (und als dessen Medium die Kunst) die Dinge in neuartiger Weise zu vergegenwärtigen mag, so ist festzuhalten, daß Kant darin ein subjektives Prinzip sich geltend machend sieht – und sich darin von Baumgarten unterscheidet: „Ästhetische Rationalität basiert notwendig auf einem reflexiven Verhalten des Subjekts zu seinem Gegenüber"[12].

Es liegt damit auf der Hand, daß allein eine in diesem Sinne ästhetische Haltung dem Müll etwas abgewinnen und ihn einer Neubewertung zuführen kann. Andererseits ist der Müll hoch geeignet, reflexives Verhalten und produktives Erkenntnisvermögen in Gang zu setzen. Denn Müll bezeichnet eben jenen Status von Objekten, in dem Begriff und Sache, Bedeutung, Funktion und materiale Beschaffenheit in einem grundsätzlich gelockerten Verhältnis zueinander stehen – wenn sie nicht sogar gänzlich getrennt sind. Anders gesagt: Die dem Müll angemessene ist eine ästhetische Haltung, die, wenn sie in Handlungsbereitschaft übergeht, sich vor allem für solche Müllobjekte interessiert, die nicht ohne Umstände in das bestehende Weltbild eingeordnet werden können.

Andererseits können durch den Einsatz ästhetischer Rationalität und vor allem auch durch deren Vergegenständlichung: durch Kunst, Objekte mit definierter Funktion und Bedeutung zu Müll gemacht werden. Es gehört zu den Besonderheiten der Institution Museum, daß beide Aspekte in ihr aufgehoben sind.

IV

Wenn es schwierig, wenn nicht gar unmöglich ist, die Entwicklung von Vermüllungsprozessen vorauszudenken, so kann immerhin die Frage aufgeworfen werden, ob es nicht wenigstens im Nachhinein eine plausible Erklärung dafür gibt, daß zu bestimmten Zeiten bestimmte Müll-Objekte Interesse fanden.

Dieser Frage wird im folgenden anhand eines exemplarischen Beispiels, der Erfindung der Fotografie, nachgegangen.

Den wichtigsten, mit der Erfindung der Fotografie verbundenen Aspekt hat einer ihrer Erfinder, Daguerre, in einem Brief an seinen Partner formuliert: „Wenn aber die Kunst eines Graveurs nicht entbehrt werden könne, dann würde die Erfindung jedes Interesse verlie-

ren. Die Natur hat ihre Einfachheit und Wahrheit, die man sich wohl hüten muß zu zerstören. Nur ihr darf man folgen in der Wahl der möglichen Mittel"[13]. Damit ist schon als Erfindungsziel benannt, was die Fotografie im Kern ausmacht und worin sie sich fundamental von der Bildenden Kunst unterscheidet: In ihr ist die Subjekt/Objekt-Dialektik, man könnte auch sagen, das Verhältnis von Begriff und Sache oder das Verhältnis von Abstraktion und Konkretion in spezifischer Weise, nämlich im Sinne der normativen idealistischen Ästhetik als technische perfectio gelöst. Mit der Fotografie tritt an die Stelle der subjektiven, durch Tradition und politisch-moralische Instanzen objektivierten Bildfindung die Autonomie eines technischen Bildherstellungssystems, das die künstlerischen Techniken in einem einheitlichen technischen Verfahren aufhebt und das lediglich individuell angewendet werden kann. Mit dieser technischen Objektivierung der künstlerischen Techniken ist eine radikale Veränderung in der Herstellungsweise von Bildern vollzogen: Die Erkenntnisleistung des Bildproduzenten wird abgetrennt von der eigentlichen Bildproduktion; ein Bild machen heißt nicht länger: die natürliche Erscheinung mit der erkannten zu vermitteln, sondern nur: ein Bild aufnehmen. Aus dem kreativen Akt des Vermittelns wird eine Form des Registrierens und aus dem Handwerker der Arbeiter an einer Maschine.
Gewonnen wird dafür eine „zweite Natur". Als exakte Reproduktion der optisch wahrnehmbaren Realität übertrifft die Fotografie nicht nur die handwerkliche Herstellung der zentralperspektivischen Konstruktion, sondern macht einen bestimmten Bildtypus, das zentralperspektivisch konstruierte, Objekte als realistische Projektion wiedergebende Tafelbild – also die Errungenschaft der Renaissance – in dem Maße, wie die fotografische Technik universell anwendbar wird, zum Teil der Objektwelt. Der strukturelle Wandel, der damit für die Bildproduktion ausgelöst wird, reicht in seinen Auswirkungen weit über den Bereich der Bildenden Künste hinaus und ist auch heute noch keineswegs abgeschlossen. Einige seiner Aspekte lassen sich jedoch skizzieren:
1. Handwerklich hergestellte, um exakte Wiedergabe der optisch wahrnehmbaren Realität bemühte Tafelbilder können mit der Fotografie nicht mehr konkurrieren und werden daher zu Müll-Objekten. Zugleich sinken diejenigen, die solche Bilder herstellen und sich nicht auf die neue Technik umstellen können, also Fotografen werden, in eine soziale Müllkategorie ab: Mit der Fotografie verlieren die Bildenden Künstler endgültig ihre traditionelle Rolle, werden zu Bohemiens.
2. In dieser Rolle, als Lumpenproletariat, sind die Künstler gezwungen, sich neu zu orientieren oder – um es mit einer früheren Formulierung zu sagen – sich selbst und ihre Arbeit neu zu bewerten. Zwei grundsätzliche Orientierungen zeichnen sich – vereinfacht – ab, die zur Spaltung der Künste und Künstlerschaft in zwei ideologische

Lager führen: In das derjenigen, die nun bewußt Vergängliches produzieren, also Salonkunst, Kunstgewerbe und Unterhaltung, später dann angewandte Kunst, Werbung und Warenästhetik – und damit nicht selten sofort in die Museen gelangen, wo sie allerdings später gewissermaßen als vergänglich entlarvt und in die museumseigenen Müllhalden, die Depots, abgeschoben werden; und in das Lager derjenigen, die bewußt im Müllstatus verbleiben und hier Kunst als Erkenntniskritik, also das Geschäft der Neubewertung betreiben. Ihre Arbeit wird zunächst immer als Müll angesehen, die Schimpfworte, mit denen die neuen künstlerischen Ansätze bedacht werden, bezeugen dies deutlich. Doch gelangen auch sie später in die Museen, und dieser Prozeß ist von besonderem Interesse:

3. Denn Kunst als Erkenntniskritik macht die Bedingtheit, und das heißt: die Vergänglichkeit der herrschenden Weltbilder und Wertvorstellungen deutlich. Dies verstehen zumal die etablierten Bürger nur zu genau und lehnen solche Kunst ab, nutzen sie aber dennoch zur Wertschöpfung, indem sie die modernen Kunstwerke gewissermaßen als methodische Anleitung, als Entwürfe von Sammlungsstrategien nehmen, mit denen sie sich noch die alltäglichsten Objekte bedeutsam machen können. Der Charakter bürgerlicher Sammlungen als Kompensation und Kritik der aristokratischen Schatz- und Wunderkammern wird damit deutlich: Weil ihm die Anhäufung von Werten verwehrt ist, muß der Bürger Werte schaffen. Dies gelingt über Sammlungen, die ihre Bedeutung weniger aus dem Wert hochgeschätzter Einzelstücke beziehen, als vielmehr als neu geschaffene Zusammenhänge ausgewählter Objekte Bedeutung haben. Die Merkmale bürgerlicher Sammlungen – hohe Spezialisierung auf einen engen, häufig nur formal ausgegrenzten Bereich, daraus resultierend, daß sie aus hochgradig ähnlichen Objekten zusammengesetzt sind, und weiterhin, daß sie sich tendenziell auf alles erstrecken können, was wie auch immer zusammengebracht werden kann, spiegeln die zunehmende Spezialisierung wie die Profanisierung im Bereich der Bildenden Künste wider. Die entsprechenden Kunstwerke werden jedoch erst dann aus dem Müllstatus in die Kategorie des Dauerhaften gehoben, wenn die Sammlungen, deren Konzepte sich ihnen verdanken, Eingang in die Museen gefunden haben. Anders gesagt: die in erkenntniskritischen Kunstwerken entwickelte ästhetische Rationalität setzt sich häufig nicht unmittelbar, sondern mittelbar: über Sammlungen und Museen außer-künstlerischer Thematik durch, und wird erst dann ihrem eigentlichen Sinne nach akzeptiert und gefeiert, wenn solche Sammlungen und Museen der Legitimation bedürfen. Dies erklärt den überaus hohen Stellenwert der Kunstmuseen, die als einzige Museen als bloße Sammlungen bestehen können, ja genau genommen nur als Sammlungen von Interesse sind.

V

Allerdings können auch Kunst-Sammlungen nur selten der Musealisierung im üblichen Sinne: der Präsentation von Objekten als Werte oder Symbole für bestimmte Annahmen entzogen werden. Vielmehr werden auch Kunstwerke in den Museen in der Regel einem Prozeß unterworfen, als dessen Resultat sie – im Sinne der Identitätslogik – als Einheit von Begriff und Sache erscheinen und einer ästhetischen Haltung im Sinne Baumgartens nicht mehr zugänglich sind. Man kann in diesem Prozeß einen Prozeß zunehmender Verdinglichung sehen, und zwar in dem Maße, wie er angesichts der ausgestellten Objekte nicht im Bewußtsein gehalten wird oder werden kann.

Insoweit in Museen Originale, also Gegenstände aufbewahrt werden, die als mehr oder weniger unveränderte Zeugnisse bestimmter Personen oder Relikte früher Epochen gelten können, besteht allerdings grundsätzlich die Chance, diesen Verdinglichungsprozeß zumindest zu vergegenwärtigen: Nämlich dann, wenn Dinge nicht bloß als Symbole für bestimmte Theorien eingesetzt werden, sondern zumindest anschaulich gemacht wird, daß zwischen ihnen und den an ihnen gebildeten Theorien ein dialektischer Zusammenhang besteht. So kann ein intelligenter Umgang mit musealisierten Dingen darin bestehen, daß sie als ästhetische Objekte (wieder) eingesetzt werden, also an ihnen die Bedingtheit jeweiliger Weltbilder zu Bewußtsein kommen kann.

Welche Möglichkeiten hier bestehen, kann besonders gut verfolgt werden anhand von Objekten, die – den Musealisierungsprozeß reflektierend – gemacht wurden mit dem Ziel, ihn zu unterlaufen. Im folgenden werden drei unterschiedliche und unterschiedlich wirkungsvolle Arbeiten diskutiert.

1. Beim Objekt „Evervess II 1" von Josef Beuys handelt es sich um einen in zwei Fächer unterteilten Holzkasten mit Schiebedeckel, in dem zwei Sodawasser-Flaschen der Marke Evervess untergebracht sind. Eine der Flaschen ist unverändert in das Objekt eingegangen, bei der anderen sind die Etikette mit Filzstreifen überklebt. Der Deckel des Kastens hat (neben dem Namen des Künstlers, des Objekts und der es vertreibenden Galerie) den Aufdruck „Sender beginnt mit der Information, wenn II ausgetrunken und der Kronverschluß möglichst weit weggeworfen ist".

Das Objekt enthält also die Angabe zu „einer kleinen Aktion, die man selbst ausführen soll" (Beuys). Welche der beiden Flaschen als Nummer II zu bezeichnen ist, geht aus der Anleitung nicht hervor; aus einem Interview mit dem Künstler läßt sich allerdings schließen, daß die unveränderte Flasche gemeint ist, und Beuys es im übrigen begrüßen würde, wenn man sich nach der Aktion eine neue Flasche Evervess besorgen würde. Die Aktion ist also als wiederholbare gedacht – das Objekt wird durch sie nicht zerstört.

Beuys selbst hat angeregt, das Objekt „ikonographisch" zu betrach-

ten und von der Gebrauchsanleitung abzusehen: „Wenn er einfach beschreiben will, was sehe ich, dann kommt er schon dahin, dann kommt er schon in den Bereich der Dinge, die ich meine“. Betrachtet man das Objekt ikonographisch, liegt es nahe, die unterschiedliche Etikettierung der beiden Flaschen miteinander zu vergleichen.
Das Etikett der Original-Flasche „provoziert den Anspruch eines Quellwassers“ (Beuys). Dieses Gebrauchsversprechen wird erzeugt durch die Abbildung einer vereisten Berglandschaft, durch den mit Eis verzierten Namenszug und durch die Opposition seiner Farben: weiß und blau lassen Frische und Kälte assoziieren.
Tafelwasser und Behälter nehmen dieses Assoziationsfeld auf: das Wasser ist klar, und die rauhe Oberfläche der Flasche vermittelt den Eindruck von Beschlag durch Unterkühlung. Gegen diese scheinbaren und tatsächlichen Eigenschaften der Evervess-Flasche richtet sich ihre Bearbeitung durch Beuys: „Ja, Kälte und all' diese Dinge, und in dem Filz ist Wärme, da sind also … gegensätzliche Bilder drin“. Mithin: unterstützen sich für den Markenartikel, Gebrauchding, Behälter und Etikett gegenseitig zum Anspruch „frisches Quellwasser“, so wird durch die Filzetikettierung nicht nur jede dieser Eigenschaften aufgehoben, sondern vor allem auch das Gebrauchswertversprechen zerstört – und damit ist sie als Ware in dem Kontext, für den sie hergestellt wurde, nicht mehr realisierbar, praktisch funktionslos gemacht. Doch nicht nur das bewirkt der künstlerische Eingriff: Denn indem die bearbeitete in einen Zusammenhang mit der unbearbeiteten Evervess-Flasche gebracht ist, wird auch diese als Ware entfunktionalisiert und darüber hinaus zum bloß formalen Gegenstück der Flasche mit dem Filzetikett verdinglicht. Die Entfunktionalisierung und Verdinglichung der unbearbeiteten Evervess-Flasche verdankt sich der doppelten Funktion des Holzkastens, in dem sich beide Flaschen befinden. Der Kasten grenzt die Flaschen aus dem Kontext zweckrationalen Handelns aus und bringt sie zugleich in einen kommunikativen Kontext, in dem auch die unbearbeitete Flasche nur noch als Gegenstand ästhetischer Reflexion gebraucht werden kann. Dem scheint die Gebrauchsanweisung auf dem Kastendeckel zu widersprechen, doch schränkt eben sie den Erfahrungshorizont, den Beuys vermutlich erweitern wollte, entscheidend ein: Denn entspricht man ihr und hebt den Zusammenhang der beiden Flaschen auf, bewirkt – weil der praktische Vergleich, durch den allein festgestellt werden könnte, daß die Unterschiede zwischen den Flaschen nur im verschiedenen Gebrauchswertschein bestehen – die formale Opposition der Flaschen eine Verstärkung nur des Gebrauchswertversprechens der Flasche, die gebraucht wird: der Original-Flasche. Mit anderen Worten: bietet das Objekt bei einer ikonographischen Betrachtung immerhin noch die Möglichkeit, über den Vergleich der Flaschen die Wirkungsweise verschiedener Etikette zu reflektieren, so wird beim Gebrauch als 'Vehikel' im Beuys'schen Sinn mehr als dies verhindert. In „Evervess

II 1“ ist nicht nur der Markenartikel Evervess Club Soda als formales Gegenstück zu der mit Filz etikettierten Flasche verdinglicht, sondern auch das Gebrauchswertversprechen als künstlerische Technik. Und zwar nicht, weil es an der mit Filz etikettierten Flasche als künstlerische Technik erscheint, sondern weil es als künstlerische Technik Wirkung am Markenartikel entfaltet und damit dessen Charakter als Ware der Erfahrung entzieht.

Damit sind die wesentlichen Argumente genannt, die „Evervess II 1“ als Kern eines Museums beschreiben lassen, in dem man sich Flaschen als Gegenstände ästhetischer Betrachtung: als Objekte ähnlicher Funktion und Form, aber unterschiedlicher formaler Beschaffenheit versammelt vorstellen könnte. Und zwar erscheint „Evervess II 1“ deshalb als Modell oder Kern eines Flaschenmuseums, weil in ihm die Funktion der Flaschen – Behälter mit spezifischen Eigenschaften zu sein – zurückgedrängt und ihre Form zum wesentlichen Kriterium wird. Dies leistet vor allem der Holzkasten, durch den die Flaschen aus dem Funktionsbereich zweckrationalen Handelns herausgelöst und in einen davon gesonderten Kontext gebracht sind; er fungiert hier wie ein Sockel oder ein Museumsgebäude und schirmt die Flaschen gewissermaßen gegenüber den üblichen Bedingungen des Warentauschs, etwa im Supermarkt, ab. Weiterhin kann „Evervess II 1“ als Kern eines Museums aufgefaßt werden, weil durch die formalisierte Zuordnung der Flaschen – zusammen in einem Kasten, doch darin jede in einem eigenen Fach – ein mögliches Konkurrenzverhältnis zwischen ihnen (etwa im Sinne der Warenkonkurrenz) ausgeschlossen ist; die Zuordnung erlaubt nur, die einzelne Flasche jeweils als Teil der Gesamtordnung wahrzunehmen und sie im Rahmen dieser Ordnung, das heißt im Hinblick auf ihre unterschiedliche Erscheinung zu vergleichen. Diese Ordnung wird explizit gemacht durch die formale Opposition, in die die Flaschen durch die Bearbeitung gebracht sind. Schließlich verstärkt auch die Gebrauchsanweisung den musealen Charakter des Objekts. Denn der Handlungszusammenhang, der durch sie induziert wird, hat das Objekt zur Voraussetzung und verhindert den Bezug auf jenen Kontext, aus dem die Flaschen entstammen.

2. Als anonyme, industriell hergestellte Produkte schienen die „Campbell Soup Cans“ die Konsequenz dessen zu artikulieren, was die Produktion von Warhols factory schon vorher deutlich gemacht hatte: Daß zum Begriff der Kunst nicht notwendig die Vorstellung einer bestimmten Produktionsweise und zum Begriff des Künstlers nicht notwendig die des Artisten gehöre. Allerdings geriet Warhol mit diesem Konzept zunehmend in einen Widerspruch: Daß in dem Maße, wie er seine künstlerische Individualität aufgab, allein seine Person als Künstler – und nur sie – zum Garanten dafür wurde, daß „seine“ Bild- und Objektproduktion als Kunst wahrgenommen wurde. Mit den „Campbell Soup Cans“ ist dieser Widerspruch auf die

Spitze getrieben – und zugleich die Grenze überschritten, bis zu der die Warhol'sche Produktion als Alternative zur herkömmlichen Kunstproduktion interpretierbar war[14]. Denn blieb jene Produktion als Ergebnis einer – wie auch immer bestimmbaren – künstlerischen Arbeit objektivierbar, so gilt dies für die Suppenbüchsen nicht mehr: Ihre Wahrnehmung als ästhetische Gegenstände garantieren allein Warhols Signatur oder der institutionelle Rahmen Museum – hat sie der Künstler nicht angefaßt oder stehen sie nicht im Museum, fallen sie unweigerlich in den Funktionskreis zurück, aus dem sie stammen.
Andererseits muß die Präsentation der „Campbell Soup Cans" im Museum ihre Entfunktionalisierung als Gebrauchs- und Tauschwerte einschließen: bewirkte sie dies nicht, gäbe es keinen Unterschied zu ihrer Präsentation als Waren im Supermarkt – und würde sich die Exposition im Museum erübrigen. Setzen die „Campbell Soup Cans" – als ästhetische Objekte – mithin einen musealen Kontext voraus, so setzen sie ihn zugleich in einer seiner Funktionen: als Ort ästhetischer Wahrnehmung, absolut. Denn da sie in keiner Weise künstlerisch bearbeitet sind, kann allein die ästhetische Wahrnehmung sie als ästhetische Objekte konstituieren.
Im Museum, als ästhetische Objekte betrachtet, wirken die „Campbell Soup Cans" ähnlich. Da sie weder ihre Materialität transzendieren noch konkreten Charakter haben, allenfalls, vermöge des Etiketts, auf sich selbst verweisen, doch dieser Selbstverweis sich der Überprüfung entzieht, können Kriterien für ihre Wahrnehmung nur aus dem gewonnen werden, was sie im Museum umgibt; insofern die „Campbell Soup Cans" als ästhetische Objekte dieses Museumsgut zumindest für den Vergleich voraussetzen, weisen sie ihm eine nicht hinterfragbare Rolle zu.
Schließlich können Vergleiche zwischen Kunstwerken und den „Campbell Soup Cans" bestenfalls formaler Art sein und sich etwa auf die farbliche oder plastische Beschaffenheit der Büchsen beziehen; allerdings greifen solche Vergleiche ins Leere, denn nicht die formale Beschaffenheit der Büchsen, sondern ihre Funktion ist das Wesentliche; sie aber bleibt der ästhetischen Erfahrung unzugänglich, muß hinzugewußt werden – und daher können die „Campbell Soup Cans" auch als praktische Gegenstände nicht in Konkurrenz zu den im Museum versammelten Kunstobjekten treten.
Es bleibt allerdings festzuhalten, daß die „Campbell Soup Cans" in dem Maße, wie sie sich auf eine konventionelle Funktionsweise des (Kunst-)Museums angewiesen erweisen und sie affirmieren, diese zugleich – für den, der es so sehen will – aufdecken und infrage stellen. Deutlich wird durch die Exposition der „Campbell Soup Cans" im Museum erstens, daß die ästhetische Wahrnehmung eines Gegenstands mit seiner Entfunktionalisierung für andere Zwecke erkauft werden muß, zweitens, daß diese Entfunktionalisierung durch das Museum objektiviert wird, drittens, daß ein Gegenstand aufgrund

allein seiner Exposition im Museum noch keine neue Bedeutung erlangt, sondern diese, viertens, sich erst über den jeweils spezifischen Bestand des Museums bzw. diesem zugeordnete Theorien ergibt. Im Falle der „Campbell Soup Cans“ ergab sich durch ihre Exposition im Kunstmuseum immerhin eine entscheidende quantitative Erweiterung des Museumsbegriffs, indem sie darin als anschauliche Belege für Warhols Auffassung „all is pretty“ zu fungieren vermochten.

3. Diese Einschätzung der „Campbell Soup Cans“ läßt sich im Vergleich zu den „readymades“ von Marcel Duchamp gut überprüfen, weil diese ebenfalls Industrieprodukte sind, die – abgesehen von der Signatur – unverändert im Museum exponiert wurden. Allerdings repräsentieren sie eine konzeptionelle Alternative zu Warhols Objekten. Denn hier wurden Gegenstände der Alltagswelt nicht zu Objekten gemacht, die die Funktionsweise der Institution Kunstmuseum affirmieren, sondern dazu genutzt, sie in Frage zu stellen. Duchamps „readymades“ und Warhols „Campbell Soup Cans“ sind zwar gleichermaßen Produkte der hochindustrialisierten Warengesellschaft, doch haben sie darin unterschiedliche Funktionen: Während die Suppenbüchsen Konsumptionsgüter sind, ihr Gebrauchswert sich im Verbrauch erschöpft und sie durch den Verbrauch zerstört werden, haben demgegenüber die Gegenstände, die Duchamp ausstellte, den Charakter von Arbeitsmitteln – wenn sie nicht solche sind.

Sie sind Produkte, die „zwar noch aufgezehrt werden, aber zweckvoll, als Bildungselemente neuer Gebrauchswerte“, mithin „nicht nur Resultat, sondern Existenzbedingungen des Arbeitsprozesses, (und) ihr Hineinwerfen in ihn, also ihr Kontakt mit lebendiger Arbeit, (ist) das einzige Mittel, um diese Produkte vergangener Arbeit als Gebrauchswerte zu erhalten und zu verwirklichen“[15]. Warhols und Duchamps Objekte lassen sich mithin danach unterscheiden, wie sie als Gebrauchswerte „aufgezehrt“ werden können; die einen dienen der Reproduktion und werden durch den Gebrauch aufgehoben, die anderen müssen produktiv eingesetzt werden und nutzen sich im Gebrauch ab.

Diese Funktionsunterschiede wirken sich auch bei der Exposition der Gegenstände im Museum aus: Während die Funktion der Suppenbüchsen dabei vollkommen aufgehoben wird – sie könnten nur als „Resultate des Arbeitsprozesses“ weiterverwendet werden: dies gerade schließt aber ihre Exposition im Museum aus –, bleibt den „readymades“ ihr Charakter als Arbeitsmittel erhalten; ihn kann die Exposition im Museum nur praktisch, nicht aber theoretisch stillstellen – es sei denn, die Gegenstände würden verändert. Genau dies hat sich Duchamp zunutze gemacht. Seine „readymades“ verweigern durch die Art ihrer Aufstellung – und nicht erst durch die Aufstellung im Museum – den praktischen Gebrauch in den Funktionen, zu deren Erfüllung sie hergestellt wurden: Der Flaschentrockner hängt, das

Fahrrad-Rad ist frei drehbar auf einem Schemel montiert, der Kleiderhaken ist am Boden befestigt und das Pissior-Becken umgekehrt auf einen Sockel gestellt. Ganz abgesehen von der dadaistischen Polemik, beziehen die „readymades“ ihre andauernde systemsprengende Potenz daraus, daß sie ihre Verdinglichung im musealen Kontext unterlaufen, indem die Gegenstände schon durch die Art ihrer Aufstellung entfunktionalisiert sind und dies als Eingriff des Künstlers erkennbar ist. Die „readymades“ können daher ebensowenig allein auf ihre Eigenschaften als Industrieprodukte reduziert wie andererseits den Kunstobjekten zugeschlagen werden; denn sie sind ja nichts als Industrieprodukte, die lediglich praktisch funktionslos gemacht wurden. So wird beispielsweise der Flaschentrockner durch das Aufhängen zwar praktisch unbrauchbar, doch bleibt, weil er dabei nicht materiell verändert wird, seine Eigenschaft als Arbeitsmittel nicht nur erkennbar, sondern wird in dem Maße, wie sie aufgrund der Präsentation nicht eingelöst werden kann, thematisch: Der hängende Flaschentrockner verlangt nach einer Erklärung; diese kann aber nur darin bestehen, seine Funktion, Flaschen zu trocknen, zu bestimmen. Daß heißt, gerade die ästhetische Wahrnehmung des hängenden Flaschentrockners bringt seine nicht-ästhetische, seine praktische Funktion zum Vorschein, und eben dadurch wird verhindert, daß er nur als ästhetisches Objekt wahrgenommen werden könnte. Ähnliches gilt – um ein weiteres Beispiel zu nennen – für das Pissoir-Becken. Dessen Funktion als Instrument muß die ästhetische Betrachtung notwendig rekonstruieren, gerade weil es Duchamp nicht im Sinne seiner praktischen Bestimmung, sondern umgekehrt und als „Springbrunnen“ ausgestellt hat.

So mündet die Betrachtung der „readymades“ eben nicht in eine „Reflexion auf das bloße Dingsein des Dings“ (Imdahl), sondern vielmehr in der Frage nach dem Sinn des künstlerischen Eingriffs.

Da dieser Eingriff rational nur mit dem Zweck erklärt werden kann, den Gegenstand außer Funktion zu setzen, bleibt der Betrachtung nichts als eine Reflexion eben dieses Außer-Funktion-Setzens, die eine Rekonstruktion der Funktion des Gegenstandes notwendig mit einschließt. Man könnte auch sagen: In der Reflexion der „readymades“ als ästhetischen Objekten entwickelt sich ihr Charakter als Arbeitsmittel zwangsläufig neu; damit aber wird der Betrachter veranlaßt, sie selbst als Arbeitsmittel zu nutzen, sich also selbst ihnen gegenüber geltend zu machen, etwa, indem er sie – oder andere Gegenstände – in anderer Weise außer Funktion setzt und ihnen in anderen Zusammenhängen eine Funktion zuweist: als Gebrauchswerte erhält. Mit anderen Worten: Duchamps „readymades“ sind anders als die „Campbell Soup Cans“ von Warhol und anders als „Evervess II 1“ von Beuys nicht auf das Museum als Ort ästhetischer Wahrnehmung angewiesen und können daher seine Sockel-Funktion dazu nutzen, Bedingungen, die außerhalb des Museums liegen, für die ästhetische Rationalität relevant zu machen.

* Überarbeitete und erweiterte Fassung meines Beitrags in „Aufklärung oder Verklärung“, Loccum 1986

1 Vgl. Jürgen Habermas, Theorie des kommunikativen Handelns, Frankfurt 1981
2 Vgl. Heiner Treinen, Ansätze zu einer Soziologie des Museums, in Festschrift René König, Köln 1973, S. 336 ff.
3 Treinen, 1973, S. 338 f.
4 Michael Thompson, Rubbish Theory, Oxford 1979, dt.: Theorie des Abfalls, Stuttgart 1982
5 Treinen, 1973, S. 340
6 Heinz Paetzold, Zur Kritik der idealistischen Ästhetik, Hamburg 1983, S. 51 ff.
7 Paetzold, 1983, S. 54
8 Immanuel Kant, Kritik der Urteilskraft, Frankfurt, 1968, S. 5
9 Kant, 1968, S. 28
10 Paetzold, 1983, S. 66
11 Kant, 1968, S. 193
12 Paetzold, 1983, S. 78
13 Herbert Baier, Geschichte der Fotografie, München, S. 63
14 Vgl. dazu Rainer Crone, Die revolutionäre Ästhetik Andy Warhols, Darmstadt 1972
15 Karl Marx: Das Kapital, Bd. 1, Frankfurt [3]1971, S. 135

III.
Nachlese

Sigrid Godau

Inszenierung oder Rekonstruktion? Zur Darstellung von Geschichte im Museum

I

Betrachtet man die Museumslandschaft der letzten Jahre, so ist allerorts ein gestiegenes Interesse an Ausstellungen zu verzeichnen, die nicht allein Objekte von hohem künstlerischen Wert präsentieren. Mehr und mehr ziehen auch solche Ausstellungen die Aufmerksamkeit breiter Publikumsschichten auf sich, die umfassende Einblicke in historische Epochen bzw. deren alltägliche Hinterlassenschaften gewähren. Neben dem ohnehin erhöhten Freizeitwert des Kulturguts entsprechen sie damit einem Bedürfnis, dem die traditionellen Kunstmuseen als Ort ästhetischer Erfahrung primär einzelner und in den Augen der Öffentlichkeit auch häufig höchst fragwürdiger Objekte nur begrenzt nachkommen. So bietet der Blick in den Alltag unserer Vorfahren geradezu Übersichtliches, wo Tempo und Unüberschaubarkeit nicht nur zeitgenössischer Kunstströmungen uns immer schon wissen lassen, daß wir die Welt nicht mehr verstehen. Der kontinuierliche Zuwachs an historischen Museen spricht für sich. Allein in Nordrhein-Westfalen hat sich deren Zahl in den letzten 15 Jahren nahezu verdoppelt.

Was hier im Zuge privater Sammelleidenschaft als Geschichte von so mancherlei Gerät, sei es der Hüte, Reklameschilder, Knöpfe, Puppen oder Motorräder, an die Öffentlichkeit drängte oder durch Besinnung einzelner Städte und Kommunen auf die Überreste vergangener Lebenspraxis mit der Patina der guten, alten Zeit in die Heimat- und Industriemuseen, findet nun auch überregional entsprechend Gehör. So überreichte unlängst die Bundesregierung der Stadt Berlin zum 750. Geburtstag ein Deutsches Historisches Museum, wird sie daheim in Bonn den 40. Jahrestag der Republik mit der Grundsteinlegung zu einem Haus der Geschichte feiern.

Spätestens seitdem macht die Geschichtswissenschaft als zuständige Fachdisziplin mobil; fordert in Sorge um einerseits politische Einflußnahme sowie andererseits besucherfreundliche Ästhetisierung vehement bis polemisch den methodisch geregelten Zugriff auf das Objekt[1]. Zentrale Frage der Diskussion: Wie kann und soll das Schaustück, genauer: der „Überrest“ (Droysen) und damit Geschichte im Museum präsentiert werden? In Vitrinen mit erläuterndem bis ermüdendem Text oder textlos im Rahmen ästhetisch sinnfälliger Inszenie-

rungen, als – überspitzt formuliert – „Vitrinenfriedhof und Lesetapete“[2] oder enthistorisiertes, kommerzialisiertes Disneyland[3]?
Die Alternative erweist sich als gleichermaßen schlecht gestellt. Kann die Museumspraxis im Einzelfall auf den Glasschutz wertvoller Exponate nicht verzichten[4], so bedient sie sich seit jeher, insbesondere an ihren Originalschauplätzen, szenischer Mittel jenen zum Trotz, die hierin postmodernen Zeitgeist ans Werk gehen sehen[5]. Sei es im sorgfältig restaurierten Schlafzimmer des Bayernkönigs Ludwig II., in der detailgetreuen Rekonstruktion einer ausgedienten Zechenanlage oder der stilechten 50er-Jahre-Eisdiele der Bochumer Ausstellung „Vom Trümmerfeld ins Wirtschaftswunderland“[6], in allen Fällen werden trotz erheblicher Differenzen Gegenstände vergangener Alltagswelt maßstabsgetreu im dreidimensionalen Raum in Szene gesetzt.
Hierfür spricht zunächst, daß das isolierte, aus seinem Funktionszusammenhang herausgefallene Objekt – und historische Museen haben es neben dem überlieferten Text, der sogenannten „Quelle“ (Droysen), primär mit diesem zu tun – als einzelnes keinerlei historische Aussagekraft besitzt. Es ist ohne Bezug auf sein ehemals praktisches Umfeld und ohne Vergleichsmöglichkeit mit ihm analogen Dingen geschichtslos, da zeitlich indifferent, und bleibt als solches rein ästhetisch erfahrbar. Hier von der Phänomenalität auf eine ihm eigentümliche Historizität zu schließen, bringt immer schon ein Maß an Wissen ins Spiel, das dem Ding äußerlich ist.
Die simple Aussage beispielsweise, ein Stuhl mit verschlissenem Polster und abgegriffenen Armlehnen sei alt, entgrenzt das Objekt nach Maßgabe unserer Alltagserfahrung, beansprucht die an ihm wahrgenommenen Qualitäten als Anderssein im Verhältnis zu einem gegenwärtig sinnvollen Praxis- und Objektzusammenhang, wobei weniger das spezifisch Ästhetische und Historische des Objekts, denn aktuelle Rezeptionsraster zur Sprache kommen. Fragen, wie: wem gehörte der Stuhl, wo hat er gestanden, von wem, wann und auf welche Weise wurde er hergestellt, ist er ein Einzelstück oder Serienfabrikat, worin besteht seine ästhetische Besonderheit oder worin unterscheidet er sich von anderen Stühlen etc., bleiben außen vor. Die am Alltäglichen, je schon Bekannten sich orientierende Rezeption nivelliert die hier möglichen kulturellen und zeitbedingten Differenzen, was um so problematischer wird, je weniger der Gegenstand ästhetisch und funktional mit der Gegenwart korrespondiert, d. h. wiedererkennend in seiner Zweckbestimmtheit oder Bedeutung zu verstehen ist[7].
Die Herstellung kontextueller Bezüge ist somit für die Präsentation des Objektes als einem geschichtlichen konstitutiv. Das Ausbleiben dieser Bezüge überantwortet das Objekt einer rezeptionellen Beliebigkeit in dem Maße, wie es sich bestenfalls an Imaginationskraft und Erfahrungswerte des Rezipienten richtet ohne objektivierendes Korrektiv im historisch abständigen und als solchen einsehbaren Zusammenhang. Eine reflektierende Distanzierung von auf bloßer Meinung

gegründeten Urteilen, als quasi Übergang von der sinnlichen Anschauung zu historischer Erkenntnis, kommt damit gerade nicht in den Blick.
Folglich lassen sich anhand der je konkreten Kontextualisierung prinzipiell die Erkenntnismöglichkeiten museal präsentierter Geschichte abschätzen. Seien es (un-)beschriftete Vitrinen oder inszenierte Räume: die Scheidegrenze verläuft gleichermaßen zwischen der puren und ausschließlichen ästhetischen Faszination und der reflexivreflektierenden Einbindung des Wahrgenommenen in den geschichtlichen Kontext. Die Analyse vier unterschiedlich konzipierter Ausstellungen soll dies im folgenden belegen.

II

Den wohl größten Publikumserfolg feierte 1980/81 „Tutanchamun", eine Ausstellung, in der eine größere Anzahl von Funden aus den Grabkammern des Pharaos, Besitz des Kairoer Ägyptischen Museums, erstmals in der Bundesrepublik zu sehen war.
Gezeigt wurden überwiegend goldene Insignien des Kultes und der Macht. Was die Beschriftung an den einzeln in Vitrinen ausgestellten Stücken betrifft, so wurde der Besucher relativ allein gelassen: Titel des Exponats, museale Herkunft und Material. Trotz einiger erläuternder Schautafeln im Eingangsbereich dürfte ihm eine explizit historische Verortung des Gesehenen kaum möglich gewesen sein. Das Sehen erschöpfte sich im wiedererkennenden Sehen oder – soweit es das Gedränge vor den Schaukästen zuließ – in der Identifizierung des Objekts mit Hilfe der Beschriftung. Anders formuliert: Was von seiner formal-ästhetischen Gestaltung her eine noch heute gängige Funktion nahelegte, war als solches zu erkennen. Das Schmuckstück ist ein Schmuckstück, das Brettspiel ein Brettspiel, der Stuhl ein Stuhl. Beim ästhetisch Befremdlichen, seien es liturgische Geräte oder absonderlich geformte Gegenstände der Alltagswelt, half allein der Blick in den Katalog. Dieser erläuterte nicht nur das einzelne Objekt, sondern lieferte einen Einblick in die Geschichte des alten ägyptischen Herrscherhauses sowie mancherlei Wissenswertes über den archäologischen Jahrhundertfund, die Entdeckung des unversehrten Grabes im November 1922[8].
In Konzeption und Gestaltung bediente sich die Ausstellung somit der gängigen Präsentationsform eines Kunstmuseums, wurden die Exponate nicht als historische Überreste, sondern wertvolle Artefakte installiert: abgeschirmt durch das die Einzigartigkeit unterstreichende Glas, freigegeben dem staunenden, faszinierten Blick und ohne Einsicht in die historischen Bedingungen ihrer Produktion. Wollte man hier – wenn auch mit Hilfe des Katalogs – eine explizit historische Aussage ausmachen, so beweist das gerade im Umgang mit den Objekten sich manifestierende Geschichtsbild die pure

Augenwischerei: Dem Ausblenden konkret gesellschaftlicher Bezüge antwortet, qua Exponiertheit ihrer repräsentativen Insignien, die Auratisierung staatsführender Gewalt[9].

III

Weitaus weniger spektakulär war im Frühjahr 1988 eine kleine Ausstellung im Bochumer Stadtarchiv: „Das Kopftuch. Ein Stückchen Stoff in Geschichte und Gegenwart"[10]. Zwei Frauen, die türkische Soziologin Meral Akkent und die deutsche Pädagogin Gaby Franger, dokumentierten dort entgegen gängiger Vorurteile die kulturellen und historischen Gemeinsamkeiten weiblicher Kopfbedeckung. Galt in grauer Vorzeit das Haar als Quelle der Fruchtbarkeit und hielt man sich deshalb bedeckt, so ist heute das Kopftuch hier wie dort mehr modisches Accessoire als behütete Tradition; in vereinzelten Regionen allenfalls Indiz für ländliche Rückständigkeit.
Dies war der Ausstellung selbst nur indirekt zu entnehmen. Da gab es zunächst einige Gipsköpfe mit unterschiedlich gemusterten und geknoteten Kopftüchern, augenscheinlich fabrikneu und ohne regionalen Verweis. Eine unbeschriftete Vitrine präsentierte diverse Webfäden, Stoffproben sowie allerlei verzierenden Schmuck. Das größte Augenmerk richtete sich auf die riesigen Stellwände, an denen auf großformatigen Seiten Auszüge aus dem interessanten und materialreichen Buch der beiden Ausstellungsmacher zu lesen waren. Den Abschluß bildeten einige Photos, Abbildungen zeitgenössischer Frauen aus Österreich, Süddeutschland und der Türkei.
Geradezu exemplarisch dokumentiert diese Ausstellung das weitverbreitete Vertrauen der Museumsgestalter in die allgemeine Kommunikationsfähigkeit sprachlicher Mittel. Jenseits der sinnlichen Wahrnehmung des Sujets vermag vermeintlich nur das gelesene Wort ein Erkennen der komplexen historischen Zusammenhänge zu gewährleisten. Dabei bleibt, wenn auch in kritischer Absicht, der optische Sachverhalt auf der Strecke. Vorrangig ist der narrative, nach allen Regeln der Wissenschaft abgefaßte Text, den das Exponat – sei es tatsächlich alt oder nachgebildet – illustriert. Präsentierte die Tutanchamun-Ausstellung den Überrest als Artefakt und setzte ihn damit ästhetisch absolut, so wird er hier zur Sekundärliteratur, zur optischen Fußnote verbaler Argumentation.

IV

Demgegenüber soll im folgenden der Erkenntnis- und Erklärungshaushalt szenischer Präsentationen analysiert werden, deren Stärke augenscheinlich zunächst darin besteht, ihre Objekte weder ästhetisch zu überhöhen noch als sinnlich erfahrbare Bedeutungsträger historischer Zusammenhänge zu diffamieren. Sieht man jedoch

genauer hin, so sind auch hier erhebliche Unterschiede zu bemerken.
Der Historiker Hartmut Boockman differenziert erstmals die Inszenierung in Wachsfigurenkabinette und stilisierte Szenen oder, wo auf Figürliches verzichtet wird, in akribische Rekonstruktion historischer Szenarien und durch Kombination verschiedenartiger Überreste erzielte „dichte Ensembles“[11]. Kriterium der Unterscheidung ist das vermeintlicher Authentizität.
So vermittelt die nicht zufällig aus den kulturhistorischen Museen des 19. Jahrhunderts überkommene, auch heute noch durchaus gängige detailgetreue und bühnenhafte Nachbildung einen Schein geschichtlicher Wahrheit, der weniger in seiner ungebrochen rhetorischen Wirkung auf den Rezipienten, denn aufgrund seiner geschichtstheoretischen Implikationen bedenklich ist. Denn zugleich suggerieren die hier vorgeblich realistisch arrangierten, „nackten Tatsachen“ (Ranke) immer schon die Möglichkeit, Vergangenheit quasi lückenlos und authentisch zu rekonstruieren; somit ein Verfahren, das den fiktionalen Gehalt historischer Darstellung, jenes spekulative oder struktive Element in der Ordnung und Zusammenstellung des Tradierten konsequent negiert. Darstellungstechnisch unterstützt wird diese Wendung der Historie ins Scheinhaft-Reale durch den – so paradox das klingt – Rückgriff auf nicht-authentisches Mobiliar: denn trotz vermeintlicher Objektivität ist die an unzähligen Beispielen nachweisbare, verwirrende Mischung von authentischen Relikten mit „neueren Machinationen“ oder „Repliken“ nichts anderes, als die Kehrseite jenes auf Geschlossenheit und Präsenz rekurrierenden Konzepts[12].
Doch sei es der restaurierte Originalschauplatz oder die museale Szene, gezeigt wird nicht Wirklichkeit, wie sie tatsächlich war, sondern – wie Reinhart Koselleck im Anschluß an Chladenius bereits für die Geschichtsschreibung geltend machte – die perspektivische „Fiktion ihrer Faktizität“[13]; dies nicht aus Gründen künstlerischer, ästhetisierender Intention, sondern Einsicht in die Diskrepanz zwischen gestern und heute im Umgang mit dem zu ordnenden, interpretierenden Material: „Der reflektierende Zeitabstand zwingt den Historiker, geschichtliche Wirklichkeit zu fingieren, und zwar nicht in der Rede 'es war'. Vielmehr ist er grundsätzlich gehalten, sich der sprachlichen Mittel einer Fiktion zu bedienen, um einer Wirklichkeit habhaft zu werden, deren Tatsächlichkeit entschwunden ist[14].“
Dem entspricht Boockmanns Forderung, auch innerhalb der Inszenierung jeden Eindruck letztlich illusionärer Authentizität zu vermeiden. Das heißt jedoch nicht, auf die anschaulichen Qualitäten des Environments generell zu verzichten. Nur sollten dessen struktive Elemente eindeutig markiert und hierin auch dem Rezipienten nachvollziehbar werden[15].
Als Musterbeispiel einer dergestalt desillusionierenden, doch gleichermaßen die Sinne der Besucher ansprechenden szenischen Präsentation gilt ihm die mit „dichten Ensembles“ und deutlich stilisierten

Figurengruppen arbeitende Dauerausstellung des Essener Ruhrlandmuseums. Gemeint sind u.a. die aus Möbeln, Hausrat und Wandschmuck kombinierten vier verschiedenen Arbeiterwohnküchen, Spiegel unterschiedlicher „sozialer Möglichkeiten, Hoffnungen und Wünsche", sowie die mit anonymen Gesichtszügen ausgestatteten Vollplastiken Kartoffeln schälender Frauen und der vor einer Lohnkasse Schlange stehenden Arbeiter (Abb. 22)[16]. Fraglich ist jedoch, inwieweit diese von Boockman durchweg positiv bewerteten Szenarien ausreichen, Geschichte anschaulich und doch umfassend zu vermitteln.

V

Thema und Ziel der 1984 eröffneten Ausstellung „Vom Ruhrland zum Ruhrgebiet – Geologie, Industrie- und Sozialgeschichte einer Landschaft" ist es, die Erdgeschichte mit der Industrialisierungsgeschichte des Ruhrgebietes zu verbinden. Grundlegend ist dabei der Gedanke, daß „ohne die Bodenschätze, die im Laufe von Jahrmillionen entstanden sind, (...) die Entwicklung dieser Region von einer wenig bedeutenden Agrarlandschaft im 19. Jahrhundert zu einer der dichtbevölkertsten Industrielandschaften Europas nicht möglich gewesen" wäre[17].

Dementsprechend gliedert sich die Ausstellung zunächst in zwei verschiedene Abteilungen, eine geologische im Erdgeschoß (Abb. 21) und eine wirtschafts- und sozialgeschichtliche im 1. Stock, die jedoch insbesondere durch die Kohle aufeinander bezogen bleiben.

Schon innerhalb des geologischen Bereichs, der entlang seiner chronologisch geordneten Fossilien und Gesteinsproben, riesigen Tierskelette und naturkundlichen Dioramen 400 Millionen Jahre Erdgeschichte vor Augen führt, verweisen großformatige Photographien und Modelle von Industrieanlagen auf die spätere Nutzung der Rohstoffe. Diesem vorwiegend mit beschrifteten Vitrinen und Schautafeln arbeitenden, diachron angelegten Teil antwortet die synchron konzipierte Sozialgeschichte im Obergeschoß: als repräsentativer Querschnitt durch die primär auf den Kohlebergbau ausgerichtete Industriegesellschaft des Reviers um 1900. Als sinnlich-sinnfälliges Bindeglied zwischen vorher und nachher, oben und unten, fungiert ein authentischer, halboffener Förderschacht im Treppenhaus sowie der im Innern des Treppengerüsts installierte Förderkorb.

Die hieran anschließende Ausstellung, die im Gegensatz zum Untergeschoß ihre Exponate größtenteils ohne Text im Dreidimensionalen inszeniert, differenziert zwei weitere, auch räumlich voneinander getrennte Gegenstandsbereiche: die gediegene Lebenswelt des Unternehmertums à la Kirdorf, Reusch und Baare und den tristen, doch letztlich heimelig anmutenden Alltag der Angestellten- bzw. Arbeiterschicht. Der Klassenunterschied wird in der Auswahl und Zusammenstellung der Objekte manifest.

Da präsentiert der dem Großbürgertum zuzuordnende Saal ein Sammelsurium – zum Teil hinter Glas – erlesener Alltagsgegenstände, von der Tabaksdose und dem Monokel über das Kinderspielzeug bis hin zum großen, massiven Schreibtisch plus dazugehörigem Stuhl, das sich den verschiedenen Lebensbereichen entsprechend zu einzelnen Gegenstandsgruppen verdichtet. Eine geschichtliche Dimension, d.h. über ihre rein gegenstandsbezogene, funktionale Einbindung hinaus, erhalten die Dinge durch die an der Stirnwand placierte Bismarck-Büste und die deutsche Reichsfahne sowie den in der Mitte des Raumes bis fast unter die Decke reichenden, überdimensionalen Kohlenhaufen – Hinweise auf die ideologische und materielle Basis unternehmerischer Aktivität und Prosperität.

Diese Sehweise wird durch die Exponiertheit der Objekte bzw. deren je konkrete Stellung im Raum nahegelegt. So sieht der Betrachter zunächst die ohne plausiblen Zusammenhalt bunt durcheinander gewürfelten Dinge, die auch noch heute als allgemein bekannt gelten dürfen. Deren Allgemeinverständlichkeit ermöglicht wiederum das Erkennen der thematischen Gruppierungen. Indem der Betrachter die Objekte jedoch insgesamt, d.h. in ihrer Ordnung innerhalb des Raumganzen aufeinander bezieht, erhalten sie eine Bedeutung, die über ihr bloßes Aussehen oder ihre Funktion immer schon hinausreicht. Innerhalb dieses Bezugsrahmens wird es beispielsweise möglich, den Kohlenberg, der zunächst eher irritierend oder deplaciert wirkt, weniger wörtlich denn metaphorisch zu nehmen, eben weil er so wenig zu dem Glanz der anderen Exponate paßt, aber dennoch das Zentrum des Raumes beherrscht.

Sinnkonstituierendes Moment, und zwar über die Semantik der einzelnen Dinge hinaus, ist somit die konkrete Raumsituation, jenes auf der räumlichen Anordnung der Dinge basierende Beziehungsgeflecht, das sich dem Betrachter sehend und weniger im Wissen um die Sachen selbst, d.h. wiedererkennend erschließt. Damit werden zugleich die Möglichkeiten szenischer Präsentation evident: Durch ihre bewußt konstruierten, optisch realisierten und somit im Medium der Anschauung nachvollziehbaren Objektbezüge gewährt sie einen Einblick in die gesellschaftlichen Strukturen des Reviers um 1900, die als solche dem einzelnen Ding nicht anzusehen sind, nichtsdestotrotz aber dessen spezifische Historizität ausmachen. Ein ähnlich in der räumlichen Konstellation begründeter, sinnlich erfahrbarer Verweis auf den geschichtlichen Zusammenhang kennzeichnet den Gegenstandsbereich des Arbeitnehmers.

Stand in der Welt des Unternehmers die Kohle unübersehbar, wenn auch mehr indirekt im Zentrum des Geschehens, so bewegt sich das Leben der Unterschicht de facto in der Spanne zwischen Hochofen und Herd. Vier unterschiedlich möblierte, auf einer Drehscheibe installierte Arbeiterwohnküchen, die durch den Transmissionsriemen eines benachbarten Werkstattmodells angetrieben werden, bilden das

Herzstück innerhalb dieses Ausstellungstraktes. So kann sich der Betrachter anhand der hier zusammengetragenen, szenisch verdichteten Objekte einerseits ein Bild von der Wohnsituation der Arbeiter und Angestellten um die Jahrhundertwende machen; darüber hinaus von dem sozialen Gefälle aufgrund der deutlich visualisierten formalästhetischen bzw. stilistischen Kontraste im Hinblick auf das vorgeführte Mobiliar.
Doch gezeigt wird nicht allein wie man lebt, sondern auch was den Alltag trotz aller sozialen Differenzen gleichermaßen bestimmt: die Arbeit in der Kohle- bzw. Eisen- und Stahlindustrie. Über den fast lautlosen, doch monotonen Rhythmus der Antriebsmaschinerie hinaus machen dies die um eine nachgebaute Lohnhalle angeordneten Szenarien der verschiedenen Großbetriebe deutlich. Dabei wird akribische Detailtreue konsequent vermieden. Vorrangig sind die für den jeweiligen Bereich charakteristischen Maschinen oder Werkzeuge, die vereinzelt durch dokumentarische Photographien oder durch auf Knopfdruck abrufbare Videoprogramme aus der heutigen Arbeitswelt ergänzt werden.
Nicht nur die Arbeit in den Betrieben, auch das Leben jenseits der Fabriktore kommt szenisch zu Wort. Rund um das Küchenkarussell gruppieren sich der enge Hinterhof mit Taubenschlag, der Tante-Emma-Laden, die Kneipe, der Sportplatz und die für das Ruhrgebiet typische Seltersbude. Etwas abseits erkennt man die Innenstadt mit ihren glänzenden Reklameschildern, üppigen Auslagen und dem Bahnhof.
Spätestens an dieser Stelle werden trotz des überaus durchdachten und in sich schlüssigen räumlichen Bezugsganzen die Grenzen der primär mit szenischen Versatzstücken arbeitenden Ausstellung transparent. Zwar wird durch die strikt eingehaltene ästhetische Reduktion auf die für das jeweilige Ambiente wesentlichen oder markanten Objekte eine Verwechslung mit der Realität immer schon ausgeschlossen: Eine Ladentheke, eine Kasse und ein relativ beliebiges Warenangebot symbolisieren das Kaufhaus; ein ausgebautes Zugabteil mit hölzernen Sitzbänken, ein Fahrkartenschrank, einige Koffer und ein Schienenstrang den Bahnhof. Paradoxerweise gewinnen die Exponate gerade in dieser szenischen Kargheit erneut an ästhetischem Zauber oder Glanz. Die in unmittelbarer Nähe der Küchen einsehbaren sozialgeschichtlichen Strukturen des Arbeiteralltags verliert der Besucher beim Gang durch diese Nebenszenen aus dem Blick.
So erscheint die Welt des kleinen Mannes mit ihren Maschinen, ihrem zusammengewürfelten Hausrat und grobschlächtigen Mobiliar einerseits als ärmlich und beengt, doch verkehren sich die auf ein Minimum oder besser: Museumsmaß reduzierten Szenarien letztlich ins propre, heimelige Idyll. Das die Etage insgesamt gliedernde, die vorgeführten Objekte strukturell interpretierende, abstrakte Bezugs-

system verläuft sich an seinen Rändern im synchronen Bilderreigen des ästhetisch Gefälligen bis naturalistisch Genrehaften trotz des bewußten Verzichts auf detailgetreue Rekonstruktion.

VI

Völlig anders verfährt hingegen die eingangs bereits kurz erwähnte Ausstellung „Vom Trümmerfeld ins Wirtschaftswunderland. Ein Stück Nachkriegsgeschichte: Bochum 1945–1955“, die 1987 im Bochumer Stadtarchiv, 1988 im Karl Ernst Osthaus-Museum, Hagen, zu sehen war. Sie rechnet quasi von Anfang an mit der Eigendynamik ästhetisch gefälliger Kulissenhaftigkeit, die mehr zu einem distanzlosen Eintauchen in die Vergangenheit als zu einer kritischen Auseinandersetzung mit Geschichte einlädt. Stattdessen konzentriert sie sich auf das aus verwirrend unzähligen Überresten und Dokumenten zusammengefügte, artifiziell verfremdete Tableau, das sich dem Betrachter erst nach und nach, d.h. durch sukzessive Lektüre in seiner jeweiligen Bedeutung erschließt.
Dabei wird nicht nur das, was immer schon lokal, funktional oder zeitlich zusammengehörte, kombiniert, sondern Authentisches aus zum Teil gänzlich verschiedenen Gegenstandsbereichen soweit es den intendierten Bildsinn inhaltlich trägt. So wird auch das zeitgeschichtliche Dokument, seien es Wahlplakate, städtische Verordnungen, Statistiken, Zeitungsausschnitte oder Photographien, nicht nur illustrierend dem Szenischen beigefügt, sondern gleichwertig dem Tableau integriert. Überrest und Quelle treten somit in einen wechselseitigen Verweisungszusammenhang, was eine rein ästhetische Rezeption der gezeigten Objekte immer schon verhindert. Hinzu kommt der deutlich visualisierte Gegenwartsbezug, der es dem Betrachter ebenso unmöglich macht, in einer nicht weiter beunruhigenden Vergangenheit kontemplativ zu versinken.
Bereits am Eingang fiel der Besucher geradewegs über einige Blechfässer, ein giftgrünes mit der Aufschrift „Seveso“ sowie zwei weitere mit dem Titel HTLV 3. Unmittelbar dahinter eine überdimensionale Germania mit schwarzer Augenbinde und siegreichem Schwert, von der aus sich ein grellroter Farbfleck auf den Boden ergoß. Neben diesem ehemaligen, nun kunstvoll bearbeiteten Kriegerdenkmal aus Bochum-Langendreer (1870/71) eine gußeiserne Bombe und ein umgestürzter jüdischer Grabstein. Darüber an der Wand eine Statistik mit den Zahlen der Luftangriffe, der gefallenen Bomben und zivilen Todesopfer einer Nacht sowie Göbbels sprachreinigender Aufruf an das deutsche Volk aus dem Jahre 1944, angesichts der in Schutt und Asche gelegten Städte nicht von „Katastrophe“ zu sprechen. Gegenüber aus einer Kirche in Bochum-Harpen eine Gedenktafel mit den Namen gefallener Soldaten von 1914/18 und eine Postkarte aus Stalingrad, Überlebenszeichen eines Davongekommenen. Schräg hinter

diesen mehr entlang der Wände postierten Dingen in Richtung Museumsinneres eine Stellwand mit einem Photo des zerstörten Bochum, das vom Eingang her gesehen aufgrund seiner Größe und Perspektivik das Nebeneinander der einzelnen Objekte optisch zur dreidimensionalen Szene verband. Über diesem je nach Betrachterstandpunkt zwischen Bild und Szene changierenden Ensemble der weit ausholende Schriftzug „Tod oder Turandot".

Derart von den Katastrophen der modernen Industriegesellschaft eingestimmt, führte der Weg über einige auf den Boden geklebte Photos aus der Vorkriegszeit und die 1945 von den Alliierten abgeworfenen Flugblätter mit dem Hinweis auf die Kapitulation direkt in die Trümmer des 2. Weltkriegs, d. h. einen riesigen Schuttberg aus Ziegelsteinen, Holzbalken, zerbrochenem Hausrat und Mobiliar. Dazwischen, somit Ort und Ausmaß der Zerstörung signalisierend, weitere Photos aus der Zeit davor mit angesengten Kanten, geborstenem Rahmen und gesprungenem Glas. Dahinter an der Wand, flankiert von einem aus den Angeln gerissenen Türflügel bzw. einem Bettgestell, hierdurch optisch mit den realen Trümmern verschmelzend, ein auf rund 2,5 × 3,0 m vergrößertes Photo von Männern und Frauen – nahezu lebensgroß – bei den Aufräumarbeiten im zerbombten Bochum.

Von hier aus schilderte die Ausstellung mehr oder weniger chronologisch den Weg der Stadt Bochum aus den Trümmern in die Goldenen 50er, stets mit Blick auf die einschneidenden politischen Ereignisse gesamtdeutscher Entwicklung. Diese lieferten gleichermaßen den Bezugsrahmen für die thematischen Schwerpunkte der einzelnen Tableaus, stellten somit das zunächst rein stadtgeschichtliche Dokument oder das als einzelnes wenig bedeutende authentische Relikt in den komplexeren historischen Kontext. Dieser wiederum gewann in seiner Anbindung ans Städtisch-Lokale an Unmittelbarkeit und Konkretion; darüber hinaus durch die einzelnen, teilweise artistisch überhöhten und szenisch verdichteten Objekte an visueller Prägnanz.

Da gab es beispielsweise ein sich mit dem Hunger in den Nachkriegsjahren befassendes Ensemble. Zu sehen waren zunächst einige Photos, u. a. das Schlange stehender Menschen vor einem noch heute existierenden Bochumer Lebensmittelgeschäft sowie das einer Demonstration mit dem deutlich zu lesenden Transparent „Gebt uns Brot". Darüber hinaus ein Wahlplakat der KPD mit dem Slogan „Wer kämpft gegen den Hunger? Derjenige, welcher selbst darunter leidet" und eine Liste der diversen internationalen Hilfsorganisationen. Sinnlich-sinnfällig ergänzt wurden diese Dokumente durch die auf den Boden gestapelten Care-Pakete aus den USA, einen Knorr-Suppenwürfelkarton und einen Kochtopf, der anstatt Suppe ein Kruzifix enthielt. Links daneben Kannen, Töpfe, Eimer – allesamt leer –. Zur linken das Skelett einer Katze. In einer Vitrine stand ein Kühlschrank, dessen Inhalt einzig aus einem Paket Mottenkugeln bestand. Darauf eine Kindertrommel, Lebertranflaschen und der Sarotti-Schokoladenmohr, vor dem Kühlschrank ein Koffer mit Tabaksblättern, hinter der Vitrine an der Wand ein zeitgenössisches Miserior-Plakat mit der Abbildung eines ausgemergelten Kindes der 3. Welt, darüber auf einem französischen Reklameschild ein strahlendes, pausbäckiges Kind mit einem Margarinebrot.

Diese auf den ersten Blick wilde Mischung von Text, Photographie und Objekt – Kennzeichen der Ausstellung insgesamt – erwies sich bei genauer Betrachtung bzw. Lektüre als durchaus logisch stringent organisicrt. Sich sehend auf das Gezeigte einlassend wurde das eine Schlüssel zum Verständnis des anderen, erklärte sozusagen das, was zunächst für sich allein wenig sinnvoll erschien. Dabei wurden, nicht zuletzt aufgrund des vordergründig verwirrenden Unzusammenhangs, assoziative oder spekulative Sprünge, und zwar über die Lektüre der Dokumente und das Wiedererkennen der Gegenstände hinaus, dem Betrachter durchaus abverlangt. Doch machte die überraschende Kombination streng genommen nicht zusammengehöriger Gegenstände die Thematik des Tableaus geradezu sinnfällig und spannend, wobei das Zusammentreffen von Hungerdemonstrationen und Katzenskelett, Schokoladenneger und ausgehungertem Kind nicht nur die über die Dokumente angesprochene historische Situation, sondern ebenso das Problem des Hungers in der heutigen Zeit dem Betrachter eindringlich vor Augen führte.

Endpunkt und architektonisches Zentrum der Ausstellung war die in der Mitte des Hauptraumes aufgebaute authentische 50er-Jahre-Eisdiele, die dem Museumsbesucher gleichzeitig als Restaurationsbetrieb diente. An einem der zahlreichen Tische Platz nehmend konnte er so einige wesentliche, panoramaartig um ihn herum gruppierte Stationen deutscher Nachkriegsgeschichte Revue passieren lassen und erhielt gleichermaßen einen Eindruck von der enormen Wiederaufbauleistung innerhalb eines Zeitraumes von nur 10 Jahren. Doch gerade hierin wurden auch die kritischen Töne der Ausstellung wieder laut: zu deutlich war der Kontrast zwischen vorher und nachher, den Trümmern auf der einen und den grellen Reklameschildern typischer Heimat- und Liebesfilme der Nachkriegszeit auf der anderen Seite. Ebenso drastisch holte die Gegenwart den Besucher hier wieder ein. Statt einer Speisen- und Getränkekarte fand er auf den Tischen Handzettel mit den Strontium- und Cäsiumwerten verseuchter Nahrungsmittel seit Tschernobyl – als kleiner Hinweis auf die atomare Bedrohung, die als giftgelbe Wolke auch eine der Bochumer Stadtansichten zierte...

Gerade diese letzte Ausstellung zeigt, daß es durchaus möglich ist, Geschichte anschaulich und umfassend im Museum zu vermitteln, ohne ins geschmäcklerische Ambiente oder ermüdende Lesebuch abzugleiten. Vielmehr nutzt sie die Möglichkeiten musealer Präsentation dahingehend, die diesen Ort per se dominierende ästhetische Erfahrung der Erkenntnis historischer Zusammenhänge konstitutiv

zu verpflichten, indem sie die eine sozusagen zur Bedingung der anderen macht.
Damit aktualisiert sie gleichermaßen die seit dem Ende der Aufklärung unbeantwortet gebliebene Frage nach den Grundlagen von Theoriebildung generell, welche die am Objektivitätsideal positiver Wissenschaften und an vermeintlich anschauungsloser Begrifflichkeit sich orientierende Geisteswissenschaft des 20. Jahrhunderts stets auf Kosten der sichtbaren Welt entschied; dies jedoch keineswegs mit dem Gestus einer neuen, alten bedingungslosen Hingabe an die Empirie, die lediglich nachbuchstabiert, was jenseits menschlicher Eingriffssphäre immer schon als solches sinnvoll gegeben ist. Diese eher dem Eifer authentischer Rekonstruktion verwandte Haltung durchbricht das eindeutig Gemachte oder Artifizielle ihrer Szenarien bzw. Tableaus, die in ihrer struktiv-strukturierten, brüchig-kalkulierten Materialfülle mehr sind als pure Faktizität, da sie weder die ästhetische Qualität der Fakten theoretisch, noch die theoretischen Implikate der Fakten ästhetisch eliminieren. Insofern sind sie nicht einfach historisches Abziehbild, sondern Hinweis auf den Formungsprozeß historischer Erkenntnis selbst: der aus einer Fülle an unzähligen überlieferten Daten, sei es Text, Bild oder Objekt, selektierend, interpretierend mosaiksteinartig ein sinnvolles Ganzes entstehen läßt, dessen Bezugspunkt der Interpret und in diesem Sinne auch der Betrachter ist.

---

1 siehe hierzu u. a. J. Rüsen, W. Ernst, Th. Grütter (Hg.), Geschichte sehen. Beiträge zur Ästhetik historischer Museen, Pfaffenweiler 1988 sowie H. Mommsen, Zum Projekt eines 'Deutschen Historischen Museums' in West-Berlin, in: K. Bergmann, A. Kuhn, J. Rüsen, G. Schneider, R. Schörken (Hg.), Geschichtdidaktik, Probleme-Projekte-Perspektiven, Bd. 3/86, S. 310–327 und H. Boockman, Geschichte im Museum? Zu Problemen und Aufgaben eines Deutschen Historischen Museums, München 1987

2 M. Seidensticker, dem ich an dieser Stelle für intensive Diskussionen und zahlreiche Anregungen danke, in einem Rundfunk-Interview mit J. Rüsen, WDR 3, Juni 1988

3 s. D. Hoffmann, Geschichte im Museum, in: K. Bergmann, A. Kuhn, J. Rüsen, G. Schneider (Hg.), Handbuch der Geschichtsdidaktik, Düsseldorf 1985[3], S. 732–34, ebda. S. 734

4 s. H. Boockmann, a. a. O., S. 35 sowie S. 25

5 s. W. Ernst, Verkommene Ufer? Eine Museumstagung in Loccum und Kontraste aus der Pariser Avantgarde, in: K. Bergmann, A. Kuhn, J. Rüsen, G. Schneider, R. Schörken (Hg.), Geschichtsdidaktik, Probleme-Projekte-Perspektiven, Bd. 2/86, S. 193–196, ebda. S. 195 sowie H. Boockmann, a. a. O., S. 52

[6] Vom Trümmerfeld ins Wirtschaftswunderland. Ein Stück Nachkriegsgeschichte: Bochum 1945–1955, eine Ausstellung im Bochumer Stadtarchiv, Frühjahr 1987; anschließend 22. 4. – 11. 6. 1988 Karl Ernst Osthaus-Museum, Hagen; Konzeption und Gestaltung: Dr. Enno Neumann

[7] Der Begriff des „wiedererkennenden Sehens" im Gegensatz zu dem des „sehenden Sehens" wurde der Auseinandersetzung Max Imdahls mit Panofskys Drei-Stufen-Modell zur ikonographisch-ikonologischen Analyse von Kunstwerken entnommen, der obwohl primär auf Malerei bezogen auch für die Diskussion um die ästhetischen Probleme historischer Museen von zentraler Bedeutung ist. Siehe hierzu M. Imdahl, Giotto, Arenafresken, Ikonographie, Ikonologie, Ikonik, München 1980, bes. S. 84–98

[8] siehe hierzu den Katalog des Kölner Stadtmuseums: Tutanchamun in Köln, 21. 6. – 19. 10. 1980, Köln 1980

[9] Zu dem Begriff der „Aura" siehe W. Benjamin, Das Kunstwerk im Zeitalter der technischen Reproduzierbarkeit, Frankfurt/M. 1963

[10] s. M. Akkent, G. Franger, Das Kopftuch. Ein Stückchen Stoff in Geschichte und Gegenwart, Frankfurt/M. 1988

[11] H. Boockmann, a. a. O., S. 54

[12] ebda., S. 53

[13] R. Koselleck, Terror und Traum. Methodologische Anmerkungen zu Zeiterfahrungen im Dritten Reich, in: Vergangene Zukunft. Zur Semantik geschichtlicher Zeiten, Frankfurt/M. 1979, S. 278–299, ebda., S. 280

[14] ebda., S. 282/83

[15] s. H. Boockmann, a. a. O., S. 50 ff.

[16] ebda., S. 54

[17] n: Ruhrlandmuseum Essen, Museum, Westermanns Monatshefte, Februar 1986, S. 11

Hanna Hohl

Ein Lebensraum im Museum*

Ein Museum definiert seine Aufgaben und Möglichkeiten nicht nur durch seine Sammlungstätigkeit, sondern auch dadurch, wie es Räume benennt, bestückt und besetzen läßt. Die Hamburger Kunsthalle hat darin durch das Erbe Philipp Otto Runges eine besondere Verpflichtung und seit dem Amtsantritt von Werner Hofmann eine besonders lebendige Geschichte.

Wir können uns eine Vollendung von Runges „Zeiten" in einem eigenen sakralen Gebäude nicht vorstellen. Sicher aber ist, sein Gesamtkunstwerk hätte die Funktion eines Kunstmuseums in Hamburg lange vor seiner Gründung in Frage gestellt. Da Runges Ideen als Utopie zum Scheitern angelegt waren, bewahrt die Kunsthalle heute deren Fragmente in ihrem sogenannten Runge-Saal.

Andere Schwerpunkte innerhalb der Sammlung sind hinzugekommen, zuletzt der Raum in der Abteilung zeitgenössischer Kunst im Altbau, in dem Franz Erhard Walther Objekte und Zeichnungen aus zwei Jahrzehnten selbst inszeniert hat und so gestaltend auf das Verständnis seiner Arbeit einwirkt.

Der eigens ausgebaute Raum am Rande der Abteilung „Vom Bild zum Material. Vom Material zum Objekt" im Sockelgeschoß, den Sigrid Sigurdsson im Mai 1986 bezogen hat, gilt nicht der Vorführung von „Werk", sondern der Vorläufigkeit künstlerischen Tuns. In den ersten anderthalb Jahren hat Sigrid Sigurdsson ihre Installation „Verschließen und Öffnen" bereits mehrfach verändert und wird dies auf bisher unbegrenzte Zeit tun. Ihr Raum ist weder Teil der Sammlung, obwohl ihr thematisch verbunden, noch ist er Ausstellung. Er bedeutet nicht mehr und nicht weniger als den Lebensraum, den die Künstlerin aus ihrem „Malraum" in der Wohnung nun ins Museum verlegt hat, damit Innen und Außen, Privatheit und Öffentlichkeit sich begegnen. Das Museum wird so nicht nachträglich zum Konservator wie für den Merz-Bau von Kurt Schwitters (vielmehr für dessen Rekonstruktion) in Hannover, sondern ist Partner für eine Künstlerin, die sich ständig die Frage nach der Notwendigkeit und Wirkungsmöglichkeit ihrer Arbeit stellt.

Was sich hier in äußerlich bescheidenem Rahmen entwickelt, ist etwas Neues, auch gemessen an der Benennung und Benutzung, die bisher für Räume in der Hamburger Kunsthalle galten.

Rückblickend stellt man fest, daß die Kunsthalle schon früh Räume als Aktions- und Experimentierräume geöffnet hat, gemäß einem Votum von Werner Hofmann, es gelte, Museumskunst nicht festzu-

schreiben, sondern zu überwinden. So haben im Kuppelsaal zwischen 1970 und 1973 Künstler wie Wolf Kahlen, die Gruppe „Haus-Rucker Co." mit Ausstellungen und Daniel Spoerri mit seiner Aktion „Abfall – Assemblagen" Material-, Prozeß- und Inhaltsuntersuchungen oft kritischer Tendenz angestellt.
Es kam einer Absichtserklärung gleich, als der ehrwürdige „Bürgermeistersaal" am Eingang zur Hamburger Abteilung aus Anlaß einer Demonstration von Jochen Hiltmann und seinen Schülern im „Weihnachtszeitraum" 1971/72, so Titel der Aktion, in einen „Demonstrationsraum" umbenannt wurde „zum Sehen, Hören, Diskutieren". Er wurde zum Ort für thematische, didaktische und wissenschaftliche Dokumentationen, oft Begleitprogramm zu den großen kunsthistorischen Veranstaltungen, und zum Forum für unmuseale Ausstellungen jüngerer Künstler. Alfred Hofkunst baute dort sein fiktives „Atelier" auf, einen doppelt künstlichen Kunstraumn, der nachträglich als ein Gegenmodell zu Sigrid Sigurdssons Werkstattraum erscheint.
1973 stellte Werner Hofmann im Hinblick auf die Kuppel fest, Axel Heibel habe mit seiner Ausstellung „Der Teil und das Ganze" als erster Künstler die Herausforderung des Rundraumes angenommen und sie zu seinem Thema gemacht (Vorwort des Kataloges). Dieser Herausforderung haben sich (nach der Renovierung für den Zyklus „Kunst um 1800") dann vor allem zwei Künstler gestellt: Klaus Rinke mit der Installation „Meine Plastik ist Zeichnung" (1978) und Detlef Birgfeld mit seinem „Profilierungskarussell" (1980), Arbeiten, die mit dem Raum standen und fielen, Kunst auf Zeit, Ausstellungskunst par excellence. Treffend meinte ein Künstler-Kollege über Birgfelds Inszenierung, sie gehöre eigentlich in ein eigenes großes Zelt.
Der „Demonstrationsraum", dessen Funktion seit 1982 vor allem durch Ausstellungen der Reihe „Standpunkte" geprägt wurde, bot den Künstlern einen intimeren Rahmen nicht nur für die Präsentation von Werkgruppen, sondern auch für raumbezogenes Arbeiten. Sigrid Sigurdsson konnte hier 1984 erstmals die raum- und körperbezogene Ausstrahlung ihrer großen Papierarbeiten erproben – Vorgeschichte ihrer jetzigen Installation.
Bedeutet diese nun die Zuflucht in den Schutz der „heiligen Hallen"? Die zahlreichen Rauminszenierungen und Malaktionen, die es gerade in Hamburg in den frühen achtziger Jahren gegeben hat – man denke an die Aktivitäten der Galerie „vor Ort", an Ausstellungen in der Kampnagel-Fabrik und an anderen Orten des „öffentlichen Raumes" – könnten es nahelegen. Denn was dort aus starkem persönlichem Engagement der Künstler geschah, in historischer Industriearchitektur und in Abbruchgeländen, also in völlig kunstfremder Umgebung, entsprang nicht nur dem Willen zur Selbstbehauptung und dem Eingeständnis der „Vergeblichkeit". Es entsprang auch dem Wunsch nach einer Auseinandersetzung mit anderer gesellschaftlicher Wirklichkeit und aus Ablehnung des „Musealen" der Institution Museum.

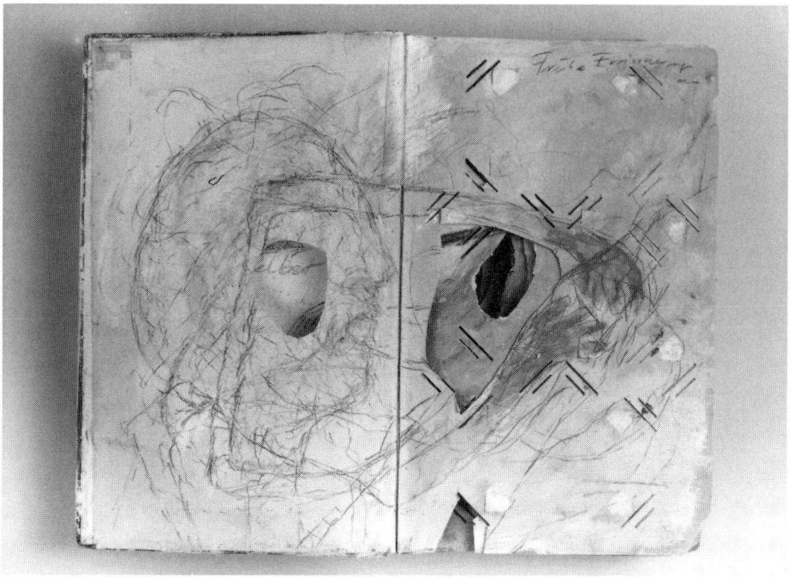

Abb. 58: Sigrid Sigurdsson, Verschließen und Öffnen, Hamburg, Kunsthalle

Bedeutet Sigrid Sigurdssons Installation also Regression? Ich meine, nein; denn nicht nur ist ihr kleiner neutraler Raum in der Kunsthalle dafür konstituierend. Gerade das Museum, das Haus der Tradition ist für sie der Ort, Geschichte nicht losgelöst von Geschichte zu verarbeiten, gemäß einem Satz von Joseph Beuys, nur im Schoße des Alten könne man das Neue erzeugen, in Institutionen mit ihren „Altbeständen" neue Impulse hineinpflanzen (Notizbuch 3, Berlin 1980, S. 51). So werde das Museum ein Forum der ständigen Begegnung, Befragung und Provokation.
Sigrid Sigurdsson Installation „Verschließen und Öffnen" (Abb. 58–60) ist ein solcher Ort der „Gedankenanpflanzungen", wie sie sie nennt, Gedankenanpflanzungen für sich und für andere, wobei sie Gedanken als plastisch, als „Gedankenkörper" versteht. Ihr Raum existiert nicht ohne die Künstlerin selbst, aber ebensowenig ohne die Besucher. Prozeßhaft wie das Leben, ist er auf ständige Kreativität und ständiges inneres Wachsen und Wuchern angelegt.
Schon in einem frühen Buch, als Versuch der Selbsterfahrung beschrieben, bezeichnet, bekritzelt, nennt Sigrid Sigurdsson ein „Endweghäuschen" als ihr Ziel, als Ort der Identifikation, der Vergewisserung von Wirklichsein. Da sie zugleich den Menschen als „Ortschaft" erfährt, vermag der Raum der Ort der Begegnung von Außen und Innen zu werden. In drei Stufen hat sie ihn bisher als Gehäuse

Abb. 59: Sigrid Sigurdsson, Verschließen und Öffnen, Hamburg, Kunsthalle

Abb. 60: Sigrid Sigurdsson, Verschließen und Öffnen, Hamburg, Kunsthalle

und Atelier für sich bewohnbar gemacht, sich selbst darin bewohnbar gemacht, in der Folge für das Publikum begehbar und in einem neuen Schritt benutzbar. Durch eine skulpturale Zelle, die durch Öffnungen Blicke nach außen und innen zuläßt, hat sie einen Raum im Raum geschaffen, in dem Buch auf Buch den Benutzer auffordert, mit der Künstlerin an einem „Dritten" – wie sie es selbst nennt – als einer gemeinsamen Aufgabe schreibend und zeichnend mitzuwirken: einen Raum als Möglichkeit der Konzentration und als Erfahrung der Bedrängnis im Selbst und durch den anderen. Der körperlich erfahrbare Raum wird zum psychischen Raum, in dem die Künstlerin ihre Spuren hinterläßt und, wie sie meint, ebenso jeder Benutzer. Die ersten Eintragungen in ihr neuartiges „Besucherbuch", in dem sie mit Fragen, Appellen, Fotos von gegenwärtiger und erinnerter Geschich-

te die Themen angibt, nehmen den Anspruch auf, den sie vorgibt, und zeugen von betroffener Reaktion.
Was im Anfangsstadium die Wände und den Fußboden beschichtete, zur Zeit die Wände bestückt, sind körperhaft ausgeschnittene und geformte Papiere, aus Schichten aufgebaute Objekte, es sind Bücher, verklebt, verleimt, versiegelt: alte Notenbücher der Eltern, überstrichen, neu benutzt als Tagebücher, alte Poesie-Alben, Bündel von Familienbriefen und Fotos aus der Kindheit und der eigenen neuen Familie; Notizen zur Zeitgeschichte, Zeitungsausschnitte, ein für allemal verschlossen. Dieses Verschließen, Verschweigen bedeutet kein Verdrängen, sondern ein Bewahren und im wahren Sinne Verarbeiten von Geschichte. Muten ihre Oberflächen wie Haut an, so die Objekte selbst wie Körper, die das Innere verschließen und zugleich hautnah, körpernah ahnbar machen. Zwar wäre jedes für sich als einzelnes Kunstwerk gültig, aber im Ensemble wird darüber hinaus das Ganze mehr als die Summe seiner Teile: Aus „Gedankenkörpern" entsteht ein Gedankenraum, Schichten und psychische Schichtungen werden zum anschaulichen Begriff von Geschichte als Überlagerung wie Häutung, als konkret gewordene „Erblast" und als Möglichkeit der Bewältigung in der Gegenwart.
Die Künstlerin denkt Geschichte nicht als Menschheitsgeschichte, sondern als „Menschenzeit", als erlebte Geschichte von Tagen, Monaten, Jahren. Dabei geht sie von der Einsicht aus, daß private Geschichte, die Chronik ihrer Familie, die sie in Briefen und Dokumenten erforscht, geprägt ist von politischer Geschichte – eine schicksalhafte Erfahrung, die von Anfang an ihre künstlerische Praxis geprägt hat.
Zwei Notizen in dem erwähnten Buch der Zwanzigjährigen sprechen das schon aus. In einem Diagramm zeichnet sie dort „Malend + schreibend/Leben –/Strecke/Aus" – ein Zeichen für die innere Notwendigkeit ihres Tuns. Die andere lapidare Eintragung lautet: „Die Wunde bleibt" – ein Bekenntnis zur Verletzung, die ihr Leben bestimmt hat und ihre künstlerische Intensität stets neu provoziert.
Dies erklärt die Kerben, Male, Narben, die die Oberflächen und Schichten ihrer Papiere prägen. Es sind scheinbar „primitive" Zeichen, Zeichen für Existenz und Bedrohung, Zeichen für das Verschließen und Sichöffnen, für versuchten Dialog und für den Wunsch nach einer Synthese von Körper und Geist. Keineswegs bedeuten sie einen Rückzug ins Vorsprachliche, obwohl sie auch Vorsprachliches ausdrücken. Vielmehr wagen sie eine archaische Ursprünglichkeit, die elementare Erfahrungen und Hoffnungen als Bilder der Gegenwart zum Vorschein bringt. Ein Blick auf sehr frühe Arbeiten erweist zudem, daß Sigrid Sigurdsson durchaus mit naturalistisch abbildenden Mitteln zu malen und zeichnen verstand, bevor sie schrittweise ihre eigene metaphorische Zeichensprache fand.

Auffallend ist die betonte Abwesenheit von Farbe, so daß die weiß verstrichenen Objekte fast wie mumifiziert anmuten, im Ensemble an Votivwände erinnern könnten – auch dies ein Hinweis auf ein Arbeiten in der Gegenwart zwischen Leben und Tod, ein Arbeiten gegen Tod und Vergessen.
Sigrid Sigurdssons Absicht ist nicht ein unmittelbarer Eingriff von Kunst ins Leben. Aber durch das Leben in ihrem Raum, dem stets neues Leben hinzukommen soll, hofft sie auf einen Strukturwandel von Bewußtsein; sie hofft auf Kräfte einwirken zu können, die tatsächlich wirksam werden können für das Leben. Diese Vorstellung entspringt nicht einer Theorie, sondern eigener Lebenserfahrung und langjähriger Praxis in sozialen Aufgaben. Vielleicht würde sie in einem neuen Verständnis sogar den Satz Runges unterschreiben: „Ich wollte, es wäre nicht nötig, daß ich die Kunst betreibe." Kunst ist für sie nicht Ziel oder gar Selbstzweck, obwohl ihr Ergebnis, sondern ein Instrument. Denn wer nur an Kunst denkt, kann wenig tun für die Kunst – und noch weniger für das Leben.
Stets mit der Frage befaßt, was Bilder zu leisten vermögen, ist Sigrid Sigurdsson sich doch sicher, daß ihre Bilder, ihre Spuren mehr wirken als ihre Person.
Deshalb erfüllt sich ihre Installation im stummen Dialog. Das geöffnete Besucherbuch richtet sich an den Betrachter, der sich mitverantwortlich fühlt für Geschichte. Zeichnen und Schreiben werden so weniger Mittel zum Darstellen als vielmehr eine Aufforderung an andere, sich darzustellen.
P.S. Inzwischen plant Sigrid Sigurdsson weiter. In logischer Konsequenz erstrebt sie einen künstlerischen Lebensraum im sozialen und politischen Raum. Sie hofft, als ersten Schritt im Wohnlager Berceliusstraße in Hamburg-Rothenburgsort eine Wohnung „besetzen" und mit den Bewohnern installieren zu können, indem sie deren Geschichte malend, zeichnend, schreibend gemeinsam mit ihnen verarbeitet. Ein Museumsraum würde damit zur Keimzelle weitergreifender Wirksamkeiten.

---

*Wiederabdruck aus: Kunst um 1800 und die Folgen. Werner Hofmann zu Ehren. Hrsg. von Christian Beutler, Peter-Klaus Schützer und Martin Warnke, München (Prestel-Verlag) 1988.

Stefan Grohé/Enno Neumann

Vom Trümmerfeld ins Wirtschaftswunderland

Die Tagung „Geschichte – Bild – Museum" fand inmitten einer Ausstellung statt, die das Karl Ernst Osthaus-Museum vom Stadtarchiv Bochum übernommen hatte. Auf diese Weise hatten die Tagungsteilnehmer ständig einen möglichen Weg der Präsentation von Geschichte im Museum vor Augen. Im folgenden Gespräch unterhielt sich Stefan Grohé mit Enno Neumann, der diese Ausstellung entworfen hatte, über die Möglichkeiten, eine Archivausstellung möglichst attraktiv zu gestalten und dabei dennoch historisch korrekt darzustellen.

Grohé: Herr Dr. Neumann, die von Ihnen entworfene Ausstellung „Vom Trümmerfeld ins Wirtschaftswunderland", die im Hagener Karl Ernst Osthaus-Museum im Frühjahr 1988 gezeigt wurde, hatte den Untertitel „Ein Stück Nachkriegsgeschichte. Bochum 1945–55". Können Sie mir bitte erklären, wie es zu dem Titel kam: warum Bochum und wie zeigt man Geschichte „am Stück"?

Neumann: Diese Ausstellung ist ursprünglich für das Stadtarchiv in Bochum produziert und dort auch über ein halbes Jahr lang gezeigt worden, und zwar von Dezember 1986 an. Nun, „Stück" ist ja ein ambivalentes Wort; hier meinte es nicht allein eine charakteristische Zeitspanne, von der sogenannten Stunde Null ausgehend, vielmehr sah es die Ausstellung als Veranstaltung wie ein Theaterstück. Übrigens habe ich die Ausstellung nicht nur konzipiert, sondern war Autor des Stückes, Regisseur und Bühnenbildner in einem.

Grohé: Das klingt recht ungewöhnlich. Im Zusammenhang mit dem Theater ist mir die Kombination Autor/Regisseur ja geläufig, bei Ausstellungen ist aber doch meistens von Organisatoren oder „Machern" die Rede. Es hat ja besonders in den letzten Jahren diverse Ausstellungen zur Nachkriegsgeschichte gegeben – auch hier im Ruhrgebiet. Was zeichnet diesen „Autor/Regisseur" aus und wie verstehen Sie seine Aufgabenstellung, kurz: was hat der zu leisten?

Neumann: Ja, was hat der zu leisten? Er hat sich um Story, Materialsammlung, Dokumentenauswahl, Architektur, Objektbeschaffung, Gestaltung, Endredaktion, Layout, Organisation, Durchführung, eben um alles zu kümmern. Orientierungshilfen gibt es da kaum. Es kam eher erschwerend hinzu, daß Nachbarstädte wie Bonn, Dortmund, Düsseldorf usw. das Thema längst abgehandelt hatten und die Bonner Ausstellung sogar im Museum Bochum gastierte, insofern erschwerend, weil Wiederholungen in der Natur der Sache lagen.

In Bochum ist die Sitution dann manchmal so, daß man mit knappsten Mitteln in kürzester Zeit hinter anderen Städten herhinken muß. In Städten wie Düsseldorf und Dortmund wurde die Gestaltung von vorneherein Werbefirmen übergeben, was dann fünfmal teurer wurde als in Bochum, allerdings im Resultat nicht fünfmal besser.

Grohé: Da klingt durch, daß Sie von den vergleichbaren Ausstellungen in den anderen Städten nicht besonders überzeugt waren.

Neumann: So ist es. Was ich da gesehen hatte, überzeugte mich überhaupt nicht. Entweder wurden Schriftdokumente, Plakate, Fotos und der ganze Aktenkram ausufernd ausgebreitet oder die traditionellen Archivalien verschwanden hinter naturalistisch nachempfundenen Objektdekorationen. Nicht zu verschweigen die harte Konfrontation beider Kategorien! Aber die Verschmelzung des Ganzen in malerischen Arrangements, quasi eine Visualisierung, die gab es nicht. Das schien mir allerdings die interessantere Lösung für historische Ausstellungen zu sein.

Natürlich wußte ich, daß die Optik mit ihrer Symbolsprache viel aussagekräftiger war als die visuelle Aussagekraft der archivischen „Flachware“. Dennoch schwebte mir eine Inszenierung vor, in der jedes Exponat eine gleichwertige Rolle spielte, allerdings wollte ich primär in dem Bild-Betrachter den Urkunden-Leser wecken und nicht umgekehrt oder den wie auch immer motivierten Ausstellungsbesucher mit einem einheitlichen Bild von der Trümmer- und Wirtschaftswundergeneration bedienen.

Grohé: Unterschiede in der Ausstellungskonzeption hängen ja nicht nur von den organisatorischen sondern oft auch sehr von den räumlichen Bedingungen ab. Können wir also einmal über die Räumlichkeiten sprechen, in denen die Ausstellung stattfand? Welcher Rahmen stand Ihnen für die Präsentation zur Verfügung und – vor allem – welches Material, was wurde gezeigt?

Neumann: Für die Inszenierung stand mir eine 1.000 m^2 große Fabrikhalle zur Verfügung, für die ich letztlich etwa 800 Schriftdokumente und 800 Alltagsgegenstände zur Präsentation auswählte. Den Besucher ließ ich durch ein Trümmerfeld wandern, von wo aus Schienen mit einer Trümmerbahn in die Mitte der Halle führten zu einer kompletten Eisdiele aus den fünfziger Jahren. Hier konnte er sich niederlassen und das Geschehen rund herum wie auf einer Theaterbühne von 1945 bis 1955 nachvollziehen.

Grohé: Eine ungegliederte Fabrikhalle kann ja viel Freiheit in der Raumgestaltung bedeuten, nun ging die Ausstellung auch ins Karl Ernst Osthaus-Museum, ein „echtes“ Kunstmuseum mit einer vorgegebenen komplizierten Raumaufteilung, noch dazu in einer anderen Stadt. Unter welchen Bedingungen war es überhaupt möglich, diese Ausstellung in einer anderen Stadt zu zeigen, ohne daß die Authentizität der Bochumer Stadtgeschichte belanglos wurde?

Neumann: Als Herr Dr. Fehr sich entschloß, diese Ausstellung in das

Abb. 61: Karl Ernst Osthaus-Museum, Hagen, Ausstellung „Vom Trümmerfeld ins Wirtschaftswunderland“, „Germania“

Abb. 62: Karl Ernst Osthaus-Museum, Hagen, Ausstellung „Vom Trümmerfeld ins Wirtschaftswunderland“, Blick in die zentrale Ausstellungshalle

Abb. 63: Karl Ernst Osthaus-Museum, Hagen, Ausstellung „Vom Trümmerfeld ins Wirtschaftswunderland“, Trümmerlore

Karl Ernst Osthaus-Museum zu übernehmen, sind wir noch davon ausgegangen, die Bochumer Dokumente durch solche aus Hagen zu ersetzen, was allerdings dann an der Bereitwilligkeit des Hagener Stadtarchivs scheiterte. Aber die Ausstellung war ja – wie gesagt – auf einen Bild-Betrachter, also den eigentlichen Museumsbesucher zugeschnitten. Insofern hatten wir keine Skrupel.
Und was die diversen Exponate betraf, so waren die meisten Objekte überregional beschafft worden, mindestens die Hälfte der Archivalien hatte allgemeingültigen Charakter und die bochumspezifischen Dokumente behandelten Probleme, die sich zur gleichen Zeit in Hagen und anderen deutschen Städten nicht viel anders zugetragen haben.
Also, die Ausstellung blendete sich ein in die Endphase des verlorenen Krieges, verdeutlichte die unermeßlichen Leiden der Zivilbevölkerung, um danach Zusammenbruch, demokratischen Neuaufbau und wirtschaftlichen Aufschwung in den fünfziger Jahren zu dokumentieren.
Grohé: Daß die Schriftdokumente und auch die Objekte durchaus einen überregionalen und allgemeineren Charakter haben, scheint mir nachvollziehbar. Ebenso, daß die Probleme der Zeit grundsätzlich vergleichbar sein können innerhalb einer Region. Bochum und Hagen liegen ja nur knapp 40 km voneinander entfernt. Aber Fotos beanspruchen doch einen viel höheren Grad an Authentizität, weil sie spezielle Ortssituationen oder Menschen abbilden, die eben nicht so leicht an einen anderen Ort übertragen werden können. Wie verhielt es sich damit?
Neumann: Wir hatten Trümmerfotos in der Ausstellung, die selbst Ur-Bochumer nicht identifizieren konnten. Das heißt, Trümmerfotos sehen überall gleich aus, wenn sie nicht gerade die Akropolis zeigen. Und für den Wiederaufbau hatte Herr Dr. Fehr ja eine eigene Ausstellung der Hagener Fotofreunde angeboten.
Aber lassen Sie mich auf Ihre Frage zurückkommen, wie wichtig für die Ausstellung Fragmente der Bochumer Stadtgeschichte sind. Sie beantwortet sich vielleicht schon mit dem Hinweis auf Themen, die hier gezielt als ästhetische Provokation auftauchten, Themen wie „Aids" oder „Tschernobyl" oder „Hunger in der Dritten Welt".
Und, Hand aufs Herz, interessieren Sie bei einer Ausstellung über die niederländische Landschaftsmalerei des 17. Jahrhunderts heute noch die Windmühlen und Pappelalleen als solche? Nein, das „Was" dieser Ausstellung war allenfalls bei Bochumer Lokalpatrioten bedeutend, hier im Museum zählte vorrangig das „Wie", die Installation, die historische Dokumentation als Kunstwerk.
Grohé: Reden wir also über das „Wie". Wir haben gehört, daß eine historische Ausstellung nicht nur für Lokalpatrioten gemacht wird und wir haben gesehen, daß sie sogar in einem Kunstmuseum stattfinden kann. Was sind denn jetzt konkret Ihre Vorstellungen von einer historischen Ausstellung?

Abb. 64: Karl Ernst Osthaus-Museum, Hagen, Ausstellung „Vom Trümmerfeld ins Wirtschaftswunderland", „Stunde Null"

Abb. 65: Karl Ernst Osthaus-Museum, Hagen, Ausstellung „Vom Trümmerfeld ins Wirtschaftswunderland", „Besatzung/Waffenstillstand"

Abb. 66: Karl Ernst Osthaus-Museum, Hagen, Ausstellung „Vom Trümmerfeld ins Wirtschaftswunderland“, „Besatzung“

Neumann: Eine historische Ausstellung sollte wie eine visuelle Erzählung sein und dabei alle Gattungen des Dramas in sich bergen. Es müßte immer ein kurzer Vorspann kommen, meine ich, der ungeheuer wichtig ist, weil er Form und Inhalt der gesamten Darbietung vorwegnimmt und schon hier den Besucher grundsätzlich einstimmen kann auf das, was ihn erwartet. Weiterhin sollte man auch klar unterscheiden – so habe ich es jedenfalls gemacht – zwischen Exposition, Ausführung und retardierenden Momenten.
Grohé: Entschuldigen Sie, daß ich unterbreche, das hört sich in der Theorie ja sehr interessant an, aber wie haben Sie das in Bochum bzw. in Hagen umgesetzt? Könnten Sie das bitte an ein paar Beispielen erläutern!
Neumann: Ja, ja, das wollte ich jetzt. Eben wegen dieses Vorspanns konnte ich in Hagen nicht auf die überlebensgroße „Germania" verzichten, die in Bochum im Eingangsbereich stand. Es ist ein Kriegerdenkmal aus Sandstein von 1870/71, das 4 Tonnen wiegt und aus diversen Gründen nicht transportiert werden konnte. Die Skulptur verlor während des 2. Weltkrieges die rechte Hand, die eine Krone emporhielt. Sie stand bis vor wenigen Jahren noch an einer verkehrsreichen Straße, so daß ihr Gesicht und Panzer durch Umwelteinflüsse bis zur Unkenntlichkeit zerstört worden sind.
An der „Germania" wurde das unkonventionelle Ausstellungsprinzip von Anfang an klar. Darum hatte ich sie in Hagen durch ein originalgroßes Foto ersetzen und auch ihre Augen mit einem schwarzen Schleier verbinden lassen, als sei sie blind ihrem Schicksal ergeben; an ihrem Schwert schlängelte sich genau wie in Bochum eine immergrüne Efeuranke empor.
In Bochum wurde aus Sicherheitsgründen ein zweistufiger Sockel in der Breite des Korridors gebaut, um das Gewicht der „Germania" gleichmäßig zu verteilen. Der Besucher gelangte also über die Stufen des Sockels in die Ausstellung. In Hagen ergab es sich wie von selbst, das Foto mitten ins Treppenhaus zu plazieren, das in seiner Enge der in der Planung vorgegebenen Raumsituation entsprach.
An der linken Wand hing eine große Holztafel, die aus einer Kirche stammte, mit den Namen von Kriegstoten des Ersten Weltkrieges. Auf diese Tafel genagelt waren einige Postkarten mit dem Aufdruck „Lebenszeichen", die einst Soldaten aus Stalingrad an Verwandte nach Hause gesandt hatten.
An den Stufen der „Germania" waren neben mehreren Granaten eine Metalltonne und zwei Edelstahlkanister abgestellt. Die giftgrüne Tonne trug die Aufschrift „Seveso", auf den spiegelblanken Kanistern stand „HTLV 3". Das ganze Ambiente schwamm in einer riesigen Blutlache.
Auf der rechten Seite war auf ein Transparent gesprüht „Tod oder Turandot" und dem kulturbeflissenen Besucher das Rätsel aufgegeben, ob es unbedingt Kriege sein müssen, die die Menschheit vernichten.

Abb. 67: Karl Ernst Osthaus-Museum, Hagen, Ausstellung „Vom Trümmerfeld ins Wirtschaftswunderland“, „Waffenstillstand“

Abb. 68: Karl Ernst Osthaus-Museum, Hagen, Ausstellung „Vom Trümmerfeld ins Wirtschaftswunderland“, Porträtköpfe

Abb. 69: Karl Ernst Osthaus-Museum, Hagen, Ausstellung „Vom Trümmerfeld ins Wirtschaftswunderland“, „Waffenstillstand/Politischer Neubeginn“

Abb. 70: Karl Ernst Osthaus-Museum, Hagen, Ausstellung „Vom Trümmerfeld ins Wirtschaftswunderland“, Filmplakate/Eisdiele

Hier im Vorspann lag also der Schlüssel. Wenn Sie den gefunden hatten, verstanden Sie die ganze Ausstellung. Die große Bedrohung, unter der wir ständig leben, ist viel zu ernst, als daß wir „Geschichte" einfach nur erzählen wie in Büchern, dachte ich mir. Auch Tabori beispielsweise inszeniert in seine Stücke sehr viel Gegenwart hinein, was auf dem Theater völlig legitim ist, denn „Hamlet" oder „Nathan" sind darum klassisch, weil sie immer wieder das hervorbringen, was wir momentan empfinden. Warum sollten wir das nicht genauso bei Ausstellungen machen?
Grohé: Da möchte ich gerne nachhaken. Zu Anfang erwähnten Sie, daß Sie sich als Autor, Regisseur und Bühnenbildner in einem verstehen, das betraf Organisation und Idee der Ausstellung. Dann sprachen Sie davon, daß das Konzept einer Ausstellung in Analogie zum Aufbau eines Dramas zu sehen sei und jetzt fällt der Name Tabori. Ich gewinne mehr und mehr den Eindruck, daß Sie stark unter dem Einfluß des Theaters stehen.
Neumann: Nicht nur. Es bestehen auch ganz erhebliche Einflüsse durch Syberbergs Filme. Bei dem Friseurstuhl in dem Scherbenhaufen kann ich Ihnen in seinem Hitlerfilm genau die Stelle sagen, wo es bei mir „klick" gemacht hat. Aber wenn ich an die Befragung des historischen Stoffes nach Aktualität und Realitätsbezug denke, dann kann ich vielleicht sogar Einflüsse durch den frühen Peter Zadek entdecken, der doch auch von Werktreue nicht unbedingt etwas wissen wollte und immer als Ziel vor Augen hatte, eine Inszenierung als Ereignis für sich zu gestalten, direkt, offen, widersprüchlich, exzessiv, komödiantisch – wie ein Spektakel.
Und wenn Sie sich z. B. an den sogenannten „Kulturraum" in der ersten Etage der Hagener Ausstellung erinnern, ging es doch da ganz schön bunt zu. Es kam mir manchmal vor wie eine Revue zerlegten Materials, in der Schönes und Häßliches interpretierend zu- und gegeneinander komponiert worden war. Und war man zum Schluß nicht geradezu erstaunt, was umgekippte Filmplakate, verdrehte Stühle, zerbrochene Vasen, erhängte Plastikhühner, gestapelte Stökkelschuhe oder eine originale NS-Uniform, die sich aus einer sargähnlichen Eichentruhe erhob, den museumseigenen Porträtköpfen für Geschichten erzählen konnten, die keine Botschaft waren, sondern eher Vision an Trümmerfeld oder Wegwerfgesellschaft?
Grohé: Aber es kann in einer historischen Ausstellung wohl kaum darum gehen, Tabori, Syberberg oder Zadek zu imitieren?
Neumann: Auf gar keinen Fall! Ich wollte damit eigentlich nur sagen: Aus dieser Ecke kommt es wahrscheinlich. Ich habe gesammelt und gesammelt, was meiner Farb- und Formvorstellung entsprach, noch bevor überhaupt ein Konzept existierte. Aber dann habe ich wie ein Kind die Hosentaschen ausgeleert. Cocteau verglich diese Ansammlung von schönen und merkwürdigen Dingen einmal mit jenen Estrichen unserer Kindheit, wo Gegenstände, denen je zusammenzukom-

men nicht vorbestimmt war, eine Familie und einen Schatz bilden. Also, theoretisch haben mich Tabori und Zadek irgendwie erregt und ich fühle mich in der Bilderwelt von Syberberg sauwohl. Bei meinen Vorbereitungen für die Ausstellung habe ich aber auch noch einmal Kleist gelesen.
Grohé: Nach den Regisseuren jetzt auch ein Dramatiker! Warum gerade Kleist?
Neumann: Ich meine speziell das „Erdbeben in Chili", und ich muß Ihnen gestehen, daß sich diese tragischen Antinomien in meinem Kopf festgesetzt haben, so daß ich ebenfalls durch heitere, unermeßliche Abgründe zu meinem Tal von Eden gelangen wollte.
Grohé: Jetzt werden Sie prosaisch. Hat das noch etwas mit Ihrer Arbeit zu tun?
Neumann: Das sind Zitate. Übertragen auf mein Projekt mußte das heißen, Geschichte poetisch zu interpretieren. Und bei Herrn Goethe lesen Sie klipp und klar, wie das geht, nämlich aus Wahrheit und Lüge ein Drittes bilden, „dessen erborgtes Dasein uns bezaubert".
Bezauberung – eigentlich war das die Parole. Das bedeutet allerdings nicht, die historischen Fakten verdrehen; nein, dafür bürgen schon die Dokumente.
Grohé: Da fällt mir auch ein Zitat zu ein: „Ich weiß nicht, was soll es bedeuten...".
Neumann: Damit Sie nicht traurig werden, versuche ich, das „Drittgebilde" an den Ernährungsbeispielen der Ausstellung zu klären. Da fand man Lebensmittelkarten, Zuteilungsverordnungen, Fotos mit Hamster- und Schwarzmarktszenen bzw. Hungerdemonstrationen, Informationen über ausländische Hilfsorganisationen, ein frühes Plakat der KPD zum Kampf gegen den Hunger usw.
Die Dokumente wurden überragt von einem emaillierten Reklameschild mit französischem Schriftzug und der Abbildung eines rotwangigen Mädchens, das herzhaft in ein Butterbrot biß und verdeutlichen sollte, daß man woanders eben mehr zu essen hatte als im Nachkriegsdeutschland. Aber zwischen den Archivalien hing auch ein großes Misereor-Plakat mit einem erbärmlich verhungerten Kind aus der Dritten Welt, kontrastiert mit der Figur eines fröhlich nickenden und augenrollenden Sarottimohren.
Der wiederum stand neben einer Trommel der Hitlerjugend in einem Wald von Lebertranflaschen auf einem alten Kühlschrank, in dem man nichts weiter sah als eine bunte Dose mit Mottenkugeln. Im Hintergrund lehnte ein zusammengeklappter Liegestuhl, links sah man ein Katzenskelett, rechts einen Turm mit Care-Paketen und davor einen Behälter für Kamillentee, einen Koffer mit getrocknetem Tabak und einen selbst gebastelten Kaffeeröster.
„Das Unaussprechliche ist – unaussprechlich – in dem Ausgesprochenen enthalten," würde Thomas Bernhard vielleicht dazu sagen. Und wenn Ihnen der Vergleich mit dem „Bezaubertsein" nicht gefällt,

Abb. 71: Karl Ernst Osthaus-Museum, Hagen, Ausstellung „Vom Trümmerfeld ins Wirtschaftswunderland“, „Ernährung“

Abb. 72: Karl Ernst Osthaus-Museum, Hagen, Ausstellung „Vom Trümmerfeld ins Wirtschaftswunderland“, „Ernährung/Tauschzentrale“

Abb. 73: Karl Ernst Osthaus-Museum, Hagen, Ausstellung „Vom Trümmerfeld ins Wirtschaftswunderland“, „Kirchentag“

dann kann ich ja in entsprechenden Fällen sagen, daß ich „ge-catched“ bin. Das liegt näher an der Gegenwart.
Grohé: Na ja, schöner klingt es jedenfalls nicht. Aber wenn wir dieses Wort schon benutzen, wodurch wurde der Ausstellungsbesucher denn „ge-catched“?
Neumann: Es bedarf überhaupt keiner Frage, daß man von den 800 Schriftdokumenten nicht „ge-catched“ worden ist. Würde man beim Lesen eines jeden Dokuments nur eine einzige Minute verweilen, dann müßte man sich schon 800 Minuten oder mehr als 13 Stunden in der Ausstellung aufhalten, ohne das Spezifische der Ausstellung wahrgenommen zu haben und ohne der Realität näher gekommen zu sein. Diese physische Leistung hat niemand aufgebracht, sondern zeigte sich schon nach einer einstündigen Führung recht begeistert. Woran lag das wohl?
Grohé: In Ihren Augen ist es also nicht unbedingt nötig, daß sich der Besucher mit dem ganzen Quellenmaterial beschäftigt, weil es erstens viel zu aufwendig wäre und es ihn zweitens ohnehin der Realität nicht näher bringt. Auf der anderen Seite unterscheidet Sie aber doch vom Theater die Tatsache, daß Sie es mit historischen Fakten zu tun haben. Und in der Ausstellung wurde ja auch klar, daß da nichts irgendwie aus der Luft gegriffen war oder irgendwelche Märchen erzählt wurden. Wenn ich Sie richtig verstehe, lehnen Sie eine Rekonstruktion ab, weil Sie meinen, die historische Realität ließe sich nicht in irgendeiner Form abbilden und verweigern dennoch jegliche Art von illusionärer Vorstellung?
Neumann: Was würde das schon bringen? Vielleicht etwas mehr Popularität – wie bei dem Turiner Leichentuch. Das stammt ganz offensichtlich aus dem Mittelalter. Dennoch bleibt es Reliquie, d. h. die Illusion, daß Christus darin eingewickelt war, bleibt bestehen. Und die Leute pilgern scharenweise hin. Das wird mich jedoch in Zukunft nicht motivieren, ein beliebiges Sofa aufzustellen mit dem schriftlichen Hinweis, Maria Theresia und Friedrich der Große hätten dereinst geruht, in Bochum darauf die Pariser Verträge zu besiegeln.
Nein, die Ausstellung versuchte gar nicht erst, Realität abzubilden oder Schein-Realität vorzutäuschen, denn: „Wo faß ich Dich, unendliche Natur?“ Breiten Sie meinetwegen auf der Autobahn zehn laufende Kilometer Aktenmaterial aus und packen das Empire State Building mit Objekten voll; es werden immer nur Fragmente sein, die um den historischen Kern geordnet sind, nie die Realität.
Und da bin ich wieder bei Zadek, der stets dagegen war, die Wirklichkeit abzubilden. Bühne und Kostüme wurden sogar enthistorisiert und zeigten Elemente aus allen Zeiten. Dadurch wurde eine Verallgemeinerung erreicht, unterstützt durch die zusätzliche Aufhebung der nationalen und sozialen Grenzen. Die Optik vermittelte Gegenwart, und es war interessantes Theater.
Grohé: Mit anderen Worten: Sie betreiben ganz bewußt eine Enthi-

Abb. 74: Karl Ernst Osthaus-Museum, Hagen, Ausstellung „Vom Trümmerfeld ins Wirtschaftswunderland“, „Kulturraum“

Abb. 75: Karl Ernst Osthaus-Museum, Hagen, Ausstellung „Vom Trümmerfeld ins Wirtschaftswunderland“, „Kulturraum“

storisierung ohne aber das, was ich hier jetzt einmal „historische Wahrheit“ nennen möchte, aus den Augen zu verlieren. Das heißt, es ist wohl angemessener zu sagen, daß Sie einen historischen „Stoff“ für die Gegenwart aufbereiten. Das scheint mir Ihre Form von Theatralisierung zu sein. Mich würden jetzt aber auch noch die Anregungen, die Sie aus dem Kino – Sie sprachen von Syberberg – beziehen, interessieren.

Neumann: Das kann ich nicht so klar trennen, weil sich ja auch Syberberg als Theatermann mit Zadek hat auseinandersetzen müssen.

Auch bei Syberberg ist mir doch aufgestoßen, daß Theatralisierung ein ganz wesentliches Element der Inszenierung ist. Genauso wie in seinen Filmen das Requisit dem Schauspieler gleichrangig ist, werden in der inszenierten Ausstellung alle Exponate – d. h. Objekte, Schrift- und Bilddokumente, Originale wie Kopien – gleichgestellt und als Mittel der graziösen Verstellung benutzt, um Gewohnheiten zu stören. Siehe das Seveso-Faß bei der Germania oder den Sarottimohren bei dem Misereor-Plakat! Illusionen kommen da nicht auf.

Bei diesem Prinzip ist das monotone Material aus Akten und Schriftverkehr am schwersten in den Griff zu kriegen, und es bedarf schon einiger Anstrengungen, um es seiner Eigentümlichkeiten entsprechend einzusetzen, „kostümiert“ mit rostigen Nägeln, Klebestreifen, Brandmalen oder sonst etwas, denn es ist nun einmal nicht dafür produziert, um im Schnörkelrahmen an der Stellwand ausgestellt zu werden. Erinnern Sie sich an die Schilderung der ersten Nachkriegszeit, wo Materialien allgemein knapp waren, da hatte ich die schlecht fotokopierten Dokumente mit Leukoplast in der bunten Idylle einer Stadtkulisse befestigt, welche durch die Primitivität natürlich zerstört worden ist.

Auch bei der Fotodokumentation bin ich so verfahren. Bei der Schilderung der Trümmerverhältnisse hatte ich die Fotos zerrissen, beschädigt, mit Farbe bespritzt, angebrannt usw., selbst auf die Gefahr hin, daß man die eine oder andere Ruine nicht erkannte. Ihre Aussagekraft wurde auf jeden Fall vergrößert.

Die Ausstellung sah auch davon ab, alle Fotos an die Wand zu hängen und sie damit durchweg zu idealisieren. Sie zeigten doch Situationen aus dem Alltagsleben, also standen sie teilweise in der Ausstellung herum oder täuschten vor, von der Wand gefallen zu sein. Ja, im extremen Fall lagen sie sogar auf dem Fußboden. Und zwar in der Exposition mußten die Besucher bei dem Gang durch ein Trümmerfeld auch über vergrößerte Ansichtskarten aus dem Vorkriegsbochum schreiten, d. h. sie mußten die Zerstörung zwangsläufig nachvollziehen.

Um es noch einmal zu unterstreichen: Das Dokument sollte nicht nur um der inhaltlichen Information willen in der Ausstellung gezeigt werden, denn „ausstellen“ bedeutet „herausstellen“ aus den Konventionen, ja, es ist in gewissem Sinne eine „Exhibition“, um den englischen Sinngehalt zu mißbrauchen.

Abb. 76: Karl Ernst Osthaus-Museum, Hagen, Ausstellung „Vom Trümmerfeld ins Wirtschaftswunderland“, „Kulturraum“

Abb. 77: Karl Ernst Osthaus-Museum, Hagen, Ausstellung „Vom Trümmerfeld ins Wirtschaftswunderland“, „Kulturraum“

Wenn z. B. erzählt werden sollte, wie die Hissung der englischen Fahne auf dem Rathaus vor sich ging, so erschien das Foto mit der Fahne natürlich oberhalb aller anderen Dokumente dieser Gruppe, so daß der Betrachter den Kopf heben mußte, um es wahrzunehmen. Oder wenn anfangs die Besatzungsmacht den deutschen Behörden Befehle erteilte, so erschienen die Dokumente der Besatzer breit aufgemotzt in Augenhöhe, die Bochumer Reaktionen jedoch tief nach unten gedrückt, so daß sich der Betrachter zum Lesen bücken mußte.

Grohé: Der Ausstellungsbesucher war also gefordert, „mitzumachen", im wörtlichen wie im übertragenen Sinn. Und zwar deshalb, weil Sie keine vorgekauten Häppchen serviert haben, die man nur noch zu schlucken brauchte, sondern gezwungen war, den Gedanken freien Lauf zu lassen, zu assoziieren und geradezu dazu provoziert wurde, über mögliche Bedeutungen nachzudenken.

Durch Ihre Verschmelzung zum Teil recht unterschiedlicher Objekte zu letztlich auf faszinierende Art und Weise stimmigen – man möchte fast sagen: Environments, entstand ja so etwas wie ein ziemlich umfangreiches und vielfältiges ästhetisches Gebilde. Und diesem mußte man seine – in diesem Fall historische – Aussage erst einmal abringen. Ich hatte manchmal den Eindruck, daß manche Besucher damit Ihre Schwierigkeiten hatten – wahrscheinlich weil sie mit einer zu konventionellen Erwartungshaltung in die Ausstellung kamen. Meinen Sie, daß alle Besucher mit der oft recht eigenwilligen Inszenierung etwas anfangen konnten?

Neumann: Das glaube ich in den meisten Fällen schon, zumindest wenn man sie bei Führungen auf dieses oder jenes aufmerksam gemacht hatte.

Sie erinnern sich, bei der Bezugnahme auf den Katholikentag von 1949 hatte ich ein überdimensionales Entwurfsaquarell als Foto an die Wand montiert und davor einen Korbkinderwagen, eine Zinkbadewanne, einen Erdnußautomaten, eine Plastikmadonna, Theatersessel usw. plaziert. In dem Kinderwagen lehnte ein Foto, auf dem Kardinal Frings einem anderen etwas ins Ohr flüsterte, und direkt daneben hatte ich einen ausgestopften Hahn postiert. Die Badewanne war voller Biergläser, auf denen ebenfalls Fotos mit prominenten Tagungsteilnehmern standen. Aber weil mir das Arrangement etwas farblos erschien, suchte ich einen bunten Stoff, um den zur Belebung in die Wanne zu legen. Ich fand schließlich eine gelbe Steppdecke.

Bei der gar nicht so leichten Interpretation kamen jedoch die Leute auf alles, auf Leben und Tod, auf Kirche und Theater, auf die Verleugnung, wenn der Hahn dreimal kräht, und auf die Bewandnis mit dem „Fringsen". Und eine ältere Dame sagte, damals gab es ja noch kaum Hotels und wenig Privatquartiere, so daß Gäste schon einmal in der Badewanne übernachten mußten. Daran erinnerte sie die Steppdekke. So einfach war das!

Grohé: Der Einsatz der Steppdecke als Farbwert in einer Komposi-

tion unterstreicht ja noch einmal den Kunstwerkcharakter der Ausstellung. Im Gegensatz zu den anderen Trümmerausstellungen, die doch ziemlich grau in grau erschienen, ging es bei Ihnen wirklich im wahrsten Sinne des Wortes bunt zu. Entspricht das Ihrem Naturell oder war das eine bewußte Absetzung?
Neumann: Ich sagte bereits, daß mich die anderen Trümmerausstellungen nicht inspirierten. Erinnern Sie sich noch an die Lore, die das Trümmerfeld der Ausstellung mit der Eisdiele verband? An diese Lore hatte ich eine Staffelei mit einem Ölgemälde des Bochumer Malers Hans Keidel gestellt, der 1946 in expressiven Farben Trümmerlandschaften gemalt hatte. Seine Witwe erzählte mir, daß Ihr Mann später gesagt habe, Bochum sei niemals wieder so vielfarbig gewesen wie in der Nachkriegszeit. Das war der Grund! Und da zur weiteren Untermauerung keine Farbfotos existieren, hatte ich viele Gouachen von Keidel und Aquarelle von Vieth aus den Jahren 1946–1948 in die Ausstellung aufgenommen.
Grohé: Jetzt sind wir auch mit Ihren Ausstellungsmitteln im Kunstmuseum angelangt. Stammten denn alle verwendeten Kunstwerke aus Bochum?
Neumann: Nein, das waren nur die Werke von Keidel und Vieth. Alle anderen Kunstwerke stammten aus den Beständen des Karl Ernst Osthaus-Museums. Sie sind zu meiner Zufriedenheit in die Ausstellung integriert worden. Denken Sie an die Porträtköpfe, die ich in zerrissenes Packpapier gehüllt und mit Gardinenkordeln umschnürt hatte. Es sah zwar ein bißchen nach Hede Bühl aus, aber es paßte irgendwie. Oder dieser riesengroße Schinken mit der Szene von 1870/71 neben den Filmplakaten. Auch die ganzen Bilder aus den fünfziger Jahren waren aus dem Hagener Kunstbesitz.
Grohé: Sie hatten also die Möglichkeit, Ihre Bochumer Komposition aus den Beständen des Karl Ernst Osthaus-Museums zu ergänzen. Mich würde dabei interessieren, ob sich die Archivalien und die Kunstwerke nicht irgendwie behinderten. Man könnte doch meinen, daß da zwei völlig unterschiedliche Formen der Aussage einander begegnen. Waren nun die Hagener Kunstwerke nur Dekoration oder war die Bochumer Ausstellung so etwas wie ein Rahmen für die Kunstwerke?
Neumann: Nein, das kann man gar nicht sagen. Die Hagener Kunstwerke sind voll in die Ausstellung integriert worden, ohne eine Kunstausstellung in der Ausstellung gewesen zu sein. Es war die Assoziationskette, die in der Bochumer Ausstellung gefehlt hatte, sozusagen das Pünktchen auf dem i.
Wir könnten hier noch über Gewichtung, Platzvergabe, Hängung, dekorative Ergänzung von Exponaten usw. reden; es würde ein endloses Interview, für das in der Publikation sicher kein Platz wäre. Aber da Sie gerade die Rahmung erwähnen, vielleicht dazu noch ein paar Gedanken.

Abb. 78: Karl Ernst Osthaus-Museum, Hagen, Ausstellung „Vom Trümmerfeld ins Wirtschaftswunderland“, „Wohnzimmer“

Bei historischen Ausstellungen gibt es zwangsläufig Themengruppen, die überwiegend aus Schriftdokumenten bestehen müssen. Dafür gilt es, einen Rahmen zu schaffen, der in der Relation zur Gesamtinszenierung weder besonders hervorsticht noch sich unterordnet, sondern einfach das leistet, was man von dem ausgewählten Aktenmaterial nicht erwarten kann, nämlich die visuelle Erzählung zu beleben.
Vielleicht beziehen wir uns noch einmal auf das erwähnte Beispiel mit der Besatzungsmacht, die den deutschen Behörden Befehle erteilte. Und zwar war die rechte Hälfte der Dokumentenwand mit rot-weißen Streifen versehen worden, was zunächst mehr auf eine Tapete hindeutete, sich jedoch in der Chronologie als überdimensionale amerikanische Fahne entlarvte. Links daneben, also bevor die „Flut“ von Verordnungen einsetzte, sah man ein Environment mit amerikanischen Spielzeugpanzern, die in die Stadt einrollten; darüber ein Spitzbogenfenster, aus dem ein Mädchen ein weißes Bettuch schwang; rechts daneben einen Kleiderständer, an dem ein Parka und ein Stahlhelm aufgehängt und Militärstiefel abgestellt waren; darunter Trümmerschutt, in dem man eine Coca-Cola-Kühltasche und einen leeren Aktenbock vorfand.
Aus dieser Schilderung beantwortet sich letztlich die Frage nach der dekorativen Ergänzung von selbst, doch sei klargestellt, daß dieses wichtige Inszenierungsmittel nicht mit „Dekoration“ gleichzusetzen und erst recht keine willkürliche Zutat ist, wie z. B. an dem Mädchen, das beim Einzug der Amerikaner ein weißes Bettuch aus dem Fenster schwang, demonstriert werden kann.

Grohé: Das würde mich in der Tat interessieren. Gerade hier stellte sich doch die Frage nach dem Verhältnis von ästhetischer Inszenierung und einer wie auch immer gearteten präzisen historischen Dokumentation. Läßt sich ein Dokument, wie z. B. ein Foto, so einfach durch ein Kunstwerk ersetzen? Eigentlich hätte man an dieser Stelle doch ein Foto mit einer Bochumer oder Hagener Bürgerin erwarten können. Können Sie das bitte etwas näher erläutern?
Neumann: Das wollte ich gerade. Das Spitzbogenfenster stammte tatsächlich aus einem alten Bochumer Gebäude, das den Krieg überdauerte und erst in den letzten Jahren Modernisierungsmaßnahmen über sich ergehen lassen mußte. Es war in vier Felder eingeteilt, in das rechte untere Feld hatte ich eine Reproduktion eines Velazquez-Bildes montiert, nämlich dasjenige mit der fünfjährigen Infantin Margerita. „Bei Velazquez gibt es keine Furcht vor dem Tod," hat Max Raphael einmal gesagt. „Die Menschen sind dadurch geformt, daß der Tod für sie keinen Schrecken hat, sondern zur Ursache ihrer Daseinsfülle geworden ist." Das wollte ich hier zum Ausdruck bringen. Allerdings hatte ich die Prinzessin an den ausgebreiteten Armen beschnitten, so daß sie nicht mehr den Reif Ihres Rockes hielt, sondern ein Bettuch, das ich hinzugefügt hatte.
Das Kind hatte gerade bei meiner Darstellung des demokratischen Neubeginns symbolische Bedeutung. Es kam in den ersten Ausstellungsbereichen immer wieder vor, so daß die Infantin praktisch das erste Glied einer Assoziationskette bildete. Abgesehen davon konnte das Bild hier vermitteln, daß der Krieg unersetzbare Kunstgegenstände zerstört oder Menschen zu schlechten Reproduktionen degeneriert hatte; möglicherweise fand jemand sogar eine Parallele zum spanischen Bürgerkrieg und was sonst noch alles.
Vielleicht ließen einige der Mythen- und Märchensprache kundige Besucher mit ihrem geistigen Auge mitunter die Prinzessin den Erdal-Frosch der nächsten Abteilung küssen, so daß ein Prinz in Gestalt des Feldmarschalls Montgomery in der übernächsten Abteilung dabei herauskam. Dem wiederum wuchs vor dem Hintergrund des Filmplakats „Hiroshima, mon amour" ein riesiger Atompilz aus dem Kopf, das Schriftband mit „Tschernobyl" in der über-übernächsten Abteilung vorwegnehmend usw.
Was hätte es also gebracht, an Stelle der Infantin eine Bochumer oder Hagener Bürgerin abzubilden, die selbst mit einem Namensschild um den Hals niemanden inspirierte? „Selbst bei den späten Infantinnen," so Max Raphael, „wo die Weite der Röcke nicht nur den Körper völlig verschwinden läßt, sondern die ausgebreiteten Arme kaum genügen, um den Rand des Gewandes zu erreichen, ist der Eindruck der Freiheit gewahrt. Bei aller Schwere des Rockes ist dieser vom Boden getragen, so daß er über diesem zu schweben scheint; zwischen Waagerechter und Senkrechter besteht eine aktive Spannungsbeziehung, und die Senkrechte selbst hat zwei Richtungen, nach oben und nach

Abb. 79: Karl Ernst Osthaus-Museum, Hagen, Ausstellung „Vom Trümmerfeld ins Wirtschaftswunderland“, „Architektur“

Abb. 80: Karl Ernst Osthaus-Museum, Hagen, Ausstellung „Vom Trümmerfeld ins Wirtschaftswunderland“, „Architektur“

Abb. 81: Karl Ernst Osthaus-Museum, Hagen, Ausstellung „Vom Trümmerfeld ins Wirtschaftswunderland", „Wirtschaft"

Abb. 82: Karl Ernst Osthaus-Museum, Hagen, Ausstellung „Vom Trümmerfeld ins Wirtschaftswunderland", „Wirtschaftswunderland"

unten." Geht es in der wiedererlangten Freiheit aufwärts oder abwärts mit der gesellschaftlichen Entwicklung: diese Frage sollte unterschwellig in den einleitenden Ausstellungsbereichen vorhanden sein.
Grohé: Das erklärt auch eine weitere Frage, die ich sonst noch angeschlossen hätte. Es erschien mir nämlich manchmal so, als ob Sie beim Ausstellungsbesucher etwas zuviel voraussetzen. Man kann ja nicht von jedermann erwarten, daß ihm die Anspielung auf Turandot in der Einleitung gleich aufgeht und noch viel weniger, daß er einen Velazquez, der ihm in einer Ausstellung über die Nachkriegszeit begegnet, interpretiert. Aber es wird natürlich einsichtig, wenn man diese Elemente als ästhetische Faktoren erkennt, die den Interpretationsspielraum erheblich erweitern. Es hat sich also geklärt, daß man durchaus mit ästhetischen Mitteln historisch korrekt argumentieren kann. Wenn ich aus dem bisher Gesagten richtig schließe, dann hat Ihre Ausstellung durch die Präsentation in Hagen an ästhetischer Komplexität und dadurch an historischer Konsequenz gewonnen?
Neumann: Die Ausstellung war nicht als Wanderausstellung konzipiert, sondern auf eine ebenerdige Fabrikhalle zugeschnitten. Um noch einmal auf Ihre Fragen nach den räumlichen Gegebenheiten zurückzukommen: In Hagen gab es eine völlig veränderte Raumsituation. Es stand der Anbau des alten Museums zur Verfügung, bei dem sich um einen großen Zentralraum die ziemlich verwinkelten Nebenräume spiralförmig über mehrere Etagen legten. Doch von diesen Räumen konnte man jeweils in den Zentralraum hinunterblicken, was dem Panoramakonzept entgegenkam.
Dennoch mußten nicht nur diverse Umdispositionen getroffen, sondern zwangsläufig auch ganze Sachgruppen auseinandergerissen und neu arrangiert werden. Bei größeren Wänden kamen Dinge hinzu, bei kleineren Wänden fielen wiederum welche weg usw. Die Lösung sah schließlich so aus, daß der allgemeine Teil der Ausstellung in der zentralen Halle rund um die besagte Eisdiele gezeigt worden ist, die Bereiche Kultur, Architektur, Wirtschaft usw. in die Etagen verlagert wurden, teilweise in völlig neuer Inszenierung. Ich habe schon darauf hingewiesen, daß einige Stücke des Hagener Kunstbesitzes in die Ausstellung integriert worden sind, so daß sie im Grunde einen ausgereifteren Eindruck hinterließ als in Bochum.
In Hagen konnte ich auch viel freier mit dem Material umgehen; es gab keine Zensur, keine Verständigungsschwierigkeiten, keine Rücksichtnahme auf irgendwelche Partei-Interessen. Es war dem Direktor des Osthaus-Museums im Interesse der Inszenierung zum Glück völlig egal, ob ein SPD-Plakat von 1946 vor oder nach dem CDU-Plakat hängen sollte. Und es wurde auch gar nicht darüber nachgedacht, ob irgendein Stadtdechant wohl das Heiligenbild in der Trümmerlandschaft als anstößig empfinden könnte.

Und auch die Mitarbeiter, allen voran die Handwerker, waren so unkompliziert und haben mitunter erhebliche Überstunden geleistet, um die Sache fertigzustellen. Selbst der Museumsdirektor hat bis in die Nacht hinein mitgeschuftet.
Grohé: Herr Dr. Neumann, ich danke Ihnen für dieses Gespräch.

Zusammenfassung

Entsprechend der Anlage dieser Dokumentation waren die Beiträge zu den konkreten Konzeptionen der einzelnen Museen von jenen mit mehr theoretischer Ausrichtung auch auf der Tagung voneinander getrennt. Das hatte für die jeweils anschließend geführten Diskussionen insofern Konsequenzen, als die zur Debatte stehenden Probleme am ersten Tag mehr in ihrer Praxisbezogenheit, am zweiten vornehmlich an einer zu schaffenden Theorie der Museen orientiert untersucht wurden. Die Diskussion des zweiten Tages profitierte dabei auch davon, daß zu diesem Zeitpunkt die Teilnehmer sowohl mit den Fragen der praktischen Umsetzung als auch mit den Vorschlägen der Theoretiker vertraut waren.

Da es als ein Hauptanliegen der Veranstalter verstanden werden muß, die Auffassungen der Praktiker und Theoretiker in einem Diskussionsforum direkt gegeneinander zu stellen, um auf diese Weise die Voraussetzungen für eine Museumstheorie zu schaffen, die den Forschungen aller beteiligten Wissenschaften Rechnung trägt, faßt das folgende Resumée die Diskussionsbeiträge nach sachlichen Gesichtspunkten zusammen. Es ist also kein Protokoll sondern eine Zusammenstellung der Standpunkte, die an beiden Tagen zu den wichtigsten Sachkomplexen geäußert wurden. Die Aussagen ließen sich dabei in vier hauptsächliche Diskussionspunkte gruppieren, nach denen diese Zusammenfassung gegliedert ist.

Es werden zuerst die Beiträge zu Charakter und Funktion des Objektes versammelt, die sich als grundlegend für alle weiteren Fragen herausstellten. Dabei ist das Objekt als Faktum zu verstehen, um in der Diskussion zwischen Ästhetikern und Historikern eine einheitliche Terminologie zu ermöglichen. Eben dieses Verhältnis von Geschichte bzw. Geschichtsschreibung und Ästhetik stellte sich als ein weiteres zentrales Problem der Diskussion heraus und wird im zweiten Teil wiedergegeben. Die Möglichkeiten der Umsetzung der solchermaßen gewonnenen Erkenntnisse in der Praxis, die Fragen der Inszenierung also, bestimmen die Beiträge des dritten Teils. Über die Fragen zum Objekt und seiner Funktion für und Einsatzmöglichkeiten innerhalb einer Theorie wird die Rolle des Betrachters erreicht. Den Auffassungen zu seiner Funktion und Miteinbeziehung ist der vierte Teil gewidmet.

I

Daß das Museum ein Ort des Umgangs mit Dingen ist (FEHR) und daß im Museum über die Dinge wie über den Umgang mit ihnen diskutiert werden sollte, muß als grundlegende Bedingung verstanden werden. Ausgehend von dieser Bedingung sollte zuerst der Charakter des Objektes, das im weitesten Sinne jede museale Schausammlung erst konstituiert, diskutiert werden. Auf dem Wege ins Museum durchläuft jedes Objekt eine Karriere, in der es – aus seinem Lebenszusammenhang gelöst und Überrest geworden – zuerst irrelevant wird, aus vielfältigen Beweggründen wieder neues Interesse erwekken kann, durch die Aufnahme in eine Sammlung nobilitiert und in einen Zustand der Dauerhaftigkeit versetzt wird und schließlich, durch das Vergleichen mit Merkmalen anderer ver-sammelter Objekte zur Schaffung eines übergeordneten Zusammenhangs, einer Theorie genutzt werden kann (FEHR). Eine Grundbedingung für das Erscheinen eines Objektes in einem musealen Zusammenhang wäre also, daß das Objekt zuallererst von seiner Funktionalität dissoziert wird (FEHR), um dann in seinem Inselcharakter willkürlich und subjektiv ausgewählt werden zu können (ENDRÖDI). Ist diese These richtig, dann stehen die Objekte mit der über sie gebildeten Theorie in einem dialektischen Zusammenhang (FEHR), sie wirken konstitutiv und bleiben dadurch stärker als ein zu stiftender Zusammenhang (SEMBACH).

Dem widerspricht die These, daß Objekte produziert werden, die von vorneherein traditionalen Charakter besitzen (RÜSEN), die also nicht theoriebildend wirken, sondern für einen schon gestifteten Zusammenhang (Geschichte) geschaffen werden. In diesem Sinne besitzt das Objekt als Überrest nur als Faktum Authentizität; da Daten (Objekte) an sich aber noch keinen Zeitablauf bieten, muß Geschichte durch die Stiftung eines Zeitzusammenhangs erst eine Sinnebene schaffen, von der aus der historische Charakter der Objekte ablesbar wird. Eine Konzentration auf die überzeitliche ästhetische Potenz des Objekte berge nach dieser Auffassung die Gefahr einer Enthistorisierung durch Ästhetisierung (RÜSEN).

Eher der zuerst beschriebenen Auffassung entsprach aber die Meinung, daß in jedem Objekt eine immanente Fallstruktur, in der Allgemeines und Besonderes zusammenfallen, vorhanden sei, die seinen Zusammenhang von vorneherein determiniert. Das Bewußtsein braucht die, in der Fallstruktur der Objekte schon immanent existierende Explikation nur noch verzeitlicht umzusetzen. Erkenntnis sei demnach Explikationsfortschritt (OEVERMANN). In diese Richtung ging auch die Aufforderung, im Museum die historische Potenz des Ästhetischen zu nutzen (BUSCH).

II

Die Diskussion über die Rolle des Objektes innerhalb des Erkenntnisprozesses im Museum führte immer wieder zur Frage des Verhältnisses von Geschichte und Ästhetik und ihrer Funktion. Die unterschiedlichen Standpunkte wurden durch die Aussagen, daß Ästhetik und Historik zwei nicht aufeinander reduzierbare Wahrnehmungsmodalitäten seien (RÜSEN) einerseits und daß das Historische nur eine Funktion des Ästhetischen sei (FEHR) andererseits markiert.

Ausgehend von der Fragestellung, wie historische Erkenntnis in einem sinnlichen Medium wie dem Museum überhaupt zustande kommen kann, kamen die Vertreter des ersten Standpunktes zu dem Schluß, daß Geschichte nur in einem Ensemble von Gegenständen erfahrbar sei. Da auf dieser Seite die kategoriale Verschiedenheit des Historischen von einem Kunstwerk als Voraussetzung angesehen wurde, kam man zu dem Schluß, daß die Regeln für eine anschauliche Präsentation von Geschichte (Inszenierung) nicht dieselben sein könnten wie diejenigen, die für ein Kunstwerk konstitutiv seien (RÜSEN). Der wiederholt vorgebrachten Auffassung, daß Historizität sich als Sinnkonstitution durch Zeitverlauf definiert, wurde von anderer Seite entgegengehalten, daß diese Form der Definition nicht für das Kunstwerk gelten kann. Gerade eine Ausstellung als Kunstwerk hätte aber die Chance, den Ansprüchen der Erinnerung gerecht zu werden (IMDAHL). In einen Kontext gestellt, könnte sich das hier wieder auftauchende Objekt als Element einer Komposition bewähren; dies wurde anhand von Beispielen aus der parallel laufenden Ausstellung „Vom Trümmerfeld ins Wirtschaftswunderland" zu demonstrieren versucht. Im Rekurs auf die Diskussion um den Charakter des Objektes wurde auch noch einmal deutlich gemacht, daß eine Gegenüberstellung von Struktur- und Ereignisgeschichte durch das Aneinandersetzen von Allgemeinem und Besonderem zu einer falschen Dichotomie führen müßte. Würde man diesen Sachverhalt beachten, wäre es durchaus möglich, in einer synchronen Ausdrucksgestalt wie dem Kunstwerk Diachronie auszudrücken (OEVERMANN).

Neben diesen aufeinanderprallenden Standpunkten wurde die Auffassung vertreten, daß Geschichte grundsätzlich ein nur sprachlich zu vermittelndes Phänomen sei, daß Sinnkonstitution nur in sprachlichen Formen denkbar sei. Daraus und aus der Existenz von material nicht mehr faßbaren historischen Phänomenen wurde der Schluß gezogen, daß eine Dichotomie von Objekt und Struktur überholt erscheint. Die Konsequenz daraus könne nur sein, die drei miteinander konkurrierenden Diskurse Geschichte, Bild und Museum unverbunden nebeneinander stehen zu lassen (ERNST).

III

Die Replik auf diese Meinung, die lautete, daß das, was durch ein Bild auszusagen wäre, nicht auch noch durch einen Text gesagt zu werden braucht, die also von einer autonomen historischen Aussagekraft des Kunstwerkes (Bildes) ausging (WAGNER), leitet zu den Fragen der praktischen Konsequenzen für das Museum, zu Fragen der Inszenierung über.
Neben dem schon oben erwähnten Standpunkt, daß eine Ausstellung, die als Kunstwerk inszeniert wird, durchaus den Ansprüchen der Erinnerung gerecht werden kann (IMDAHL), wurde hier auch der Versuch gemacht, anhand einer empirischen Untersuchung der schon im ersten Teil diskutierten Rolle des Objektes, Regeln für die Präsentation zu entwerfen. Versteht man die Darstellung eines historischen Zusammenhangs als Protokoll eben dieses Zusammenhangs, so muß als Bedingung gelten, daß, nach Erkennen der Fallstruktur (s. o.), das Protokoll eine Strukturähnlichkeit mit dem zu Protokollierenden aufweist, um Gültigkeit beanspruchen zu können. Da aber davon auszugehen ist, daß man nur die Protokolle untereinander, niemals aber mit dem zu Protokollierenden, vergleichen kann, muß sich die Präsentation eines historischen Zusammenhangs der methodischen Überprüfbarkeit stellen. Damit es nicht zu einer pädagogischen Beliebigkeit kommt, gilt für die Schausammlung, daß sie das Protokoll kritisierbar macht (OEVERMANN). In diesem Sinne wäre auch der Beitrag zu verstehen, daß, da die ästhetische Kraft eines Bildes prinzipiell für alles einsetzbar ist, zum Bild auch das Gegenbild zu zeigen ist; die ästhetische Wirkungsmächtigkeit lasse sich nur innerhalb ästhetischer Mechanismen auflösen (BUSCH).
Im Zusammenhang der Vergleichbarkeit der Protokolle untereinander kann auch die Aussage verstanden werden, daß gerade in einer historischen Ausstellung die Sichtweisen und Perspektiven selbst historisiert gehören (LUDWIG). Nicht nur die Sichtweisen, sondern die Objekte selber, die als Belegstücke für historische Zusammenhänge verstanden werden, haben eine eigene Geschichte (SCHNEIDER).
Gerade in den Fragen der Inszenierung traten auch wieder gegensätzliche Positionen zur Rolle von Bild und Text im Rahmen einer Ausstellung auf. Während auf der einen Seite erkannt wurde, daß man an einer Ikonographie der historischen Ausstellung arbeite und sich deshalb auch dem Regelsystem der Kunstwissenschaften unterwerfen müsse (FEHR), wurde andererseits dem kunstwissenschaftlichen Standpunkt Elitarismus vorgeworfen und noch einmal betont, daß ohne Textvermittlung in einer Ausstellung keinerlei Erkenntnis möglich sei (SCHÄFER).
Im Anschluß an die allgemeine Forderung, die fachspezifischen Scheuklappen, die zwischen Kunstwissenschaftlern, Historikern und

Museumsfachleuten immer noch bestünden, zu überwinden und unter Berücksichtigung des Einwandes, die Gesetzmäßigkeiten von Museen und Ausstellungen nicht miteinander verwechseln zu dürfen, da die letzteren eine größere Freiheit in der Gestaltung beanspruchen könnten (SEMBACH), wurde dann auch noch auf die möglichen Anregungen verwiesen, die Grenz- und Nachbarformen der Präsentation – wie Film und Theater – für die Gestaltung haben könnten (PITZEN). Die Frage, wie man sich das Geschichtsverständnis der anderen Medien nützlich machen könnte (RUGE-SCHATZ), wurde aber nicht eingehender diskutiert.

IV

Am Ende der Kette vom Objekt über die Gestaltung bis zur Ausstellung, steht der Betrachter. Die grundlegende Bemerkung, daß Geschichtsbewußtsein durch die Infragestellung des Orientierungssystems der Menschen hervorgerufen wird (RÜSEN) und auch schon die Auffassung von der Notwendigkeit der Historisierung der Sichtweisen (s. o.), sprachen für die Gewichtigkeit des Betrachterstandpunktes. Eben diese Wandelbarkeit – oder Relativität – der Betrachterstandpunkte fordere, diese zu thematisieren; sie seien erst das Material, das Geschichte zum Thema mache (BREBECK).
Neben Bemerkungen, die auch den Streit um die Gewichtung der Rolle von Historik und Ästhetik bei der Vermittlung von Ausstellungsinhalten betrafen – so die Auffassung, daß der subjektive Erinnerungswert erst die Aussagekraft des Objektes bzw. dessen historischen Charakter bewirke (SCHÄFER, BORSDORF), wurde die Wichtigkeit des Betrachterstandpunktes vor allem in den Aussagen vertreten, die die Rolle der psychischen Disposition des Betrachters betonen. Diese müsse – u. a. durch die methodische Überprüfbarkeit (s. o.: OEVERMANN) oder durch die Bereitstellung der Gegenthese – ständig reflektierbar bleiben, da der Gegenstand für den Unbelasteten nicht in erster Linie Aufklärung leiste, sondern psychische Reaktionen hervorrufe (BUSCH).
Obwohl selbstverständlich die Autonomie der Interpretation des Betrachters gewährleistet bleiben müsse, wurde aber im Interesse einer gültigen und zielführenden Interpretation geltend gemacht, daß diese nur durch eine kontrollierte, ästhetische Gestaltung, die einer methodischen Überprüfung standhielte, erreicht werden kann (OEVERMANN).
Die wichtigste psychische Reaktion aber, die hervorgerufen werden könne, sei Betroffenheit. Diese würde durch eine Ästhetisierung verwischt (SCHIMMEL) und sei deshalb nur durch das Zusammenwirken von Ästhetik und Historik in einem subjektiven Bezug zu erreichen (RÜSEN).

Es war den Tagungsteilnehmern von vorneherein klar, daß nicht alle durch die Diskussionen auftauchenden Fragen mit eindeutigen Antworten zu lösen waren. Viel wichtiger war es, daß sich die Institution Museum im Museum fremd werden kann (FEHR) und daß der Dialog der Fachleute der verschiedenen, mit dem Museum verbundenen Gebiete fruchtbare Ansätze und Anregungen für die Zukunft geliefert hat. Man dürfe eben nicht die Diskurse nebeneinander stehen, sondern müsse sie aufeinanderprallen lassen (LUDWIG).

Stefan Grohé

Fotonachweis

Andreas Ludwig, Berlin: S. 13, 15
Museum Industriekultur, Nürnberg: S. 21, 23
Christopher Charlton, Cromford: S. 26, 27, 29, 31
Germanisches Nationalmuseum, Nürnberg: S. 32, 34, 35
Haus der Geschichte, Bonn: S. 39, 41
Kölnisches Stadtmuseum, Köln: S. 49, 51
J. Büttner, Kreismuseum Wewelsburg: S. 53
G. Gramberg, Georgsmarienhütte: S. 57
G. Rau, Kreismuseum Wewelsburg: S. 71
Rolf Schäfer: S. 75, 77
Rheinisches Industriemuseum: S. 81, 87
Ruhrlandmuseum, Essen: S. 91, 93
Julia Endrödi: S. 99, 101
Kunstsammlung der Ruhr-Universität, Bochum: S. 104, 105, 106, 107, 109
Werner Busch, Berlin: S. 128, 129, 130, 131, 133, 134, 135, 138, 140, 141, 142, 144, 145, 147, 148, 149, 151, 152, 153, 157, 158, 162, 163
Kunsthistorisches Institut, Bochum: S. 169, 170, 171, 173, 177
Kunsthalle Hamburg: S. 214, 215, 216
Stephan Schraps: S. 221, 222, 224, 225, 227, 228, 229, 232, 233, 235, 237, 240, 242, 243

Gedruckt mit Unterstützung der Gerda Henkel Stiftung Düsseldorf,
des Sekretariats für gemeinsame Kulturarbeit Wuppertal und
des Vereins pro Ruhrgebiet Essen

CIP-Titelaufnahme der Deutschen Bibliothek

Geschichte · Bild · Museum : zur Darstellung von Geschichte
im Museum / Michael Fehr ; Stefan Grohé (Hrsg.). – Köln:
Wienand, 1989
(Museum der Museen ; Bd. 1)
ISBN 3-87909-210-9
NE: Fehr, Michael [Hrsg.]; Karl-Ernst-Osthaus-Museum «Hagen»:
Museum der Museen

Gesamtherstellung
Druck- & Verlagshaus Wienand
ISBN 3-87909-210-9